16所世界一流大学
图书馆服务特色及创新概览

16SUO SHIJIE YILIU DAXUE
TUSHUGUAN FUWU TESE JI CHUANGXIN GAILAN

主　编　淳　姣　樊　伟
副主编　胡　靖　刘　莹　杨雲舒

四川大学出版社

项目策划：杨丽贤
责任编辑：杨丽贤
责任校对：傅　奕
封面设计：墨创文化
责任印制：王　炜

图书在版编目（CIP）数据

16所世界一流大学图书馆服务特色及创新概览 / 淳姣，樊伟主编 . — 成都：四川大学出版社，2019.12
ISBN 978-7-5690-3260-4

Ⅰ . ①1… Ⅱ . ①淳… ②樊… Ⅲ . ①院校图书馆—图书馆服务—概况—世界 Ⅳ . ①G258.6

中国版本图书馆CIP数据核字（2019）第280500号

书　名	16所世界一流大学图书馆服务特色及创新概览
主　编	淳姣 樊伟
出　版	四川大学出版社
地　址	成都市一环路南一段24号（610065）
发　行	四川大学出版社
书　号	ISBN 978-7-5690-3260-4
印前制作	四川胜翔数码印务设计有限公司
印　刷	四川五洲彩印有限责任公司
成品尺寸	170mm×240mm
印　张	20.75
字　数	400千字
版　次	2020年3月第1版
印　次	2020年3月第1次印刷
定　价	88.00元

◆ 版权所有 ◆ 侵权必究

◆ 读者邮购本书，请与本社发行科联系。
　电话：(028)85408408/(028)85401670/
　(028)86408023　邮政编码：610065
◆ 本社图书如有印装质量问题，请寄回出版社调换。
◆ 网址：http://press.scu.edu.cn

四川大学出版社
微信公众号

前　言

教育是强国之基，是立国之本。大学图书馆对世界一流大学的建设具有十分重要的作用。因此，在我国"双一流"大学建设背景下，建设世界一流的大学图书馆成为国内高校的重要任务。

怎样把我们的大学以及大学图书馆建设成"世界一流"呢？也许仁者见仁，智者见智，但系统、广泛、深入、辩证地学习世界一流大学图书馆的经验未尝不是一种有效的方式。

为此，本书作者联系国内大学图书馆实际，选取16所世界一流大学的图书馆，对其基础业务、特色服务和创新服务等做了系统性介绍，以便国内图书馆界及高等教育同仁了解并学习他们的先进理念和成熟经验，从而加快我国图书馆建设的步伐。

为增加本书的可读性，作者在编写时兼顾了学术著作的专业性和科普读物的趣味性，摒弃了晦涩的学术用语，采用了平实易懂的语言，希望以此提升大家的阅读兴趣。

本书一共分为十六章，由五位老师共同完成，具体分工如下：

第一章至第三章由淳姣老师编写完成，第四章至第七章由樊伟老师编写完成，第八章至第十章由胡靖老师编写完成，第十一章至第十三章由刘莹老师编写完成，第十四章至第十六章由杨云舒老师完成。每一章都详细介绍了相应大学及图书馆的概况、图书馆分馆情况、图书馆使用及管理规定、特色服务及资源等内容。

由于作者水平有限，书中难免存在不足之处，请大家多多指正。

目 录

第一章 麻省理工学院图书馆 ·· （1）
  第一节 学校简介 ··· （1）
  第二节 图书馆概况 ··· （2）
  第三节 图书馆分馆 ··· （3）
  第四节 图书馆使用及管理规定 ······································ （6）
  第五节 校外用户访问和使用图书馆的相关规定 ······················· （9）
  第六节 流通借还及罚款规定 ······································ （12）
  第七节 特色服务与资源 ··· （15）

第二章 斯坦福大学图书馆 ··· （22）
  第一节 学校简介 ·· （22）
  第二节 图书馆概况 ·· （22）
  第三节 图书馆分馆 ·· （24）
  第四节 图书馆使用及管理规定 ····································· （29）
  第五节 图书流通管理规定 ·· （31）
  第六节 研究支持 ·· （35）
  第七节 文化展览活动 ·· （48）

第三章 牛津大学图书馆 ··· （51）
  第一节 学校简介 ·· （51）
  第二节 主图书馆概况 ·· （52）
  第三节 图书馆使用及管理规定 ····································· （53）
  第四节 数据库资源 ·· （57）
  第五节 图书馆特色活动 ·· （60）

1

第四章　剑桥大学图书馆 （69）
第一节　学校简介 （69）
第二节　图书馆概况 （70）
第三节　部分特色图书馆分馆 （75）
第四节　图书馆使用及管理规定 （79）
第五节　特色服务及资源 （81）

第五章　爱丁堡大学图书馆 （87）
第一节　学校简介 （87）
第二节　图书馆概况 （87）
第三节　图书馆使用及管理规定 （90）
第四节　特色服务及资源 （93）

第六章　哈佛大学图书馆 （98）
第一节　学校简介 （98）
第二节　图书馆概况 （99）
第三节　图书馆分馆 （99）
第四节　图书馆使用及管理规定 （104）
第五节　特色服务及资源 （109）

第七章　哥伦比亚大学图书馆 （112）
第一节　学校简介 （112）
第二节　图书馆概况 （113）
第三节　图书馆分馆 （117）
第四节　图书馆使用及管理规定 （121）
第五节　特色服务及资源 （123）

第八章　耶鲁大学图书馆 （128）
第一节　学校简介 （128）
第二节　图书馆概况 （129）
第三节　图书馆分馆 （130）
第四节　图书馆使用及管理规定 （132）

第五节　特色服务及资源 …………………………………… (139)

第九章　普林斯顿大学图书馆 ………………………………… (144)
　　第一节　学校简介 …………………………………………… (144)
　　第二节　图书馆概况 ………………………………………… (145)
　　第三节　图书馆分馆 ………………………………………… (148)
　　第四节　图书馆使用及管理规定 …………………………… (153)
　　第五节　特色服务及资源 …………………………………… (158)

第十章　康奈尔大学图书馆 …………………………………… (165)
　　第一节　学校简介 …………………………………………… (165)
　　第二节　图书馆概况 ………………………………………… (166)
　　第三节　图书馆分馆 ………………………………………… (167)
　　第四节　图书馆使用及管理规定 …………………………… (169)
　　第五节　特色服务与资源 …………………………………… (173)

第十一章　芝加哥大学图书馆 ………………………………… (181)
　　第一节　学校简介 …………………………………………… (181)
　　第二节　图书馆概况 ………………………………………… (181)
　　第三节　图书馆分馆 ………………………………………… (185)
　　第四节　图书馆使用及管理规定 …………………………… (187)
　　第五节　流通借还及罚款规定 ……………………………… (192)
　　第六节　特色项目及资源 …………………………………… (197)
　　第七节　研究导航 …………………………………………… (199)

第十二章　新加坡国立大学图书馆 …………………………… (205)
　　第一节　学校简介 …………………………………………… (205)
　　第二节　图书馆概况 ………………………………………… (205)
　　第三节　图书馆分馆 ………………………………………… (206)
　　第四节　图书馆使用及管理规定 …………………………… (211)
　　第五节　馆藏特色及学科服务 ……………………………… (221)

第十三章　帝国理工学院图书馆·······································(226)
  第一节　学校简介···(226)
  第二节　图书馆概况···(227)
  第三节　图书馆分馆···(232)
  第四节　图书馆使用及管理规定···(233)
  第五节　特色服务与资源···(234)
  第六节　学科导航与学科咨询···(239)

第十四章　加州理工学院图书馆·······································(245)
  第一节　学校简介···(245)
  第二节　图书馆概况···(245)
  第三节　图书馆分馆···(247)
  第四节　图书馆使用及管理规定···(249)
  第五节　特色资源···(258)
  第六节　特色服务···(262)

第十五章　加州大学伯克利分校图书馆·································(272)
  第一节　学校简介···(272)
  第二节　图书馆概况···(273)
  第三节　图书馆使用及管理规定···(279)
  第四节　特色资源与服务···(286)

第十六章　新加坡南洋理工大学图书馆·································(298)
  第一节　学校简介···(298)
  第二节　图书馆概况···(300)
  第三节　图书馆使用及管理规定···(303)
  第四节　特色资源与服务···(310)

第一章　麻省理工学院图书馆

第一节　学校简介

麻省理工学院始建于 1861 年，位于美国马萨诸塞州波士顿都市区剑桥市。其 2018 年有 12000 余名教职工，包括 1000 余名教授以及 900 余名老师。2018 年麻省理工学院共有 11466 名学生，其中本科生和研究生分别为 4567 人和 6919 人。麻省理工学院偏向研究型，其研究生数量远比本科生数量多。[①]

虽然麻省理工学院一直被认为是一所工科大学，但是其本科生的男女生比例比较均衡，女生占 46%，男生占了 54%。但在研究生阶段，这种性别不均衡的现象就体现出来了，攻读研究生的人数中女生只占 35%。

麻省理工学院培养出了许多优秀人才，其中诺贝尔奖得主有 89 人，美国国家科学奖（National Medal of Science）得主 58 人，美国国家科技创新奖（National Medal of Technology and Innovation）得主 29 人。此外，获得麦克阿瑟奖（MacArthur Fellows）的有 48 人，获图灵奖（A. M. Turing Award）的有 15 人。其他知名奖项获得者如表 1-1 所示。

---

① About MIT[EB/OL]. (2019-01-05)[2019-03-01]. http://www.mit.edu/about/.

表1-1 麻省理工学院部分校友获奖情况①

奖项	人数
约翰·贝茨·克拉克奖（John Bates Clark Medals）	19人
富尔布赖特奖（Fulbright Program）	33人
古根海姆奖（Guggenheim Fellows）	190人
普利策奖（Pulitzer Prizes）	5人

麻省理工学院现有五个学院。一是建筑与规划学院（School of Architecture and Planning），有建筑学、媒体艺术科学以及城市规划研究3个专业。二是工程学院（School of Engineering），有8个专业，即航空航天、生物工程、化学工程、土木与环境工程、电气工程与计算机科学、材料科学与工程、机械工程、核科学与工程学。三是人文、艺术和社会科学学院（School of Humanities, Arts and Social Sciences），有比较媒体研究、经济学、全球研究和语言、历史、人类学、语言学与哲学、文学、音乐与戏剧艺术以及政治科学等专业。四是理学院（School of Science），有生物学、大脑与行为科学、化学、数学以及物理学等专业。五是斯隆管理学院（Sloan School of Management）。

麻省理工学院每年的教育经费投入巨大。2016年，教育经费投入33.49亿美元，若按1美元等于6.79元人民币的汇率换算，即为人民币227.39亿元。大规模的经费投入对于一个学校的科研以及学生培育有重要的作用。

第二节　图书馆概况

一、愿景、使命和价值观

麻省理工学院图书馆的容量并不大，只有1317个阅览座位。2018年，麻省理工学院共有11466名学生，因此，阅览座位与学生的比例为1∶8.7，即8.7个学生共享一个阅览座位。

在麻省理工学院图书馆的主页上有这么一句话："The future of

---

① Awards and Honors[EB/OL]. (2017-08-08)[2018-10-01]. http://web.mit.edu/facts/awards.html.

knowledge depends on libraries. That future starts here."其意是知识的未来决定于图书馆,未来将始于图书馆。由此可见,麻省理工学院图书馆将自身与知识联系在一起,也就是说图书馆应是知识的收集、储存以及传递的重要组织[①]。麻省理工学院图书馆独特的图书馆文化是由其愿景、使命和价值观共同构成的。

(一) 愿景

麻省理工学院图书馆的愿景是创造一个能持续、平等并且有意义地获取信息的世界,从而激励人类前行。

(二) 使命

麻省理工学院图书馆的使命是通过构建一个能创造、分享、使用并保存信息的图书馆,实现知识的创造,并应对各种挑战,促进世界公平。

(三) 价值观

麻省理工学院图书馆的价值观如下:
一是开放透明,促进用户终身学习,实现知识自由共享;
二是好奇探索,激发创新、探索的好奇心并应对各种挑战;
三是社会公平与关怀,为社会提供平等服务,关怀弱势群体,实现社会公平。

其实,从麻省理工学院图书馆的愿景、使命和价值观可知,作为世界一流大学的图书馆,其定位较高,不仅着眼于服务学校的各类师生,还具有全球眼光以及关怀社会的情怀,力求通过知识平等获取及共享,更好地为整个人类服务。

第三节 图书馆分馆

麻省理工学院图书馆由五个分馆和一个特藏中心组成,分别是 Barker 分馆、Dewey 分馆、Hayden 分馆、Lewis 音乐分馆、Rotch 分馆和档案特藏中心(Institute Archives & Special Collections)。

---

① MIT Libraries Vision, Mission, and Values[EB/OL].(2017-09-07)[2018-10-01]. https://libraries.mit.edu/about/organization/#strategic-priorities.

一、Barker 分馆

为了纪念詹姆斯·M.贝克（James M. Barker，1886—1974）对图书馆的贡献，该馆以 Barker 命名。詹姆斯·M.贝克是早期国际商业界的领袖人物之一，会使用 8 种语言，并于 1907 年开始在麻省理工学院任教。Barker 分馆藏书以工学类书籍为主，包括航空航天、环境、计算机科学、电子、机械、能源、交通、海洋工程等 15 个学科的图书。其有 248 个阅览座位和 15 间可容纳 2~8 人的研讨空间。这 15 间研讨空间不需要预约即可使用。此外，其还有一个需预约才能使用的 Barker 媒体空间（Barker Media Room）。该空间配备有大屏幕电视、DVD、笔记本输出接口，以及有线和无线网络，可容纳 8~10 人。因此，麻省理工学院的学生可利用该空间进行小组讨论、PPT 展示、播放 DVD 视频等，如图 1－1 所示。

图 1－1　Barker 媒体空间①

二、Dewey 分馆

为纪念 Davis R. Dewey（1858—1942），该馆以 Dewey 命名。他是麻省理工学院经济学知名教授。该分馆藏书以管理和社会科学类书籍为主，包括管理、政治、经济及其他社会科学学科的书籍。Dewey 分馆有 311 个座位和 12 间可容纳 2~12 人的研讨空间。因此，其主要特色是提供研讨空间以及安静的学习空间。需要说明的是，Dewey 分馆的 12 间研讨空间也均需预约才可使用。

---

① Barker Media Room［EB/OL］.（2018-03-08）［2018-10-03］. https://libraries.mit.edu/wp-content/uploads/2013/04/DSC＿0198-copy.jpg.

三、Hayden 分馆

为纪念校友 Charles Hayden（1870—1937），该馆以 Hayden 命名。他是一位知名的投资家和慈善家。Hayden 分馆于 1951 年建造完成。其以人文科学藏书为主，包括考古学、语言文学、戏剧艺术、行星学、神经学、天文学等学科的书籍。Hayden 分馆在空间设计上以宽阔的视野和较大的阅览桌为特点，是几个分馆中阅览座位最多的分馆，其阅览座位达到 498 个。此外，其设有 3 间可容纳 6~10 人的研讨空间，并且不需要专门预约。

四、Lewis 音乐分馆

在 1951—1996 年，Lewis 音乐分馆是 Hayden 大楼的一个音乐厅。经多年发展，其在 1996 年被单独分出来，并以 Lewis 命名，成为一个单独分馆。其主要收藏音乐类相关文献，包括各类音乐书籍、CD、DVD，以及各类音乐期刊。此外，该馆还是学校音乐会、演出的举办场所。该馆会通过图书馆专栏，更新最近的音乐新闻和演出的时间、地点及其他详细信息。① Lewis 音乐分馆以自然光和舒适座位为特色，共有 77 个座位，以及 3 间可容纳 4~12 人的研讨空间。所有研讨空间不需要预约均可使用。此外，为让用户感受到音乐的魅力，Lewis 音乐分馆还设置有数字钢琴，用户可以在此练习弹钢琴。

五、Rotch 分馆

Rotch 分馆建于 1938 年，为纪念 Arthur Rotch（1850—1894）而以 Rotch 命名。Rotch 是一位建筑家，曾在麻省理工学院任教。由于 Rotch 分馆的历史与建筑相关，因此，其收藏的主要是建筑、艺术、城市规划设计、地理信息、视觉艺术等方面的书籍。Rotch 分馆以安静的学习空间、较大的圆桌以及有趣的建筑结构为特色，共有 183 个阅览座位。但是 Rotch 分馆没有研讨空间。

六、档案特藏中心

档案特藏中心被誉为麻省理工学院的"记忆工程"。其收集、保存一切与麻省理工学院有关的历史、人物以及各类正式和非正式的资料。这些资料包括

---

① News & Events [EB/OL]. (2018-03-08) [2018-10-03]. https://libraries.mit.edu/news/category/music/.

毕业论文、教师出版物、古籍等，反映了麻省理工学院的特色。

其实，我们从麻省理工学院图书馆分馆的构建可看出三点。首先，其以支持学科发展为特色，每个分馆依特定学科，设置馆藏资源；其次，每个分馆都以某个为学校或图书馆做出重要贡献的校友名字命名，有助于下一代学生了解过去的优秀校友，并感受学校发展历史以及校友的优秀品质，这增加了学校的人文特色，是一种构建校园文化的重要方式；最后，Barker 分馆、Dewey 分馆、Lewis 音乐分馆以及 Hayden 分馆都有自己的研讨室，研讨室为学生交流提供了平台。

第四节　图书馆使用及管理规定

了解麻省理工学院图书馆的管理规定，以及制定这些入馆规定的初衷，对于我们国内同行的工作具有参考价值。麻省理工学院图书馆对用户的管理规定主要包括四个方面：使用规定、饮食规定、摄像规定以及隐私规定。

一、使用规定

麻省理工学院图书馆的宗旨是支持学校教育及学术研究。在不妨碍这一宗旨的前提下，麻省理工学院图书馆可为其他社会群体服务。因此，其主要服务于学校师生，对于非本校师生要使用图书馆服务则需要满足一定条件。另一点值得说明的是，麻省理工学院图书馆的宗旨还直接将学校师生的直系亲属作为服务对象，这一点与国内高校图书馆有一定不同。[①]

麻省理工学院图书馆要求用户尊重他人、遵守图书馆工作人员的安排，并规定在校用户对图书馆有优先使用权。我国部分高校图书馆对社会开放，这符合《中华人民共和国公共图书馆法》的规定。但是在向社会开放时，可学习麻省理工学院图书馆的规定，即在校用户对图书馆有优先使用权。尤其是期末复习期间，馆舍较为紧张的高校图书馆如果向社会开放，有可能使学生找不到座位，或者借不到想借的书籍。因此，在这种情况下，高校图书馆可在期末复习时间暂停向社会开放，确保在校学生的优先使用权。

此外，对于一些影响用户、损害财产的行为，麻省理工学院图书馆严格禁止。对不遵守这些规定的用户，麻省理工学院图书馆会采取禁止其进入图书馆

---

① Guidelines［EB/OL］.（2017-03-08）［2018-10-03］. https://libraries.mit.edu/about/guidelines/.

等措施。具体使用规定如表1-2所示①。

表1-2 麻省理工学院图书馆使用规定

1. 基本规范
馆员与用户间应相互理解和尊重
用户应：
- 尊重他人并不得损害图书馆财产
- 遵守学院及图书馆的规定和条款
- 遵从馆员的安排
- 合理使用图书馆资料

2. 使用优先权
- 在校师生对图书馆所有资源有优先使用权
- 非本校用户与在校师生使用图书馆资源发生冲突时，在校师生有优先使用权
- 部分电脑可获取某些特殊资源。因此，使用这部分电脑时应优先用于获取这些特殊资源，而不是做其他无关的事情

3. 使用限制
图书馆禁止下列行为：
- 危及个人或学校财产安全的行为
- 违反麻省理工学院关于骚扰的规定中的行为，在图书馆内禁止浏览不适当的图片或内容②
- 影响用户或馆员的行为，包括制造噪音、打电话、放音乐、粗鲁无礼，以及不符合图书馆要求的饮食行为等
- 过度或不恰当地使用图书馆资源。这些资源包括电脑、书籍、期刊、数据库、座位、学习空间、网络等。社会用户使用电脑每天不应超过两小时，或者连续两天使用
- 违反麻省理工学院信息技术使用资源规则或麻省理工学院网络使用规则的行为
- 损害图书馆电脑、设备、设施或任何其他资源的行为
- 将图书馆资源和电脑用于娱乐的行为

对于违反以上规定的个人或组织，图书馆有权限制或拒绝其入馆。图书馆工作人员对此有最终解释权

二、饮食规定

麻省理工学院图书馆允许用户在学习区域吃零食或饮用饮料，但是对于零食和饮料的种类有限制，气味大、声音大或者杂乱的零食（如薯片、比萨和三明治等）以及有酒精的饮料是禁止食用的。同时，还要求用户在吃完后及时处理垃圾，确保图书馆整洁干净。具体规定如表1-3所示。

---

① Library Use Policy[EB/OL].（2017-03-08）[2018-10-03]. https://libraries.mit.edu/about/guidelines/.

② MIT's Policy on Harassment[EB/OL].（2017-03-08）[2018-10-04]. https://policies-procedures.mit.edu/relations-and-responsibilities-within-mit-community/harassment.

表1-3 麻省理工学院图书馆饮食规定①

- 可在图书馆学习区域吃零食和饮用饮料，但不允许在浏览书库或检索书籍时吃零食
- 在档案特藏中心和Rotch分馆中限制使用的阅读室，禁止食用零食和饮料
- 使用电脑或其他设备时禁止食用零食和饮料
- 禁止携带气味大、咀嚼时声音大或者杂乱的零食入馆，如薯片、比萨、三明治等
- 禁止携带含酒精的饮料入馆
- 用户应及时将食物垃圾、饮料盒、食物包装处理掉，保持桌面干净卫生
- 图书馆会及时提醒不遵守以上规定的用户，对于提醒后仍旧不改的用户，图书馆有权禁止其入馆
- 图书馆对以上规定有最终解释权

三、摄像规定

为了满足用户的摄像需求，麻省理工学院图书馆做了专门的摄像规定。图书馆支持公益或商业摄像，只要摄像过程不影响图书馆秩序或侵犯用户隐私，但是在图书馆内摄像时需先征得图书馆工作人员的同意。此外，对于公益摄像和商业摄像，麻省理工学院图书馆的管理规定有所区别：任何商业或新闻类摄像应首先征得图书馆工作人员的同意；对于非商业类摄像，麻省理工学院图书馆规定，摄像方应注重保护他人隐私。具体规定如表1-4所示。

表1-4 麻省理工学院图书馆摄像规定②

1. 学生、社会用户或公众的非商业摄像规定
- 图书馆允许学生拍摄游客纪念照或以图书馆为背景的照片，前提是应避免在未经他人许可下拍摄他人
- 拍照或摄像的用户将他人拍入照片或视频时应获得他人同意
- 图书馆对于此类拍摄有决定权。如果用户要花很长时间拍摄，应首先经图书馆允许
- 在任何情况下，如果拍摄对图书馆造成负面影响，图书馆有权要求停止拍摄
- 未经父母或监护人许可，禁止拍摄未成年人照片
- 麻省理工学院图书馆对于所拍摄的照片或视频不负任何责任
2. 媒体等商业机构摄影规定
- 任何个人或机构进行商业或新闻类摄像时，应首先与图书馆的对外交流部门联系，或者直接与图书馆新闻办公室联系
- 麻省理工学院的其他部门或机构因为交流需拍摄时，应先与图书馆相关部门取得联系
- 将学生、工作人员或其他用户的头像用在出版物或宣传材料（如小册子、网站等）上时，应获得其本人书面同意

---

① Food and Beverage Policy[EB/OL].（2017-05-09）[2018-10-04]. https://libraries.mit.edu/about/guidelines/food-policy/.

② Photo Policy[EB/OL].（2017-06-10）[2018-10-04]. https://libraries.mit.edu/about/guidelines/photo-policy/.

四、隐私规定

麻省理工学院图书馆十分注重用户隐私保护①。一方面，其规定图书馆的隐私管理规定应遵循整个学校的隐私及信息披露管理规定；另一方面，其承诺图书馆收集的用户信息（如图书馆流通记录、馆际互借和参考咨询问题）不向其他任何非相关人员泄露。

图书馆收集的读者信息也不会向国家、联邦或地方政府的任何机构泄漏，除非相关机构根据相关法律规定，因民事、刑事或行政调查需要查询信息及个人隐私。因法庭要求必须提供个人信息时，图书馆也会尽快告知本人，且在经过图书馆馆长授权后才会提供用户信息给法庭。

第五节　校外用户访问和使用图书馆的相关规定

对于校外用户，麻省理工学院图书馆根据业务需要制定了十分细致的访问规定。这些规定包括四个方面：图书馆使用规定、文献获取规定、不同类型用户的借阅规定以及借书卡办理规定。②

一、图书馆使用规定

校外用户使用图书馆时，需要遵守以下规定：

（1）必须遵守图书馆相关规定；

（2）图书馆可为校外用户提供个人或电话咨询服务，包括提供藏书信息以及提供政府收藏文献范围内的参考咨询服务；③

（3）校外用户凭借阅证可借阅除馆里特殊规定外的其他书籍，但是校外用户借书卡不可以在线上和线下使用图书馆所购买的电子资源；

（4）对专用于获取政府收藏文献的电脑，校外用户和校内用户拥有平等使用权，但是对于图书馆内的普通电脑，校内用户有优先使用权；

---

① Privacy Policy［EB/OL］.（2017-06-10）［2018-10-04］. https://libraries.mit.edu/about/guidelines/privacy-policy/.

② Library Use for Visitors［EB/OL］.（2017-06-10）［2018-10-04］. https://libguides.mit.edu/visitors.

③ 麻省理工学院图书馆加入了联邦政府的 depository collections 计划，因此其为社会用户提供此类文献的咨询服务。

（5）校外用户与校内用户可平等使用自助复印机、打印机和扫描仪。

二、文献获取规定

（1）校外用户可获取图书馆书库的文献、政府保存资料、档案及相关资料；

（2）在学生考试期间，即十二月和九月，校外用户借阅资料会受到一定限制；

（3）当校外用户对图书馆的使用不符合相关要求时，图书馆有权限制或停止其使用权限；

（4）根据版权协议中的规定，校外用户没有获取图书馆电子资源的权限。

三、不同类型用户的借阅规定

对不同类型的用户，麻省理工学院图书馆在书籍借阅方面有不同的规定：

（1）联合培养学生：向咨询台出示证件后可借阅书籍。

（2）校友：需要花费 150 美元/年购买借阅卡。

（3）普通校外用户：需要花费 500 美元/年购买借阅卡。

（4）Borrow Direct Plus 项目用户：麻省理工学院是 Borrow Direct Plus 项目（美国十三所一流大学合作达成的一个借阅项目，项目成员的学生可借阅其他成员图书馆的书籍[①]）的主要成员之一，因此，Borrow Direct Plus 项目成员的学生有权限借阅麻省理工学院图书馆的书籍。

四、借书卡办理规定

麻省理工学院图书馆为校外用户制定了专门的借书卡规定。校外用户首先要在网上填写一个借书卡申请表，如图 1-2 所示。申请成功后，用户可以自行到图书馆领取借书卡，也可选择邮寄方式领取。

---

① Borrow Direct Plus［EB/OL］.（2017-08-10）［2018-10-04］. https://www.library.cornell.edu/services/borrow/borrow-direct-plus.

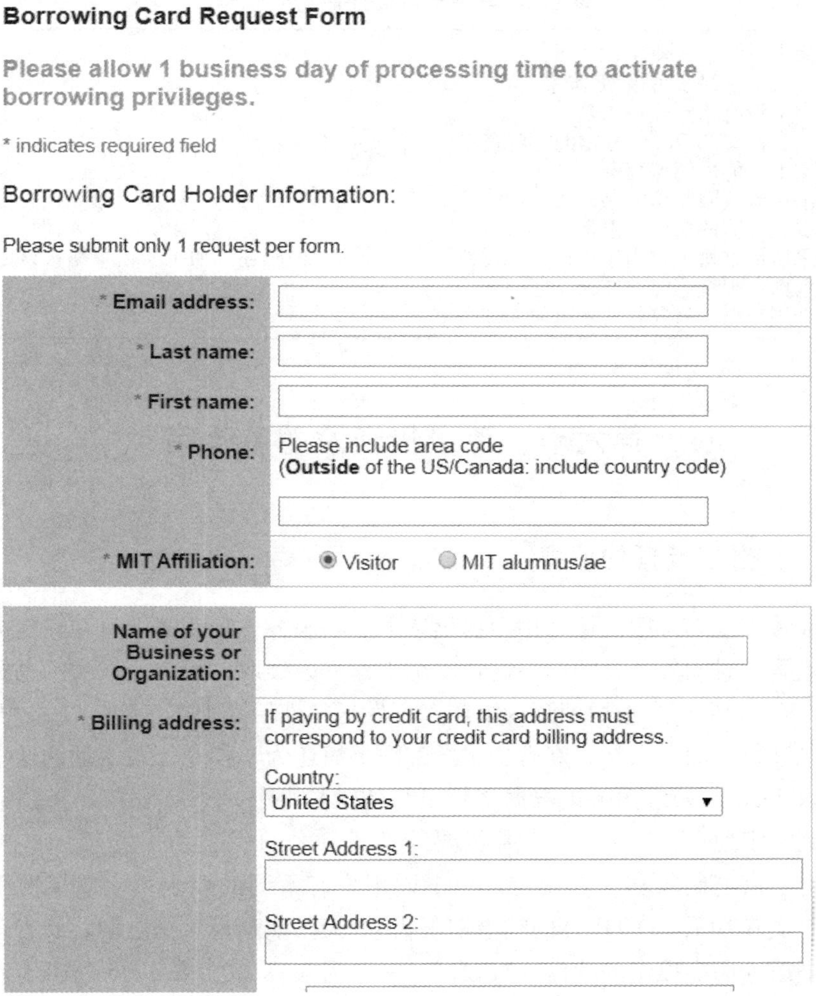

Borrowing Card Request Form

Please allow 1 business day of processing time to activate borrowing privileges.

* indicates required field

Borrowing Card Holder Information:

Please submit only 1 request per form.

* Email address:
* Last name:
* First name:
* Phone: Please include area code
(**Outside** of the US/Canada: include country code)

* MIT Affiliation: ● Visitor　○ MIT alumnus/ae

Name of your Business or Organization:

* Billing address: If paying by credit card, this address must correspond to your credit card billing address.

Country: United States

Street Address 1:

Street Address 2:

图 1-2　借书卡申请表①

为规范校外用户合理使用图书馆资源，麻省理工学院图书馆制定了校外用户使用借阅卡的相关规定。这些规定涉及借阅数量、服务范围、借阅期限、超期罚款规定等。详细内容如表 1-5 所示。

---

① Borrowing Card Request Form[EB/OL].(2018-08-13)[2018-10-04]. https://libraries.mit.edu/app/docs/orders/pcard.

表 1-5　校外用户借阅卡使用规定①

- 借阅卡仅限本人使用
- 持卡人一次最多可借 25 本书
- 借书卡没有馆际互借权限
- 期刊、论文和 Rotch 分馆的一些资料仅供阅览，不可外借
- 借阅卡不能借阅课程资料
- 图书馆有权限制馆藏书籍的借阅流通
- 大多数书籍的借用期限是 60 天，且到期后不可续借
- 如果所借书籍被校内用户预约，校外用户应在两周内归还。如果所借书籍被认定为课程资料，则有可能被要求立即归还
- 校外用户在交清欠款后才可使用图书馆

第六节　流通借还及罚款规定

一、借书及预约服务

麻省理工学院图书馆为用户提供读书预约服务。预约的书可在任何分馆领取。除暑假时间外，预约的书需在 1 个工作日内领取。用户最大预约书籍数量是 15 本。如果用户想取消预约书籍，可发送邮件给图书馆工作人员协商处理。

尤其特别的一点是，麻省理工学院图书馆还为学校老师提供预约送书服务（Office Delivery）。图书馆根据老师填写的学校办公地点和邮箱，将预约的书籍送到指定地点。完成这项工作需要 3~5 个工作日。

对于借书期限和续借规定，对不同用户有不同的要求。一般情况下，书籍、论文和音乐 CD/DVD 的续借期限为 60 天，期刊为 1 个星期。麻省理工学院图书馆为用户提供的续借次数较多，一般为 3~5 次。表 1-6 列出了麻省理工学院图书馆的借阅期限及续借规定。

---

① Borrowing Cards [EB/OL]. (2018-08-13) [2018-10-04]. https://libraries.mit.edu/docs/p-cards/.

表1-6 借阅期限及续借规定①

用户类型	书籍和音乐	期刊	论文	音乐CD/DVD
在校用户	60天，续借5次	1个星期，续借3次	60天，续借5次	60天，续借5次
Wellesley②用户	60天，续借3次	仅限馆内阅览	仅限馆内阅览	60天，续借3次
Havard③用户	60天，续借3次	仅限馆内阅览	仅限馆内阅览	60天，续借3次
购买借阅权限的校外用户	60天，无续借	仅限馆内阅览	仅限馆内阅览	60天，无续借

二、超期及罚款

为更好保护书籍资源并规范用户行为，麻省理工学院图书馆对超期等不规范行为实施罚款。其罚款方式有一定特色。对于大部分书籍，用户超期后会产生0.5美元/天的罚款；对于被用户预约的书籍，超期罚款是2美元/天。具体如表1-7所示。

表1-7 书籍超期罚款规定④

借期/预约书籍	具体罚款方式
60天	0.5美元/天
14天	
7天	
3天	
1天	
预约的书籍	2美元/天
按小时计算的	2美元/小时
严重超期	135美元

此外，麻省理工学院图书馆还制定了严重超期（Long Overdue）的罚款规定。严重超期包括三种情况：一是普通书籍超过归还期限30天，二是被预约书籍超过归还期限7天，三是对于借阅期限按小时计算的资料超过归还期限24小

---

① Requestion & Borrow[EB/OL]. (2018-08-13)[2018-10-04]. https://libguides.mit.edu/c.php?g=176140&p=1160414.
② Wellesley是麻省理工学院与韦尔斯利学院的一个联合办学项目。
③ 这是麻省理工学院与哈佛大学的书籍互借合作项目。
④ Circulation FAQ: Fines & Damaged Material[EB/OL]. (2018-08-01)[2018-10-04]. https://libguides.mit.edu/circfaq/fines#collapseDamage.

时。在这三种情况下,用户需支付135美元的超期罚款。当用户丢失所借书籍后,其也需要支付135美元的赔书款或者购买相同的书籍来赔偿。另外,对于用户在书上的涂画行为,麻省理工学院图书馆也会根据情况采取一定的处罚措施。

当然,麻省理工学院图书馆在执行罚款规定时也会考虑用户的具体情况,会对一些情况酌情处理,这包括个人生病住院、自然灾害、借阅书籍被盗等。另外,其罚款的力度较大,特别是对于预约书籍超期归还,每天是2美元的罚款,这对规范用户借阅行为有一定的效果。

除罚款措施外,麻省理工学院图书馆还会给予读者禁止借阅的惩罚。用户被停止借阅的情况:一是有两本书的状态显示为"严重超期",二是有一本被预约的书显示为"严重超期",三是本校用户图书馆账户上有超过270美元的罚款或者校外用户账户上有超过270美元罚款未结清。只要出现以上三者中的任何一种,用户就会被禁止借阅。

三、还书服务

为方便用户归还书籍,麻省理工学院图书馆允许读者在不同的还书地点还书,但一些课程书籍和设备只能在借阅地点归还,在其他图书馆借的书籍以及馆际互借的书籍,只能在所借借阅点归还。另外,其在每个分馆都设置了24小时自动还书机,但是自助还书机不接受课程资料、设备、易碎资料的归还。

此外,麻省理工学院图书馆还设置了还书宽限期(Grace Period)。在这个宽限期内归还的用户不会有超期罚款。当超过该宽限期后,罚款计算会将宽限期产生的费用列入其中。具体的宽限期:借阅期限按小时计算的书籍为15分钟;被人预约的书籍宽限期为1天;借阅期限为60天的书籍,其宽限期为2天;借阅期限低于60天的书籍则不设宽限期。[①]

从麻省理工学院图书馆的管理规定我们可以看出,超期罚款在一定程度上有助于促进文献资源流通、规范用户的不规范借阅行为。如果罚款的主要目的不是创造收入而是教育用户、保护文献资源、促进资源有效利用、引导用户行为,则一定程度的罚款是值得支持的。

---

① Circulation FAQ: Renew & return[EB/OL]. (2018-08-01)[2018-10-04]. https://libguides.mit.edu/c.php?g=176140&p=1160492.

第七节 特色服务与资源

一、24/7 阅读空间

麻省理工学院图书馆设有 3 个 24/7 阅读空间,即一星期 7 天都 24 小时开放的学习空间。

第一个是 Barker 分馆的 24/7 阅读空间,可容纳 90 位读者。该空间配备自助复印机、扫描仪、打印机和电脑,方便学生打印/复印资料。此外,考虑到读者深夜的饮食问题,图书馆还配备自动售货机,售卖零食、冷饮和热饮,并提供淋浴室。

图 1-3 所示为 Barker 分馆的 24/7 阅读空间及该空间的艺术圆屋顶(Great Dome),其是麻省理工学院的标志性建筑物。1916 年,其最早作为图书馆的读书室开放使用,建筑结构历经变迁、翻新后,在 2013 年作为 24/7 阅读空间开放使用。艺术圆屋顶将 20 世纪早期的手工艺和 21 世纪的科技相融合,在圆屋顶的外顶部,有一个透明天窗,可采集自然光线。作为遗产保护建筑,艺术圆屋顶获得过多个建筑奖项,如 Cambridge Historical Commission 2013 等。①

图 1-3 Barker 分馆 24/7 阅读空间以及阅读空间的艺术圆屋顶(Great Dome)

第二个是 Dewey 分馆的 24/7 阅读空间,可容纳 22 位读者。与 Barker 分馆的 24/7 阅读空间类似,其配有淋浴室、冷热饮售卖机。

第三个 24/7 阅读空间位于 Hayden 分馆,可容纳 26 位读者。该分馆也为深夜学习的读者提供自助复印机、扫描仪、打印机和电脑,咖啡、小吃、冰激

---

① Study under The Dome Day Or Night[EB/OL]. (2018-05-01)[2018-10-04]. http://news.mit.edu/2013/study-under-the-dome-247.

凌自助售卖机，以及淋浴室等。此外，其还提供两个带有黑板的24小时研讨空间，方便读者深夜讨论学习。

为方便管理，24/7阅读空间设计了两个入口。一个入口专供白天正常开放时段使用。用户可通过该入口进入图书馆的文献收藏空间查找文献。当闭馆后，图书馆关闭该入口，用户无法再从该入口进入图书馆。另一个入口被称为24/7入口，位于图书馆外部。闭馆后，用户可从该入口进入24/7阅读空间，但是无法进入图书馆内。这种设计和管理方式既方便了同学，又保证了文献及其他财物的安全。

二、小组学习空间及预约服务

除了24/7阅读空间，麻省理工学院图书馆还提供许多小组学习空间（Group Study Space）。小组学习空间可容纳4~12人，并配备了电子设备和学习用具，如电脑、DVD、LCD电视、黑板、白板、窗帘、激光笔等。麻省理工学院图书馆的四个分馆都提供小组学习空间。由于Rotch分馆是开放建筑结构，为避免小组讨论带来噪音，Rotch分馆没有设置小组学习空间。

小组学习空间分两类：一类需要预约，另一类则不需要预约。需要预约的小组学习空间，麻省理工学院图书馆提供两种预约方式：一种是网上预约，需使用小组学习空间的同学可登录预约系统进行预约；另一种是通过专门的预约屏幕，刷校园卡预约，该系统还有预约取消功能。[①]

为更好地管理和鼓励同学们使用学习空间，图书馆制定了一系列使用规则。如违反任意一条规则，则预约的房间将被取消。

（一）服务范围

小组学习空间仅供麻省理工学院的教职员工和在读学生使用。

（二）基本原则

除了需预约的小组学习空间，不需要预约的小组学习空间遵循"先来先到"的使用原则。

---

① Reserve A Group Study Room[EB/OL]. (2018-08-15)[2018-10-04]. https://libraries.mit.edu/study/reserve/.

（三）优先权

小组学习空间可供单个读者使用，但是2个及以上的读者有优先使用权。

（四）使用时长

对于不需预约的小组学习空间，当有其他读者等待时，当前使用读者不得超过3个小时。对于需要提前预约的小组学习空间，使用时长限制在3小时以内。

（五）预约提前期

提前预约时间不能超过30天。

（六）预约服务时间

小组学习空间仅在图书馆服务时间内可以预约，在深夜开馆时段不能预约。

普通小组学习空间可容纳10人左右。对于参与人数较多的小组讨论，如10~20人规模，Dewey分馆提供专用的Dewey Instruction Room。该小组讨论空间为读者提供电脑/笔记本链接口，方便小组使用。考虑到其特殊性，Dewey分馆要求最多只能提前5天预约，而且读者不能通过网上系统预约，只能发邮件到指定邮箱并写明预约详情，经图书馆工作人员同意后方可使用。

为方便同学快速找到空闲的小组学习空间或教室，麻省理工学院还开发了一款名为QuickRoom的软件。安装QuickRoom软件后，打开软件就可以查找校园当前处于空闲的小组学习空间和教室，如图1-4所示[1]。其使用规则是先来先用。

---

[1] Reserving A Classroom[EB/OL].(2018-08-15)[2018-10-22]. http://web.mit.edu/registrar/classrooms/quickroom_faq.html.

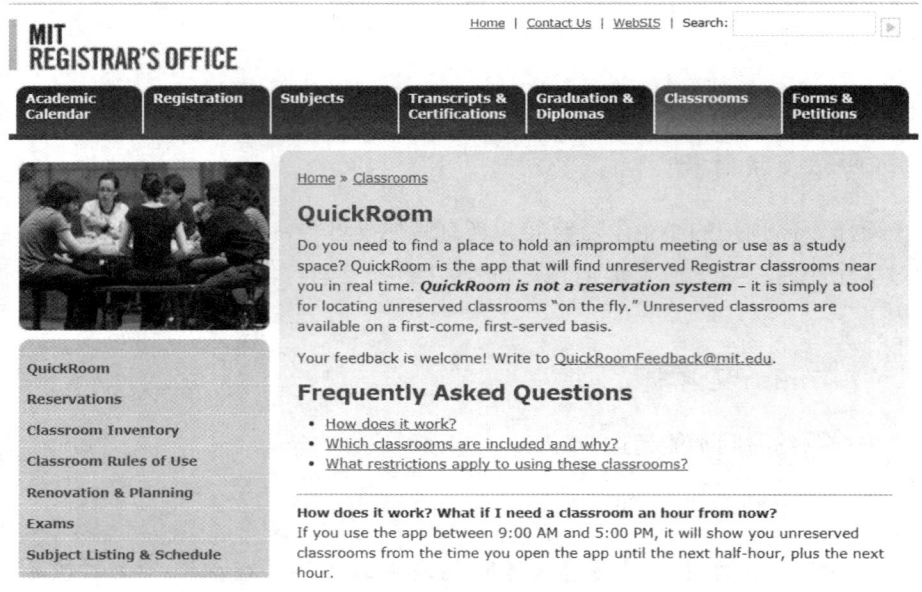

图 1-4　QuickRoom 软件界面

三、文献传递服务

麻省理工学院图书馆为校内外读者提供网络文献传递服务（Web-Doc Delivery Service）。① 传递内容包括电子期刊、毕业论文、研究成果等。需要此项服务时，读者可在网上填写文献传递服务申请表。填写的网址如下：

（1）期刊会议论文提供网址：https：//libraries.mit.edu/app/docs/orders/journal。

（2）毕业论文提交网址：https：//libraries.mit.edu/app/docs/orders/thesis。

（3）技术报告和工作论文网址：https：//libraries.mit.edu/app/docs/orders/tech。

图书馆工作人员会根据读者留下的电子邮件发送一个下载链接以及下载密码。该链接的有效期限是 30 天，同一个链接读者最多可下载 5 次。

网络文献传递服务要收取一定费用。表 1-8 列出了具体收费标准。从表 1-

---

① Web-Docs Electronic Delivery[EB/OL].（2018-08-15）[2018-10-22]. https：//libraries.mit.edu/docs/ordering/web-docs/.

8可知,图书馆对校内外读者的文献传递服务均需要收费,只是收费标准校内读者比校外读者相对较低,且对于不同文献类型,收费标准有所差别。

表1-8 麻省理工学院图书馆文献传递服务及收费规定①

用户	文献类型	价格	完成时间
校内读者	期刊会议论文	10.00美元	2~4工作日
	技术报告、工作论文	10.00美元	1~2个星期
	毕业论文	免费	2~3个星期
校外读者	期刊会议论文	20.00美元	2~4工作日
	技术报告、工作论文	25.00美元	1~2个星期
	毕业论文	45.00美元	2~3个星期

四、无障碍服务

麻省理工学院图书馆对残疾人用户提供专门的无障碍服务,以确保其能像普通读者一样使用资源和获得服务。具体包括以下三方面。②

(一)研究支持

残疾人用户可在图书馆官网上预约学科专员以获取帮助。图书馆还承诺,只要是残疾人用户咨询的问题,最迟回复时间不超过第二个工作日下午的5点。

(二)请求特殊帮助

在图书馆书架查询时,可请求图书馆工作人员的特殊帮助。在借书时,残疾人用户可请求他人代借。

(三)与学校残疾人服务中心合作

麻省理工学院设立了专门服务残疾人的残疾人服务中心。残疾人用户在使用图书馆资源遇到问题时,可向该中心寻求帮助。

---

① Pricing and Turnaround Times[EB/OL].(2018-08-15)[2018-10-22]. https://libraries.mit.edu/docs/ordering/pricing/#.

② Services for Persons with Disabilities:Home[EB/OL].(2018-08-15)[2018-10-22]. https://libguides.mit.edu/disabilities#Research.

五、课程教学资料服务

麻省理工学院图书馆还提供课程教学资料收藏服务。在学科教授或老师列出课程书籍以及相关课程资料书单后，图书馆会尽可能将书单上的所有书籍都收藏，并设立专门的课程教学资料收藏服务专区，方便学生查找借阅。

对于纸质课程教学资料，图书馆设立了实体专区。同时，图书馆主页还提供查询服务，如图1-5所示。① 在该界面上，当读者选择化学学科时，与化学相关的课程教学资料收藏地址就会显示出来，即在Hadyen分馆的14S-100区域。

```
Print reserves

↓ Which library handles reserves for my class?
5 - Chemistry                              ▼

Your reserves are housed at Hayden Library, 14S-100.
If you'd like your reserves housed at another library, mention it when you submit your request, or email us at
lib-res@mit.edu.
```

图1-5　图书馆纸质课程教学资料查询服务

对于教学老师拟定的电子版课程读物，麻省理工学院则专门研发了一个学习和课程管理平台，名叫Stellar。该平台收藏了与每门课相关的阅读资料和书籍。学生仅需用个人账户登录该系统，点击自己所选的课程，就可以查看课程老师推荐的课程读物。

由于这些指定的课程教学资料需求量多，麻省理工学院图书馆制定了较为特殊的流通规定。为让学习同一门课的每个同学都有机会借到该类书，此类书籍借阅期限一般为2小时。但是对于读者具体借书数量，图书馆没有做任何限制。同时，在没有其他同学预约该书的情况下，读者最多可续借3次。当有读者预约该书时则不能续借。对于课程教学资料的归还，图书馆规定只能在借书地点归还。因为在其他还书点归还时，图书馆需要2天的时间才能将其调整回原来的藏书区域。此外，对于逾期归还的读者，超期罚款规定为2美元/小时。②

---

① Course Reserves & TIP FAQ：Print reserves[EB/OL].（2018-08-15）[2018-10-22]. https：//libguides. mit. edu/c. php?g=176132&p=1158867.

② Course Reserves & Tip FAQ：Students[EB/OL].（2018-08-15）[2018-10-22]. https：//libguides. mit. edu/c. php?g=176132&p=1158622.

六、学科咨询导航服务

麻省理工学院图书馆的学科咨询导航服务也有一定特色。一是对于不同学科设置对应的学科咨询馆员,并会把每个学科的文章、新闻、数据等文献资料预先列出来,方便读者查找。二是在学科导航咨询中还嵌入了课堂项目。对于某些课程,图书馆设置了查找相关文献数据的链接入口。比如 2018 年春季学期的项目评估与管理课程(Project Evaluation and Management),图书馆提供了相关的书籍、学术文献、新闻网站、参考文献管理工具、较有影响力的期刊等资料。[①] 三是图书馆还提供科研学习需要的一系列方法和工具,这包括引文分析工具(如 EndNote 和 Zotero)、数据管理工具,有助于提高学校的科研效率。

[①] Project Evaluation and Management:Home[EB/OL].(2018-08-15)[2018-10-22].https://libguides.mit.edu/1011.

第二章 斯坦福大学图书馆

第一节 学校简介

斯坦福大学是 1885 年由加州参议员利兰·斯坦福（Leland Stanford）和其妻子简（Jane）共同发起修建，并于 1891 年开始运营的。他们创建斯坦福大学的初衷是促进公共福利。在过去的 120 多年里，斯坦福大学已成为世界知名的研究型大学。斯坦福大学的校园面积有 8180 英亩，按 1 英亩为 6.07 亩来折算，其面积为 49652.6 亩。

斯坦福大学现有 7 个学院，包括商学院，地球、能源及环境科学学院，教育学院，工程学院，人文科学学院，法学院，医学院。截至 2019 年 2 月，其有来自世界各地的学生 16520 人。其中，本科生 7083 人，研究生 9437 人。斯坦福大学师资力量雄厚，曾有 17 人获得诺贝尔奖。[①] 2018 年，斯坦福大学的财政预算支出达到 77 亿美元[②]。其中，20% 来自其医疗业务，20% 来自社会捐赠，15% 来自学生交费。其他收入来源包括投资收益、项目资助等。这一支出金额比国内顶尖大学均高出不少。

第二节 图书馆概况

斯坦福大学图书馆建于 1891 年。图书馆早期藏书仅 3000 余册，可容纳 100 余名读者。在开馆第二年，图书馆有了 1 名正式员工和 2 名学生兼职员工，藏书量也增至 1.5 万余册。经过 120 余年的发展，斯坦福大学图书馆已拥

---

① Stanford Facts at a Glance[EB/OL]. (2018-08-21)[2018-10-22]. https://facts.stanford.edu/.
② Stanford Facts 2019[EB/OL]. (2018-08-22)[2018-10-22]. https://facts.stanford.edu/wp-content/uploads/sites/20/2019/02/stanford-facts-2019.pdf.

有 20 多个现代化分馆,分布在校园各个角落,且每个分馆的运行皆有差异。主要分馆如表 2-1 所示。

表 2-1 图书馆主要分馆名称及特色[①]

分馆名称	特色
Cecil H. Green 分馆	最大的分馆,收藏人文、社会及各类交叉学科资源
Bowes 艺术建筑分馆	收藏艺术、建筑和设计资源
商业管理分馆	收藏商科及管理资源
Cubberley 教育分馆	收藏教育期刊或书籍,甚至包括一些儿童书籍
东亚分馆	收藏了超过 68 万册关于中国、日本等东亚国家的资料
胡佛研究分馆	建于 1919 年,收藏政治、经济和社会变革方面的资料,尤其是俄罗斯、苏联、中国等政治方面的资料
Lane 医学分馆	收藏医科资源,以电子书、数据库、视频、诊所诊断资料为主
音乐分馆	收集音乐学术资料
Robin Li Melissa Ma 科学分馆	收集生物、化工、化学、数学、统计学等学科资料
学校特藏中心	收藏斯坦福大学的历史书籍、手稿等
备用书分馆	一个专用藏书区,收藏备用图书等资料
Tanner 哲学分馆	隶属于哲学学院的图书馆
Archive of Recorded Sound 分馆	收藏了超过 40 万套的记录声音的各类资料,包括反映声音刻录载体发展历史的资料
Branner 地球科学及地图分馆	收藏地球、能源或环境科学方面的资料
古希腊罗马分馆	隶属于古希腊研究部门,收藏古希腊、罗马的相关资料。该资料不允许流通
David Rumsey 地图中心	收藏与地图相关的纸质与数字资源
Harold A. Miller 海事生物分馆	位于霍普金斯海洋站,主要收藏渔业、水生物、海洋生物方面的书籍
Robert Crown 法律分馆	收藏了超过 50 万册与法律相关的资料,并支持法学院教学
Lathrop 分馆	配备现代设备,可用于读者学习研讨

---

① Stanford Libraries[EB/OL]. (2018-08-22)[2018-10-22]. https://library.stanford.edu/libraries.

续表2-1

分馆名称	特色
SLAC 国家加速器分馆	收藏可用于光子、粒子、天体物理、环境安全等方面的相关研究的资料
Terman 工程分馆	收藏工程研究和教学所需资料

作为世界一流大学，斯坦福大学图书馆的数据库资源藏量巨大，并且类型丰富，为师生教学科研提供了有力支撑。目前，斯坦福大学图书馆共购买了 2492 个数据库。数据库涵盖的社会科学包括历史、文化、计算机、地球科学、教育、工程、法律、政治、语言、公共卫生、化学等学科。数据库类型不仅包括学术期刊，还包括各类数据集、图片库、地图库、音乐数据库、新闻报告、视频等。

第三节 图书馆分馆

一、分馆特点

斯坦福大学图书馆的分馆有三个特点。一是依学科设立。这是设立分馆的重要依据，比如 Bowes 艺术建筑分馆、商业管理分馆、Branner 地球科学及地图分馆、Robert Crown 法律分馆和 Terman 工程分馆等皆依此而设。二是为支持实验室、研究所设立的分馆，比如胡佛研究分馆主要是为支持胡佛研究所的研究而设立，SLAC 国家加速器分馆主要为支持美国能源局下属的 SLAC 国家加速器实验室的研究而设立。三是为适应读者需求而设立，比如 Lathrop 分馆是为满足学生需求而设立。四是因图书馆自身需要而设立，比如四个备用书分馆专门收藏流通较少的图书、报纸等，是正常流通书库的缓冲地。

二、特色分馆

（一）Lathrop 分馆

Lathrop 分馆以研讨室和会议室为特色，配备现代设备，主要提供以下几类学习空间。

1. 班级教室

班级教室分两类。一是标准教室。标准教室配备视听设备，如智能面板控制系统、投影仪、投影幕布等。通常每个标准教室都有不同类型的器具、可移动座椅，以适应不同的需求。Lathrop 分馆允许读者移动桌椅，但在使用完毕后需将桌椅归位。另一类是高级教室。这类教室不仅设备十分先进，而且支持小组协调活动。

2. 教学新技术实验室

教学新技术实验室是为老师提供教学、学习或研究支持的实验平台。该实验室旨在鼓励老师在实验室学习新技术，优化教学。其主要有三种类型的空间：一是小组会议室，供老师讨论、凝练、升华想法；二是咨询室，为老师提供教学技术支持方案；三是音频和视频录音制作室，用于制作各类课程教学课件。①

该实验室主要为老师提供四类服务：

（1）教学技术咨询，包括如何用技术支撑教学，为教室课程提供合理建议等；

（2）课程辅助设计，帮助老师设计教学目标、课上活动、课程考试评估等；

（3）媒体制作，利用电脑、视频制作软件和设备支持老师制作上课需要的视听材料；

（4）资源支持，帮助老师寻找需要的教学资源。

该实验室较为典型的案例是 iPad 学习项目。这个项目通过鼓励使用 iPad 的教学老师分享教学经验，研究如何使用 iPad 提高教学科研效果。

此外，作为图书馆的一部分，该实验室还与主管教务的部门合作，从 2013 年至 2017 年，每年 10 月份举办学术技术博览会（Academic Technology Expo）。该活动曾邀请斯坦福大学、加州大学伯克利分校、加利福尼亚大学旧金山分校、旧金山大学的老师来分享经验，讨论他们如何将学术技术嵌入教学，提升教学质量，如图 2—1 所示。

---

① Academic Technology Solutions Lab［EB/OL］.（2018-08-25）［2018-10-22］. https://vptl.stanford.edu/teaching-and-learning-innovation/learning-environments/ATL.

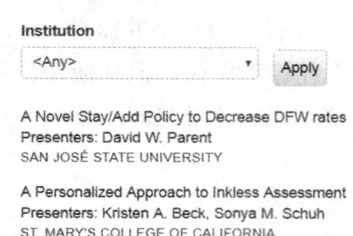

图 2-1　2017 年学术技术博览会分享案例一览①

3. 数字语言实验室

数字语言实验室（Digital Language Lab）旨在为读者提供语言学习的资源、设施和场所，提升学生多语言交流能力。其服务内容包括音频和视频刻录、提供国外语言数字资源、虚拟跨文化交流环境，并且为语言教学提供语言能力测试，比如各类口语水平诊断测试、个人阅读能力测试等。

该实验室于 1999 年由美国总统基金支助，并由图书馆与学校语言中心共建。该实验室的建成，改变了学校的外语教学方式，通过电脑软件、在线测评以及各类学习场景的创建，使学校的外语教学更加专业有效。比如常用的口语水平诊断测试、写作能力测试等，均可通过电脑来完成②。

4. 24 小时学习空间

为方便读者学习，Lathrop 分馆还设立了 24 小时学习空间。该空间配备了电脑、投影笔记本接口以及桌椅，方便读者使用。③

---

① IdeaLab[EB/OL].（2018-08-22）[2018-10-22]. https://vptl.stanford.edu/atxpo/idealab.
② SOPI Schedule and Instructions[EB/OL].（2018-07-25）[2018-10-28]. https://lctest.stanford.edu/sopi-schedule-and-instructions.
③ 24-Hour Study Room[EB/OL].（2018-08-22）[2018-10-22]. http://library.stanford.edu/libraries/lathrop/24-hour-study-room.

（二）Bowes 艺术建筑分馆的 VRC

Bowes 艺术建筑分馆的视觉资源中心（Visual Resource Center，VRC）特点明显。VRC 专为学校教学研究搜集数字图库资源，仅为本校师生服务。截至 2019 年，已收藏超过 12.4 万余份珍贵数字图片以及 25.8 万余份幻灯片，涵盖美国艺术、中国艺术、建筑、摄影等方面的内容。

VRC 还注重分类以方便读者查找。该分类有两种标准。一是按主题分类。VRC 将这些图片分为 17 个大类，比如 1900 年前的美国艺术、1900 年后的美国艺术、教育学艺术、中国古代艺术、中国近现代艺术等。二是按课程分类。VRC 已为 10 多门课程提供配套艺术图片，这些课程包括 Introduction to the Visual Arts：Prehistoric to Medieval、Introduction to the Visual Arts：Prehistoric to Medieval 等。

为方便读者按主题或课程查找资料，VRC 将分类结果列示在图书馆主页。此外，VRC 还在主页上列出了相关度较高的研究等内容，如图 2-2 所示。

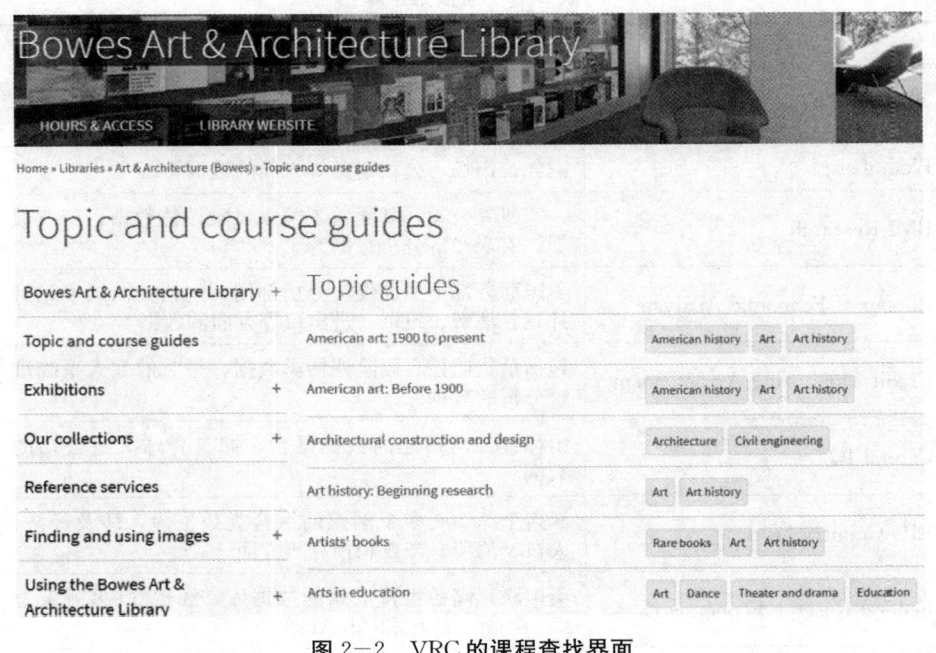

图 2-2　VRC 的课程查找界面

（三）商业管理分馆的 FINData 工具

数据分析是商业管理的重要内容。为帮助读者更好地查询数据，商业管理分馆专门开发了 FINData 工具，并建立了专门的网站 http://findata.gsblibrary.org/。使用该工具可快速查找各类经济数据。这些网络数据被分成四个大类：

（1）公司个体类数据，如公司财务、养老金、盈利状况、风险投资等；

（2）财经市场类数据，如市场交易、债券、股票、共同基金、商品、期权等；

（3）公司治理类数据，如公司并购交易、上市 IPO、公司高管情况等；

（4）国家经济类数据，如国家经济指标、进出口状况、资金供给等。

FINData 工具类似于一个元搜索引擎。搜索结果的数量和质量与该工具搜索的数据源有极大关系。因此，FINData 工具以权威数据机构的公开数据和图书馆购买的数据库为数据源，共计有 31 个数据源。当读者输入关键词后，该工具可自动到这些数据库里去查找。为方便国内同行了解并熟悉这些数据库资源，笔者将这些重要数据库进行列示和介绍，如表 2-2 所示。

表 2-2 重要数据库

名称	介绍
Audit Analytics	以审计类数据为主，覆盖超过 15 万审计师和 1 万家公司的数据
Bloomberg	财经、市场、公司财务等方面的数据
BMI Research	一家研究公司，其涵盖了国家风险评估数据、产业数据、宏观经济分析数据等
Bureau of Economic Analysis	美国商务部下属的经济分析部门，包括美国国家经济计划、消费、投资、进出口等方面的数据
Credit Monitoring Arrangement	包括信贷监控、风险评估类数据，是对借款人系统进行分析的数据库
Capital IQ	由标普公司搭建的数据平台，拥有全球大量公司的数据
EIU Country Data	涵盖全球 200 多个国家的综合类数据库，涉及经济、人口、消费、产业和预算等方面
Federal Reserve Economic Data	美国联邦储备银行下属的数据库，涵盖 50 多万条财经、经济、区域和国际数据
International Financial Statistics	国际货币基金组织下属的数据库，涉及 200 多个国家的经济数据
Orbis	涵盖全球 3 亿多家公司信息和档案的数据库，尤其是私营公司的数据

续表2-2

名称	介绍
Treasury. gov	美国财政部的数据库
World Bank Data	世界银行数据库

（四）课程藏书专区

斯坦福大学图书馆根据老师需要，开设了课程藏书专区（Ccurse Reserve），用于短期借阅。有藏书的课程都会列示在图书馆主页，读者可通过课程 ID、课程名或任课老师姓名查找资料。比如对于课程号为 ACCT-210-01-04 的 Financial Accouting 这门课，读者输入该课程后，就会弹出老师指定课程用书的资源画面，列出藏书地点。

第四节 图书馆使用及管理规定

为了给师生提供良好的阅读、学习和交流环境，斯坦福大学图书馆制定了一系列管理规定，以规范用户的行为。

一、日常行为管理

斯坦福大学图书馆对用户的日常行为做了规定。这些日常行为管理规定十分细致。笔者对其内容进行了详细介绍，以方便大家更细致地了解这些规定，并为图书馆管理规定的制定提供参考，具体如表2-3所示[①]。

表2-3 图书馆日常行为管理规定

1. 使用图书馆
• 进馆时请出示有效证件
• 保管好个人随身物品
• 如出口门禁报警，请遵守图书馆规定接受检查
• 保持安静，请尽可能在大厅、学习室、班级讨论室里交谈，请到大厅或馆外接电话
2. 图书馆拒绝以下行为
• 随意摆放个人物品（不管物品大小）
• 在图书馆吃零食或喝除白开水之外的饮料
• 吸烟、药物滥用或吸电子烟

---

① Conduct Policies［EB/OL］.（2018-08-27）［2018-10-30］. http://library. stanford. edu/using/special-policies/conduct-policies.

续表2-3

- 除因个人残疾原因，使用滑板车、自行车、溜冰鞋等个人交通工具
- 产生影响他人的噪音，以及其他各类影响他人的行为
- 使用数字资源时不尊重版权许可协议
- 在图书馆出口处，拒绝馆员检查书包
- 未在规定闭馆时间出馆
- 携带宠物进图书馆
- 非紧急情况下使用紧急安全设施
- 在图书馆散发各类宣传资料

二、摄像规定

为保护用户隐私和保持图书馆的安静，斯坦福大学图书馆禁止摄像。因特殊原因需要摄像的用户，要填写申请，获得图书馆的批准后方可进行，相关申请材料如图2-3所示。在图书馆同意后进行摄像时，拍摄方还需取得被拍摄人的同意，即下载一份图书馆提供的授权协议表，填写清楚后征得被拍摄人的书面同意，如图2-4所示。

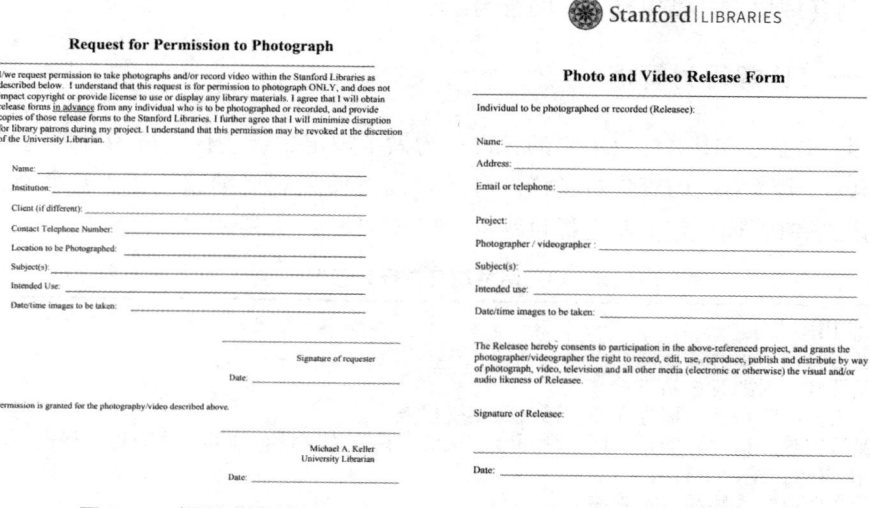

图2-3　摄影申请材料　　　　图2-4　授权协议

实际上，斯坦福大学图书馆的摄像管理规定遵循了斯坦福大学的摄像管理规定。斯坦福大学制定了专门的摄像管理规定，涉及新闻类摄像或非新闻类摄像。因此，用户在斯坦福大学图书馆摄像时应严格遵守这些规定。

第五节　图书流通管理规定

一、借书规定

（一）借书册数

斯坦福大学图书馆对读者没有借书册数的限制。只是对于某些特殊用户，规定最多借阅册数为 25 本。

（二）借期

图书馆借期因用户而异。对于图书，本科生借阅期为 28 天，研究生为一个季度，教职工为一年。对于装订期刊（bound journal），所有人的最长借书时间均为 7 天；而对于现刊（current journal），则不提供外借服务。但是对于一些特殊馆藏和特殊书籍，每个分馆都有自己的规定。

（三）续借规定及超期规定

斯坦福大学图书馆对续借时间和续借次数有具体规定，但是借期在 3 天之内的资料不可使用续借服务。[①] 续借途径包括邮件、电话和柜台处理。具体的续借次数规定如下：

（1）借期为 4~14 天的资料，可续借 1 次；
（2）借期为 28 天或 90 天的资料，可续借 2 次；
（3）借期为 1 个季度的资料，可续借 3 次；
（4）借期为 1 学期的资料，可续借 1 次；
（5）借期为 1 年的资料，可续借 2 次。

从斯坦福大学图书馆的借阅规定可知，其对老师的研究支持很大。比如，教职工书籍借阅期限为 1 年，但是其可续借 2 次。对于研究生，其支持力度也很大，不仅允许研究生借阅图书 1 个季度，而且还允许续借 3 次。

此外，斯坦福大学图书馆也有限制续借方面的规定，即因超期产生过罚款

---

① Borrow Renew Return［EB/OL］.（2018-08-22）［2018-10-29］. http://library.stanford.edu/using/borrow-renew-return.

的资料、其他人预约的资料,不可续借。

二、归还特色

斯坦福大学图书馆的一个主要特色是在校园里设置了还书箱(Book Return Bin)。其带有自动还书功能,这大大方便了读者还书。但是对于课程专区的书籍,师生需到图书馆还书,而不能在还书箱归还。笔者认为这主要是为了进一步促进课程专区书籍的流通。因为课程专区书籍需求量大,而还书箱的书籍从读者还书到图书馆整理上架的时间相对较长,故而课程专区的书籍不允许在还书箱还书。

三、停止用户借阅权限及赔偿规定

当学生的图书超期费或使用其他服务的账单达到 50 美元时,其借阅权限将被停止。当教职工的图书超期费用或使用其他服务的账单达到 300 美元时,其借阅权限将被停止。而校园卡过期的读者,无法进入凭卡进入的区域。

一般情况下,斯坦福大学图书馆要求丢失书籍后必须赔偿。赔偿费用包括两部分:一是书籍赔偿款,根据书籍类型决定;二是 5 美元账单费。同时,斯坦福大学图书馆也接受读者找一本相同书籍来替换丢失书籍的方案。找来的书籍能否替换原书由图书馆工作人员根据具体情况来决定。当读者选择替换原书时,需交 25 美元的编目和加工成本。

此外,斯坦福大学图书馆还有一个人性化的丢失书籍赔款规定,即当读者找到丢失书籍时,即使读者已经赔偿费用,仍可以在一年内申请退款,但是退款金额仅限于书籍赔偿额。

四、还书宽限与查找申请规定

斯坦福大学图书馆还制定了还书宽限规定。当读者找不到所借书籍而又临近归还期限时,读者可申请还书宽限求助,其为读者提供一个月的找书宽限期。如果在一个月内仍找不到该书,则需按书籍遗失处理。

此外,当读者在书架上找不到需要的图书时,可请求图书馆流通台的工作人员帮助,但需要填写一个查找申请。图书馆的工作人员在收到该申请后的 12 天内会专门寻找该书 3 次。当图书馆的工作人员找到该图书时,会通知读者,并为其保留一个星期。如果该书在 12 天内还没有被找到,图书馆的工作人员将在未来一年内定期查找该书。

五、预约服务

斯坦福大学图书馆为读者提供 Recall 预约服务。读者发现所需书籍被别人借走后,可点击系统里的预约请求,预约成功后,该书归还时间会自动变为一个星期。所持该书的读者需要在一个星期内还回该书。当原读者还回该书后,图书馆将通知预约者,并要求其在一个星期内来办理图书借阅手续。

此外,系统还为读者提供另一种 Hold 预约模式。在 Hold 模式下,该书归还日期并不改变,只是相当于读者在借书时排了一个队,等该书归还后,图书馆会通知预约者在一个星期内来取书。

笔者认为,Hold 模式和 Recall 模式的预约服务满足了读者的多样化需求,也体现了斯坦福大学图书馆细致服务的精神。比如当读者十分紧急地需要一本书时,他可以采用 Recall 模式;但当读者不急需某一本书时,他可以采用 Hold 模式,这样满足了不同读者的预约需求。

六、超期罚款规定

对于超期归还的读者,图书馆有一定的限制规定。对于学生而言,当其罚款费用或者使用图书馆的服务账单达 50 美元时,其借阅权限将被停止,待偿还后方可恢复借阅服务。对于老师,当其罚款费用或者使用图书馆的服务账单达 300 美元时,其借阅权限将被停止,待偿还后方可恢复。[①] 对于具体的超期罚款规定,斯坦福大学图书馆的规定如表 2-4 所示。[②]

表 2-4 斯坦福大学图书馆超期罚款规定

1. 课程专区和以小时计算的书籍
• 超出归还期限后按小时立即计费(1 美元/小时,且最大罚款额不高于 30 美元)
• 超期 1 天后:图书馆发送超期邮件提醒
• 超期 2 天后:停止借阅权限
2. 借期时间介于 1~14 天的书籍
• 超出归还期限 1 天后按天计费(1.5 美元/天,且最大罚款额不高于 10.5 美元)
• 超期 2 天后:图书馆发送超期邮件提醒
• 超期 8 天后:停止借阅权限

---

① Suspended Privileges[EB/OL].(2018-08-25)[2018-10-30]. http://library.stanford.edu/using/access-and-privileges/suspended-privileges.

② Fines and Fees[EB/OL].(2018-08-28)[2018-10-30]. http://library.stanford.edu/using/borrow-renew-return/fines-and-fees.

续表2—4

3. 借期大于28天的书籍 • 没有超期罚款费用，除非该书被预约 • 超期2天后：图书馆发送超期邮件提醒 • 超期8天后：停止借阅权限 4. 预约书籍 • 超过预定归还时间1天后按天计费（3美元/天，且最大罚款额不高于21美元） • 超期8天后：停止借阅权限 • 该超期罚款不能以借书期间旅行无法归还为由豁免

从中我们可看出，借期越短的书籍，如以小时为借期单位的书籍，其罚款额度越高。对于借期较长的书籍，斯坦福大学图书馆的容忍度较高，甚至会不收取超期服务费。对于读者急需书籍如预约书籍，则采用较重的超期罚款措施，如3美元/天，以促进资源的流通。这种相对细化的罚款规定既有助于实现书籍等资料在不同读者间的共享，又照顾了不同读者长期借用某些书籍的需要。

七、社会读者和校友服务

斯坦福大学图书馆欢迎社会读者来图书馆学习，并且为每一个持有身份卡的读者提供每年7天的免费学习期。这些身份卡包括护照、军官证、永久居民卡，以及其他国家以英文签发的各类身份证件等。

社会读者若想在图书馆有更多学习时间并享有借书权限，则需申请成为图书馆会员。付费社会读者享有25本书的最大借书权限，但是没有使用电子数据库的权利。同时，斯坦福大学图书馆还在一般社会读者和校友读者的收费方面做了区分。相对于一般社会读者，对校友读者的收费更低，如表2—5所示。[①]

表2—5 社会读者服务收费情况

	会员阅览服务收费（美元）				
读者类型	一年	3个月	1个月	1周	1天
校友读者	100	40	15	—	10
一般社会读者	300	100	50	25	10

---

① Fee-Based Library Memberships[EB/OL]. (2018-08-25)[2018-10-30]. http://library.stanford.edu/using/access-and-privileges/privileges-university-library-affiliates/fee-based-library-memberships.

续表2-5

会员借阅服务收费（美元）					
读者类型	一年	3个月	1个月	1周	1天
校友读者	400	125	—	—	—
一般社会读者	800	250	—	—	—

第六节　研究支持

为支持学校学生、老师的科研活动，斯坦福大学图书馆为师生提供研究支持。这包括一系列研究服务、推荐信息搜索工具、设置研究专员、研究课题或课程导航服务、项目创新支持、专题讲座等。

一、研究服务

（一）学科馆员

斯坦福大学图书馆设置有学科馆员，每位学科馆员负责自己擅长的学科。此外，值得学习的是，斯坦福大学图书馆的学科馆员除了按学科设置外，也按照其他方式设置，比如，其设置了提供数据服务的学科馆员。

（二）交叉学科数字研究中心

交叉学科数字研究中心（Center for Interdisciplinary Digital Research，CIDR）由技术专家、软件开发者、研究员组成，为人类学、社会科学和相关领域研究提供研究和教学支持。该中心协同图书馆团队，开发了多个有趣且实用的交叉学科创新项目。限于篇幅，这里仅对个别项目做介绍，有兴趣的用户可自行查询，如表2-6所示。

表2-6　交叉学科数字研究中心部分项目

项目名称	介绍
Palladio	一种基于web平台的多维数据可视化平台 网址：http://hdlab.stanford.edu/palladio/
Bibliopedia	一个共享的可视化网络存档平台 网址：http://sul-cidr.github.io/Bibliopedia/

续表2-6

项目名称	介绍
Çatalhöyük Living Archive	考古数据可视化平台 网址：http://catalhoyuk.stanford.edu/
Kindred Britain	一个展示英国超过 30000 位具有影响力人物的家族血缘关系的平台 网址：http://kindred.stanford.edu/#
ORBIS	一个重现古罗马时代的交通费用等的平台 网址：http://orbis.stanford.edu/
City Nature	一个探索和分析美国大城市邻近地区自然空间不均匀分布的平台 网址：http://citynature.stanford.edu/
Geography of the Post	一个以视觉方式再现 19 世纪初美国邮局地图的平台 网址：http://cameronblevins.org/gotp/

（三）数据管理服务

斯坦福大学图书馆为老师提供数据管理的平台，以促进数据共享与永久访问。其通过与加利福尼亚数字图书馆的合作，为全校师生提供 DMP 网络数据管理平台。DMP 网络数据管理平台是一个在美国很流行的数据管理平台，为美国很多大型权威机构提供数据服务，比如摩尔基金会、国家健康中心等。此外，斯坦福大学图书馆还为师生提供付费的数据保存与备份服务。[①]

为了更好地管理数据，斯坦福大学图书馆根据数据敏感程度将其分为三类[②]：一是低度风险数据（Low-risk），二是中度风险数据（Moderate-sisk），三是高度风险数据（High-risk）。

1. 高度风险数据

这类数据是受法律/法规保护的数据，数据获取时需向政府或相关人报告，并且数据的完整和保密性受到损害时会对斯坦福大学的安全、财务或声誉产生重大不利影响。常见的此类信息包括个人健康信息、社会安全号码、信用卡、财务信息、护照和签证号码以及驾驶执照号码等私人信息。

---

① Storage and Backup［EB/OL］.（2018-08-30）［2018-11-03］. http://library.stanford.edu/research/data-management-services/storage-and-backup.

② Sensitive Data［EB/OL］.（2018-06-30）［2018-11-03］. http://library.stanford.edu/research/data-management-services/storage-and-backup/sensitive-data.

2. 中度风险数据

此类数据一般不轻易向公众开放,数据的完整和保密受到损害时会对斯坦福大学的安全、财务或声誉产生轻微不利影响。常见的此类信息包括未发表的研究数据、学生记录和申请、人事档案、非公共规定和合同等。

3. 低度风险数据

不属于高或中度风险的数据即为低度风险数据。其披露和丢失不会对斯坦福大学的安全、财务或声誉产生不利影响。这包括一些公开的研究数据和其他公共信息等。

(四)研究追踪提醒服务

斯坦福大学图书馆还专为师生提供了研究追踪提醒服务。读者在XSearch的服务平台输入关键词,并填写好邮件,该平台就会自动追踪该领域的研究成果,并告知读者,如图2-5所示。①

图2-5　XSearch研究追踪平台

(五)Spotlight数字展览服务

斯坦福大学图书馆还为师生提供Spotlight数字展览服务。读者经过申请和注册后,就可使用该服务平台,创建个人数字内容的数字展览服务。该服务满足了读者个人展览的需要,是满足读者个性化需求的有力体现。

---

① Research Alerts[EB/OL].(2018-06-30)[2018-11-03]. http://library.stanford.edu/research/research-alerts.

（六）地理空间中心

地理空间中心（GEO Spatial Center）为师生在研究和教学上提供地理空间数据和技术展示服务。当师生在教学中需要对数据做地理空间展示时，就可以向该中心申请服务支持。其提供的主要服务类型有：

(1) 地理空间软件和数据管理的指导、创建和分析；

(2) 专业空间数据支持服务；

(3) 高效提供各类权威的空间数据。

为进一步帮助师生了解该类技术，该中心还开设了培训课程。地理空间中心还有一些常用的技术工具，如表2-7所示。

表2-7 常用的技术工具

项目名称	介绍
Shaded Relief	一个旨在通过一系列技术如3D景图等，在地图上展示创意的技术网站 网址：http://www.shadedrelief.com/
Seaborn	一个基于Matplotli的Python数据可视化图书馆，帮助师生绘制各类漂亮的统计图表 网址：http://seaborn.pydata.org/
MapShaper	可读取Shapefile、GeoJSON和TopoJSON格式的文档工具 网址：https://mapshaper.org/
RAWGraphs	能利用可视化数据生成PNG和SVG的可视化向量图形 网址：https://rawgraphs.io
IndieMapper	能利用地图数据制作各类图表 网址：http://indiemapper.io/
Field Papers	能根据需要生成各类地图 网址：http://fieldpapers.org/

（七）文献管理软件服务

斯坦福大学图书馆为师生推荐了许多文献管理软件，帮助他们更好地开展研究。具体来说，其提供的文献管理软件包括Endnote、Mendeley、RefWorks和Zotero。[①] 为帮助师生更好地了解这些软件的优缺点，其还专门

---

① Bibliography Management[EB/OL].（2018-07-03）[2018-11-05]. http://library.stanford.edu/research/bibliography-management.

制作了说明文档。此外,斯坦福大学图书馆还开设有文献管理软件使用培训讲座。

另外,斯坦福大学图书馆还会为师生介绍各类论文参考文献引用格式。这些格式包括 MLA(Modern Language Association)、APA(American Psychological Association)和 Chicago(The Chicago Manual of Style)。

除此之外,其还会为同学提供免费的研究和参考文献管理软件。

1. ACS ChemWorx

这是一款免费的研究日程管理和存储软件。[①] 账号注册成功后即可使用。

2. Colwiz

这是一款由牛津大学研究开发的免费参考文献管理软件,如图 2-6 所示,下载网址为:https://www.wizdom.ai/。

图 2-6　Colwiz 参考文献管理软件主页

3. JabRef

这是一款开源的参考文献管理软件,下载网址为:http://www.jabref.org/。

4. Papers

这是一款付费的文献查找和参考文献管理软件。其搜索的文献结果是 20 多个搜索引擎的整合,下载网址为:https://www.readcube.com/papers/。

5. Cite This for Me

这是一款免费的参考文献管理软件,下载网址为:http://www.

---

① Register Free [EB/OL].(2018-07-03)[2018-11-05]. https://pc.acschemworx.acs.org/platinum/LoginPage.jsp?home=chemworx&code=1000#home.

citethisforme. com/。

（八）数据和统计软件服务

斯坦福大学图书馆为师生提供数据和统计软件服务。通过建立社会科学数据和软件服务小组，其帮助师生获取、管理和保存社会科学数据，以及了解如何合理地选择和使用各类定量（统计）和定性分析软件。其主要提供三类服务（数据获取与咨询服务、统计软件培训服务和文件使用服务），并通过下面三种方式来实现这些服务。

1. 设置咨询服务专员

斯坦福大学图书馆有专门的数据和软件咨询接待专员，在特定的时间段和特定教室，为师生提供相关服务。如图 2－7 所示，从 2018 年 10 月 8 至 2018 年 10 月 11 日，其在指定教室和时间，为师生提供了各类数据分析软件（SPSS，SAS，R 和 Stata）、文本挖掘软件（NVivo，Dedoose 和 Atlas ti）、编程软件（Python）、调研网站（Qualtrics）的使用指导，以及各类数据获取方法的指导。

Oct. 8 - Oct. 11	Monday		Tuesday		Wednesday		Thursday	
	2-3 pm	3-5 pm	2-3 pm	3-5 pm	2-3 pm	3-5 pm	2-3 pm	3-5 pm
Finding Data	X		X		X		X	
Atlas ti			X				X	
Dedoose			X	X			X	
NVivo			X				X	
Python	X	X						
Qualtrics	X	X	X	X	X			
R		X	X	X		X		X
Stata	X	X	X	X	X	X	X	X
SPSS	X				X			
SAS	X				X			
Digital Humanities	X	X						

图 2－7　数据和软件咨询接待专员服务时间①

2. 设置专题讲座

图书馆工作人员每学期都会开设专题讲座做数据分析软件讲解，通常这类专题讲座的时间为 2 个小时。

3. 开发网上教程视频

图书馆工作人员还为某些数据软件制作了专门的网络教学视频，帮助师生使用这些数据软件。比如 SPSS，其制作了 7 个网络教学视频，并将视频上传

① Walk-in Consulting［EB/OL］.（2018-07-05）［2018-11-05］. https://ssds. stanford. edu/consulting-workshops/walk-consulting.

到 YouTube 平台，方便师生获取，如图 2-8 所示①。

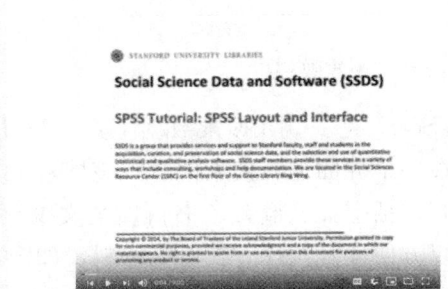

图 2-8　数据软件使用教程

（九）斯坦福数字化储存服务

斯坦福数字化存储服务旨在为师生保存专业资料。签署存储协议后，老师、学生或研究人员的资料就会被有效地保存起来。只有经过授权的读者才可获取其内容。保存内容不限于书籍，还包括各类科研数据、图形、音频文件、视频、软件、计算机游戏、技术报告等。

斯坦福数字化存储服务是通过一款免费的开源软件 Samvera 实现的。其由四个机构在 2008 年联合创立，即斯坦福大学、弗吉尼亚大学、赫尔大学和 Fedora 工作站。Samvera 主要为图书馆、档案馆和博物馆等提供数字资源管理解决方案。

二、搜索工具服务

斯坦福大学图书馆为研究者提供了两种研究搜索工具：Yewno 和 xSearch。

（一）Yewno

Yewno 是一种知识发现工具。其可以以概念图的形式提示概念间的相互关系。Yewno 以计算语义学、图像理念和机器学习为基础，从学术出版物（包括期刊、书籍）和论文中提取各类关键概念，并以概念图的形式显示相互

---

① Social Science Data and Software(SSDS)[EB/OL]. (2018-07-04)[2018-11-07]. https://www.youtube.com/watch?v=tH5HXPC-Yj4&list=PL_RCUu6isf5HN69R_Qf1vM4esuiCNMySF&index=1.

关系，从而帮助用户发现知识的内在联系。Yewno 是一款付费软件，应用十分广泛。

（二）xSearch

xSearh 是一款元搜索数据工具。与其他搜索工具不同，xSearh 允许用户直接在一个界面输入搜索内容。该搜索工具会自动到各类电子数据库搜索，搜索内容包括引文、摘要、书目、全文书籍、电子期刊等。因此，xSearh 的引入可以方便读者快捷查找所需资料，如图 2-9 所示。

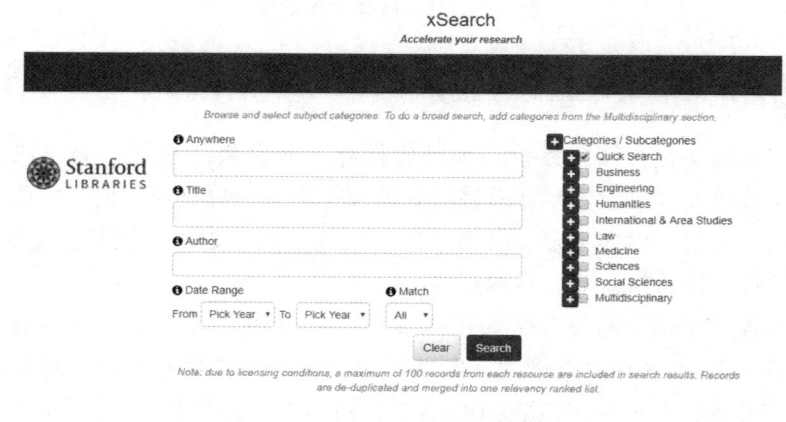

图 2-9　xSearch 搜索界面

三、项目与创新支持

（一）人工智能

斯坦福大学图书馆人工智能（AI Initiative）项目始于 2017 年秋季，旨在促进机器视觉、机器学习、机器推理和语言识别技术在图书馆的应用。其主要通过两种方式开展人工智能项目研究。

1. 建立人工智能工作室（AI Studio）[①]

此工作室的主要职责是利用人工智能技术帮助研究者更快、更方便地查找各类资料。有兴趣的图书馆工作人员均可以参加。截至 2018 年秋季，该工作

---

① AI Studio[EB/OL]. (2018-07-03)[2018-11-07]. http://library.stanford.edu/projects/artificial-intelligence/sul-ai-studio.

室已经开展了多个项目。一些典型项目列举如下。

(1) Allen Ginsbergw 作品的语音转文本识别项目。

Allen Ginsberg 是知名的诗人、作家和哲学家。斯坦福大学图书馆收集了其从 1933 至 1937 年的各种资料，包括手稿、商业记录、剪报文件、书籍、期刊、录音带、录像带、照片和海报等。项目主要任务是将录音资料通过语音识别转化成文本资料，方便读者查找。

(2) 19 世纪早期到 20 世纪初古籍编目信息识别项目。

斯坦福大学图书馆收集了 19 世纪早期到 20 世纪初约 1600 多本古籍。但是这些古籍没有采用统一规范的编目，所以读者很难查找书中的内容。所以此类书籍也没有被收录在 Google 图书里。该项目旨在使用 AI 技术提取此类古籍的重要编目信息，以方便读者查找。

(3) 海洋类纸质书籍转为数字书籍项目。

该项目将 1950 年至 1970 年的海洋数据研究报告手写版数字化处理。该手写报告对研究海洋科学、气候变化和沿海生态学的历史变化具有重要意义。这些资料数字化后便可以实现永久保存。

(4) 审判数据（Trial Data）研究平台获取项目。

在 Flora 和 William Hewlett 基金会赞助下，斯坦福大学图书馆与美国人权和国际司法中心共同合作开发了一个可供公众访问的研究平台，以分析国际刑事诉讼记录。打造该平台需将大量的印刷品和手稿材料进行数字化转换，以方便公众使用。

(5) Project South 研究项目。

此项目旨在将 KZSU Project 的语音访谈资料转换为文本资料。1965 年夏天，来自斯坦福大学的八名学生在美国南部各州花了十周时间录制了关于民权运动的录音资料。在斯坦福大学学生广播电台 KZSU 的赞助下，采访者访问了六个州的五十多个民权项目，并获得了三百三十个小时的录音资料，涉及两百多个小时的个人访谈。此项目是要将这些录音资料转换为文本资料。

2. 小组讨论

斯坦福大学图书馆提供了一种名叫 Discovery Sessions 的服务。该服务采用 30 分钟讲解加上 30 分钟问答的互动形式，对人工智能、数字基础设施和数字接口进行探索，分析如何利用人工智能技术检索、发现资源，丰富元数据，以及数字化等，从而使图书馆的资源和服务更容易被访问。该小组讨论的所有内容都将被记录下来。图书馆邀请的嘉宾大多来自人工智能相关的行业和领域。以下为最近几年时间其邀请的 AI 专家以及讲座内容简介。

（1）2017年11月，邀请Google研发部门领导Peter Norvig做客图书馆。讲座主要内容为软件开发的变化情况，以及在大家大量使用Google图书、Goole学术服务的环境下，图书馆在信息搜索中所扮演的角色的变化。讲座还谈到了我们需要AI技术的原因。

（2）2018年1月，邀请英伟达（NVIDIA）芯片公司深度学习研究室的负责人Bryan Catanzaro，讨论了如何配置实验室以及如何确定哪些项目值得研究。此外，其还与图书馆工作人员一起讨论了"关于图书馆应用AI的想法"。

（3）2018年2月，邀请斯坦福大学计算机科学学院助理教授Michael Bernstein。其分享了如何使用计算机视觉和众包技术来充分利用数字化图书馆的图像内容。

（4）2018年4月，邀请Google Cloud Vision团队研究员Ashok Popat讨论如何使用Google Cloud Vision API对图书馆馆藏资料进行图像分析。该API可帮助生成元数据，进行图像分类，检测物体和人的面部，以及读取打印的文字图像。

（5）2018年8月，邀请Dominique Luster（卡内基艺术博物馆的Teenie Harris档案管理员）、Caroline Record（匹兹堡卡内基博物馆创意技师）和Golan Levin（美国卡内基梅隆大学艺术副教授），分享他们如何将机器学习和众包技术应用于图像采集。

（二）Bibliopedia数据可视化服务创新

斯坦福大学图书馆为师生提供了Bibliopedia数据可视化服务平台。开发该平台主要是基于师生需求。因为图书馆需要一个能实现组织和分析搜索到的各类研究材料的工具。该平台将各类开源软件、元数据描述技术、开放数据链接技术和可视化技术融为一体。通过Bibliopedia平台，师生无须成为元数据或数据可视化的专家，就可对在图书馆搜索到的数据做可视化转化，实现数据的保存和传播。①

比如，Bibliopedia平台支持的北美铁路华工研究项目（Chinese Railroad Workers in North America）。② 从1865年到1869年，约有12000名左右的北美铁路华工在恶劣环境下辛勤劳动，帮助建造连接美国东海岸和西部的第一条

---

① Bibliopedia［EB/OL］.（2018-07-03）［2018-11-07］. http://library.stanford.edu/projects/bibliopedia.

② Chinese Railroad Workers in North America Project［EB/OL］.（2018-07-03）［2018-11-07］. http://web.stanford.edu/group/chineserailroad/cgi-bin/wordpress/.

洲际铁路。然而，美国社会对这部分华工关注甚少，也没有对其贡献做相立记录。因此，2019年，在这条铁路建造完成一百五十周年纪念之际，为纪念华工的贡献，让更多人知道这段历史，斯坦福大学与图书馆共同发起了北美铁路华工研究项目。该项目的研究涉及多个要素，如参与人员、项目领导者、各类手稿、照片等，需要多种技术来支持研究。该项目除了出版著作、制作数字影像、举办会议和开展相关公开活动外，还建立了网上档案库进行资料展示。斯坦福大学图书馆专门开发了开放的Bibliopedia平台来支持该项目研究，如图2-10所示。

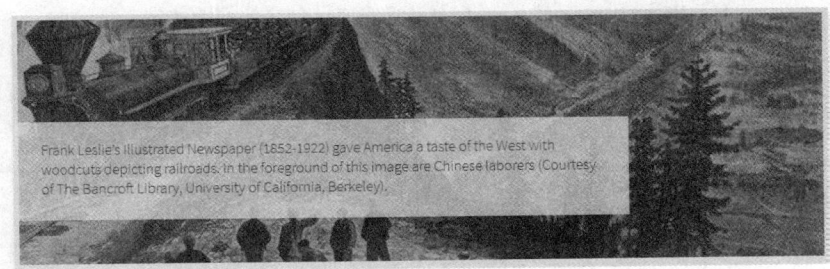

图2-10　北美铁路华工研究项目主页

（三）研究准备

研究准备（Gear Up for Research，GUR）是一种国外流行的研究讨论会。该研究讨论会服务的对象是硕士研究生或博士研究生。每一次GUR通常会持续一整天。在这一天里，图书馆会邀请校内研究生、博士或老师，分享他们的研究成果和研究心得，把GUR打造成了一个全校知识共享研究平台。从2015年秋天到2018年秋天，斯坦福大学图书馆已经连续举办GUR 7次。比如在2018年秋天，GUR探讨的主题是数据分析与利用，邀请数据分析领域专家、研究者或有特长的同学分享数据利用心理和数据利用过程。我们将 2018 年 10 月 19 日 GUR 的活动主题列了出来，方便读者了解这个项目的更多信息，如表 2-8 所示。①

表 2-8 2018 年 10 月 19 日 GUR 项目介绍

时间（工作日）	详细介绍
10 点到 11 点	介绍 CoreLogic Tax and Deed Data 数据库的使用
11 点到 12 点	Social Science Data and Software（SSDS）团队分享他们的数据帮助服务
12 点到 13 点	Bloomberg 101：The Basics。该主题介绍了财经类数据库 Bloomberg 的使用
13 点到 14 点	由 Institutional Review Board 的成员分享他们的数据分析经验；使用 R 语言重复研究结果的实验展示
14 点到 15 点	由 Stanford Federal Statistical Research Data Center 讲解数据分析获取经验；定性分析工具 NVivo、RQDA 和 Python 的使用介绍
15 点到 16 点	Bernardo Ramos 分享其利用数据预测房价及其变化的模型；分享如何使用机器学习方法分析社会科学
16 点到 17 点	BigLocal News 团队分享对新闻数据的分析和处理

四、专题讲座或研讨会

为帮助师生更好地开展科研工作，斯坦福大学图书馆开设了专题讲座，称之为 Workshop。专题讲座时间通常在 1~2 个小时，旨在培养学生的科研分析技能，提高他们的信息素养。比如免费文献管理软件 Zotero 和文本分析软件 Nvivo 的专题讲座等。为让读者了解更多关于专题讲座的内容，我们列出了部分斯坦福大学图书馆的专题讲座，如表 2-9 所示。

---

① Gear Up for Social Science Data Extravaganza［EB/OL］.（2018-07-03）［2018-11-07］. http://library.stanford.edu/projects/gear-research/fall-2018.

表 2-9　专题讲座

名称	时长	主要内容
Zotero 参考文献管理工具	90 分钟	Zotero 是 George Mason University 开发的一款开源免费的文献管理软件。讲座介绍该软件的使用方法
Nvivo 软件工具安装、分析使用	120 分钟	Nvivo 是用于分析结构化数据如采访手稿、文件、图片的一款软件。讲座介绍 Nvivo 的安装、编码及分析过程
Python 语言机器学习	120 分钟	讲座介绍机器学习基本概念以及使用 Scikit-learn 的机器学习的一般工作流程
Stata 软件介绍	120 分钟	讲座介绍 Stata 统计软件的使用方法
SQL 介绍	180 分钟	讲座介绍 SQL 查询语言的使用方法
Google 高级搜索功能介绍	30 分钟	讲座介绍如何使用 Google 高级搜索功能来提高搜索效率
R 语言数据可视化应用	120 分钟	讲座介绍如何使用 R 语言实现数据可视化功能
参考文献管理工具介绍	60 分钟	讲座介绍了 EndNote, Mendeley, RefWorks 和 Zotero 四种常用的参考文献管理工具
Wikidata 的使用	180 分钟	讲座分享了开放数据库 Wikidata 的数据检索结果，以及如何检索和使用 Wikidata 的数据

斯坦福大学图书馆的研讨会可分为两大类。

一类为与软件或平台应用相关的研讨会。这些软件多以语言、数据分析、引用或平台类软件为主，比如 Zotero 参考文献管理软件、Nvivo 软件、Python 语言、Stata 统计、SQL、R 语言以及 Wikidata 数据库等。这类软件培训类研讨会能让学生快速学会如何使用这些软件。

除上述类型的研讨会外，斯坦福大学图书馆还开设另一类研讨会，即与信息获取和查询相关的研讨会。这些研讨会包括公司信息及竞争情报收集、人类基因突变数据库、社会科学数据查找和保存、引文网络分析、项目申请书编写指南等，如表 2-10 所示。这些讲座对于学生学会查找各类数据、提升数据分析能力有十分重要的作用。

表 2-10　与信息获取和查询相关的研讨会

名称	时长	主要内容
公司信息及竞争情报收集	60 分钟	旨在通过分析公司数据库资源，快速找到所需公司的各类信息

续表2-10

名称	时长	主要内容
地理空间文本分析	120分钟	介绍如何将地理空间数据和文本数据有机结合，从而将文本信息展示到对应的地图空间
人类基因突变数据库介绍	90分钟	人类基因突变数据库（Human Gene Mutation Database）已被广为使用，该讲座将对该数据库进行简单介绍
学术期刊发行过程	90分钟	介绍学术出版的发行过程，以及稿件准备、期刊选择、同行评审和出版流程、学术规范等信息
基金项目申请介绍	60分钟	介绍相关基金的搜索工具和技巧，帮助研究者寻找新的项目研究机会
社会科学数据查找和保存	120分钟	介绍如何查找社会科学数据，以及Farmshare、Sherlock和AFS等共享资源的使用
文本数据的查找和使用	120分钟	介绍如何使用各种类型的文献数据库
项目申请书编写指南	60分钟	介绍项目申请书的写作流程和写作方法
使用引文网络查找被引文献	60分钟	介绍Google Scholar和Web of Science的引文使用方法和技巧

第七节 文化展览活动

为增强斯坦福大学图书馆的文化氛围，斯坦福大学图书馆开展了一系列文化展览活动。这种展览活动的频率通常为1个月一到两次。以下将对部分文化展览活动进行介绍。

一、稀有书籍和艺术书籍展

该展览由特藏中心负责。该展览持续时间长达4个月，最新的一期展出时间为2018年9月4日至2019年1月6日。展览的书籍都有漫长的历史，如亚里士多德关于自然哲学的著作，爱德蒙·霍伊尔（Edmond Hoyle）的小说 *A Short Treatise On the Game of Whist* 等。

二、手与眼：东亚陶瓷传统手艺展

活动旨在纪念东亚研究中心成立50周年，汇集了日本和北美顶级陶艺家的当代作品，还展出了东亚制作陶瓷器的材料和方法[①]。此外，该展览将校内师生制作的陶瓷器一同展出，并揭示了陶瓷艺术的起源。活动持续时间为3个月。

三、摄影师：首尔1969作品展

活动展出了摄影师即斯坦福大学校友 Margaret Condon Taylor 博士在韩国首尔拍摄的照片。这些照片反映了近50年来韩国现代化背景下普通大众的生活变化。该展览是由图书馆与密歇根大学共同举办的，持续时间为3个月。

四、斯坦福地理专业学生的假期活动展

活动展出了斯坦福大学地理专业的学生夏季在野外工作、探索的照片，展览持续时间为3个月。这种活动能让其他学院的同学更了解地理专业的学科内容。

五、波罗的海之路：爱沙尼亚、拉脱维亚和立陶宛近百年的历史与文化展

该活动是由斯坦福大学图书馆与胡佛研究档案馆共同策划的，反映了20世纪爱沙尼亚、拉脱维亚和立陶宛的复杂历史，展览资料包括照片、海报、信件及其他文本，以纪念1989年波罗的海之路抗议活动，持续时间为3个月。

六、日本核辐射展览：从广岛到福岛

该活动主要展览与日本核辐射相关的材料。其由 Science Technology and Society 机构的负责人 Kyoko Sato 博士策划，展出了斯坦福大学图书馆馆藏的各种与日本核辐射相关的各种材料，如漫画书、照片、儿童书籍、报纸和电影海报等。它从另一种角度追溯了"核"技术如核弹、核电和核带来的灾难。

七、学生及校友作品展

该活动旨在展出斯坦福大学师生和校友发表的各类作品。斯坦福大学图书

---

① Hand and Eye：Contemporary Reflections of East Asian Ceramic Traditions[EB/OL].(2018-07-03)[2018-11-07]. http://library.stanford.edu/exhibitions/hand-and-eye-contemporary-reflections-east-asian-ceramic-traditions.

馆展出的作品包括各类纸质出版物、数字出版物、照片、海报、视频等资料。除在现场展出外，斯坦福大学图书馆还会将师生或校友的作品数字化，并在网络上展出。这类展出有效地丰富了校园文化，激励学生向优秀校友学习。

八、谢晓泽终身教授作品展

斯坦福大学图书馆专门开辟场地，为成就较高的教授开设专门展览。这不仅让学生多一个途径了解该学校的优秀教授，还可以用教授优秀的成长事迹鼓励学生。比如2017年的10月25日，斯坦福大学图书馆展出了该校中国籍终身教授谢晓泽的作品。

九、中国打字机发展进程：东亚信息技术的设计与科学

从19世纪到20世纪，随着信息技术的发展，电报机、打字机和计算机等产品的出现改变了世界。中国打字机的发展历程也经过了多次变革。该展览由图书馆与历史学教授Thomas S. Mullaney合作，展出了电报、打字机和计算机在中国和东亚的发展历程。[①]

从这些展览可以看出，斯坦福大学图书馆积极通过展览的方式打造特色的校园文化。

---

① The Chinese Typewriter: The Design and Science of East Asian Information Technology[EB/OL]. (2018-07-03)[2018-11-07]. http://library.stanford.edu/exhibitions/chinese-typewriter-design-and-science-east-asian-information-technology.

第三章　牛津大学图书馆

第一节　学校简介

牛津大学作为一个知名学府,有着悠久历史。虽然没有资料记载牛津大学的成立日期,但是牛津大学早在1096年就已经开展了教育工作,并在1167年因为亨利二世禁止英国学生进入巴黎大学求学而迅速发展。2017年,牛津大学共招收3200名本科生和5400名研究生。留学生是牛津大学的重要生源,来自150多个国家和地区,占据全校大约43%的学生生源。①

牛津大学培育了一大批杰出校友。这些校友包括27位英国首相,如大卫·卡梅伦、托尼·布莱尔、玛格丽特·撒切尔、哈罗德·威尔逊、爱德华·希思等。此外,其还培养了至少30位国际领导人、50位诺贝尔奖获得者以及120位获得奥林匹克奖的运动员。②

牛津大学图书馆由三部分组成。第一个是博德利图书馆（Bodleian Library）,其是牛津大学图书馆的主图书馆。第二个是学院图书馆（College Library）,基本上每一个学院都有一个图书馆。第三个是部门和研究院图书馆。因此,牛津大学图书馆可以看作是一个很大的图书服务系统网络,由超过100多个各种类型的图书馆组成。

---

① About[EB/OL].(2018-07-03)[2018-11-09].http://www.ox.ac.uk/about/organisation.
② Facts and Figures[EB/OL].(2018-10-03)[2018-11-09].https://www.ox.ac.uk/abou:/facts-and-figures?wssl=1.

第二节 主图书馆概况

牛津大学图书馆的主图书馆博德利图书馆，已有400多年的藏书历史。其根源可追溯至1320年左右圣玛丽大学教堂的一间小屋子。① 从14世纪到16世纪，这间藏书的屋子因种种原因并没受到关注，相反还遭到了遗弃。16世纪末期，英国外交家和学者Thomas Bodley将其重新修建，并命名为博德利图书馆，在1602年正式开放。在开放当年，图书馆共有2500册藏书。但到1849年，博德利图书馆通过与印刷出版公司的合作，藏书量达22万余册，且有2.1万册手稿以及其他各类图片、雕塑等。20世纪初，博德利图书馆的读者进馆量每天平均有100人左右，并且藏书量在1914年已达到100万册。

截至2017年，博德利图书馆收藏了超过1300万册纸质图书，超过8万种电子期刊，以及各类特藏资源，包括古籍、手稿、古典纸莎草纸、地图、音乐作品、艺术作品等。

一、使命

博德利图书馆的使命受牛津大学的战略影响。牛津大学的目标是成为世界一流的研究和教育大学，博德利图书馆依据该目标确定了两个使命：一是为牛津大学提供一流的服务，支持师生学习、教学以及研究；二是建设独特的馆藏资源，为学术研究和社会服务。

二、发展战略

为逐步实现使命，博德利图书馆每过几年就专门制定一次发展战略。在制定中长期发展战略时，博德利图书馆通常要与各种读者进行长时间的沟通交流，确保发展战略符合时代需要和各方要求。比如2013年至2016年的四年发展战略，涉及馆藏资源、员工和服务、数字资源、空间优化、读者需求与交流、延伸服务、管理与治理等内容，如表3-1所示。

---

① History of the Bodleian[EB/OL].(2018-09-03)[2018-11-09]. https://www.bodleian.ox.ac.uk/about/history.

表 3-1　2013 年至 2016 年博德利图书馆发展战略[①]

1．馆藏资源
• 收藏各学科、各类型和各格式的馆藏资源，支持教学科研，并做好文化遗产的保存
• 修缮图书馆馆藏
• 通过编目、数字化、出版的优化，使读者更容易获取资源
• 保存学校科研产生的数据，并促进共享
2．员工和服务
• 专业高校员工团队，确保师生获得一流服务
• 与学生和老师紧密合作，促进科学、研究和教学的交流和共享
• 通过培训、创新等方式，促进员工专业化发展
3．数字资源
• 优化数字化服务，支持教学科研活动
• 建设数字基础设施，支持创新服务
• 利用各类平台，提升资源可及性
• 制定与数字资源相关的规定
4．空间优化
• 优化图书馆空间，满足读者需要
• 利用图书馆空间，加强历史文化宣传
5．读者需求与交流
• 进一步了解读者需求
• 加强图书馆新闻、规定和服务方面的报道
6．延伸服务
• 利用展览、活动、出版物、旅游或其他方式推广馆藏
• 使用数字技术共享馆藏
• 促进地方、国家和国际文化交流
7．管理与治理
• 安全有效的管理馆藏
• 确保图书馆所需资金周转正常
• 确保在国际图书馆界的影响和领导地位
• 积极努力与国内外机构合作

第三节　图书馆使用及管理规定

博德利图书馆制定了专门的读者行为管理条例。该条例由博德利图书馆馆长主持修订。内容包含四十三条条款，共计六个方面，即适用范围、入馆准则、文明用馆、图书馆使用规定、图书资料保管规定和违反规定的处罚。由于这六个方面涉及的条款较多，这里仅摘录其中三个方面的内容，如表 3-2 所示。

---

① Mission Statement[EB/OL]．(2018-10-03)[2018-11-09]．https://www.bodleian.ox.ac.uk/_ _data/assets/pdf_file/0008/156788/Strategic-Plan-2013-2016.pdf．

表 3-2　博德利图书馆读者行为准则（部分内容）[①]

1. 馆藏资源
- 读者必须持学校证件入馆。临时入馆读者需持临时卡
- 所有证件卡的密码仅限个人使用，禁止他人使用
- 图书馆工作人员有权随时要求入馆读者出示有效证件，无有效证件将被要求离开图书馆
- 持学校证件入馆的读者若想请朋友入馆，需经图书馆允许
- 一般情况下，18 岁以下读者不允许单独入馆
- 禁止携带宠物入馆
- 紧急情况下，入馆读者需严格按图书馆指挥有序撤离
- 必须在规定的闭馆时间出馆，不可在图书馆逗留
- 读者须遵守图书馆工作人员提出的其他合理要求

2. 文明用馆
- 读者用馆时始终应礼貌待人，不应给他人造成不便
- 在馆内使用设备时应保持静音，避免影响他人
- 当发现有读者违反相关规定时，可向图书馆工作人员报告
- 馆内禁止吸烟
- 在使用设备时，如无意中接触他人个人信息，需承担对他人信息保密的责任

3. 图书馆资料使用规定
- 读者应爱惜图书馆设备
- 在使用图书馆电子资料时，读者应熟悉电子资源授权情况
- 读者在复印图书馆资料时，应遵守英国的版权设计和专利法以及图书馆规定
- 禁止利用图书馆资源从事任何商业活动
- 遵守取书、借书或下载资料的规定，不可将书转借他人

一、开馆时间

牛津大学图书馆有 100 个左右的院系分馆，各分馆开放时间不一样。[②] 大部分分馆开放时间是 9：00 到 17：00 或者 18：00，但是有一部分分馆是 24 小时开放，比如 Balliol 学院分馆、博德利健康护理分馆、Brasenose 学院分馆、Corpus Christi 学院分馆、Exeter 学院分馆、Hertford 学院分馆、Mansfield 学院分馆、Pembroke 学院分馆等。

二、书籍外借与保护

各个分馆借书规定各不一样。对于图书馆续借服务，博德利图书馆规定读

---

① Rules of Conduct for Readers[EB/OL]. (2018-10-04)[2018-11-09]. https://www.bodleian.ox.ac.uk/using/rules.
② Opening Hours[EB/OL]. (2018-10-19)[2018-11-09]. https://www.bodleian.ox.ac.uk/subjects-and-libraries/opening-hours.

者可免费续借两次。为保护图书馆资源,博德利图书馆还规定以下类型的书籍不应外借①:

(1) 1920 年以前的资料;
(2) 各类易碎或不适合借阅的书籍;
(3) 各类特殊的书籍资料;
(4) 手稿、报纸和期刊;
(5) 视听资料、乐谱、地图;
(6) 牛津大学学位论文。

三、超期罚款规定

博德利图书馆对超期归还有一定的罚款措施。一般情况下,超期罚款措施如下:

(1) 普通书超期费用是 20 便士/天;
(2) 对于借阅期限仅为几天的书籍,每本超期书籍的费用是 1 英镑/天;
(3) 借阅期限不超过 24 小时的书籍,每本超期书籍的费用是 50 便士/小时;
(4) 当读者超期费用累计超过 10 英镑时,只有在缴纳超期欠款后才可继续借书或续借书籍。

四、馆际互借

牛津大学图书馆也提供馆际互借服务。该服务不仅面向本校学生和图书馆会员,还面向社会读者。对于该项服务的收费,相比于社会读者,牛津大学师生使用该服务时享有一定的补贴。通常情况下,仅需要 5 个工作日,读者就可以拿到馆际互借的书籍。

对于馆际互借书籍,普通书籍复印资料可自己保存。对于提供的电子版书籍,读者需要在 30 天以内在规定的链接处下载电子版,该电子版资料的有效访问期是 3 年。为方便大家了解,我们还列出了对于不同读者,不同类型的馆际互借服务的价格,如表 3-3 所示。若读者将馆际互借的原版书籍丢失,需要支付 163.10 镑/本的赔偿费用。

---

① Information for Other Libraries[EB/OL]. (2018-10-19)[2018-11-12]. https://www.bodleian.ox.ac.uk/using/ill/libraries.

表 3-3 馆际互借的价格①

	公益服务		商业服务
	会员读者	非会员读者	
一般服务请求（镑）			
电子版照片传递	5.00	15.95	15.95
纸版邮寄传递	5.00	15.95	15.95
原版借阅	5.00	15.95	15.95
续借	4.85	4.85	4.85
紧急服务请求（镑）			
2小时内电子版传递服务	11.00	30.00	30.00
国际服务请求（镑）			
电子版照片传递	13.00	68.05	68.05
原版借阅	13.00	72.50	72.50

五、读者互动与交流

图书馆每隔 3 至 4 年会对读者做一次大范围的调查，以了解读者观点，为图书馆发展战略的设计与执行提供决策支持。比如，其在 2012 年做了一次"你说我做"（You Said, We Do）的问卷调查，对资源查找、开馆时间、学习空间、资源建设、馆员专长和资源可获取性等做了调查。在 2016 年，其邀请牛津大学读者填写问卷，评估用户对图书馆、馆藏和读者服务满意度等方面的感受。

在用户调查方面，值得国内同行学习的是，牛津大学图书馆采用了 LibQUAL+问卷调查工具，全球有 1200 多个大学图书馆使用该网络工具对图书馆用户进行调研。因此，当牛津大学图书馆采用该工具进行调研时，就可以将调研结果与其他学校进行对比，从而更好地分析自己图书馆的优缺点。

具体地讲，LibQUAL+是由美国研究图书馆协会（ARL）设计的。其设计理念基于 SERVQUAL 工具模型，一共含有 22 个问题，包括员工服务态度（例如回应、理解、礼貌）、图书馆空间（如环境、安静的学习空间、小组学习

---

① Price of Interlibrary Load[EB/OL].（2018-10-25）[2018-11-12]. https://www.bodleian.ox.ac.uk/using/ill/prices.

空间)、信息资源获取(例如书籍、期刊、电子资源获取)三个维度的调查。每个问题都让读者从三个方面即最低期望水平、实际感受水平,以及最期望的水平,按0~9的等级勾选。① 国内同行也可参考该问卷来设计读者调查工具。

第四节 数据库资源

牛津大学图书馆拥有丰富的数据库资源。截至2018年12月,其总共订购了1466个数据库。这些数据库包括212个文摘索引数据库、11个音视频数据库、107个数据统计类数据库、854个全文与文摘类数据库、40个图片数据库、65个图书馆目录数据库、15个地图数据库、2个搜索引擎数据库、151个网站数据库和10个主题类相关数据库。因此,与国内大多数图书馆相比,其数据库资源十分丰富。

一、免费网站资源

互联网上有许多免费资源。牛津大学图书馆在资源建设中积极收集网络资源,并整理发布在主页上,方便读者查找。截至2018年12月,牛津大学图书馆共计整理了151个网站数据库。这些免费的网络资源丰富了读者的信息获取渠道。我们将部分免费的网站数据库整理出来,以便大家参考,如表3-4所示。

表3-4 牛津大学图书馆收集的部分网络免费资源②

名称	网址	介绍
俄罗斯档案馆	http://online.eastview.com/projects/ticfia/index.html	收录俄罗斯从1987年至2004年40个地区大约80000份档案。该网络数据库支持俄语和英语搜索
加的夫法律缩略语索引	http://www.legalabbrevs.cardiff.ac.uk/	收录了英国、美国、澳大利亚、加拿大、法国、比利时、印度等国的英语法律出版物

---

① The LibQUAL+ Survey Tool[EB/OL].(2016-05-31)[2018-11-17]. https://www.bodleian.ox.ac.uk/our-work/performance/reader-surveys/libqual.

② 151 Databases found for Websites[EB/OL].(2018-05-31)[2018-11-20]. https://libguides.bodleian.ox.ac.uk/az.php?t=24773.

续表3—4

名称	网址	介绍
美国数学协会	https://www.ams.org	美国数学协会网站有许多与数学相关的会议论文出版物，能为数学研究提供有用资料
以色列考古网站索引	http://www.mfa.gov.il/mfa/israelexperience/history/pages/cumulative%20table%20of%20contents%20-%20archeological%20sites.aspx	该网址收录了以色列主要的考古网站
英国国家档案馆	http://www.nationalarchives.gov.uk/	收录了英国1000多年来重要的国家档案
国际标准网	https://www.iso.org/home.html	收录了重要的国际标准摘要
英国卡通档案	https://www.cartoons.ac.uk/	收藏了300多名卡通漫画家共计约170000个数字化作品
Chem Spider	http://www.chemspider.com/	一个免费的化学结构数据库，提供了近6700万种化学结构，并揭示其化学性质
加拿大政府网络档案	http://webarchive.bac-lac.gc.ca/?lang=en	收录了加拿大联邦政府网络公开文件和档案
世界数字图书馆	https://www.wdl.org/en	在美国国会图书馆与联合国教科文组织的倡导下，由世界各地的图书馆、档案馆、博物馆和教育机构组成的一个馆藏，为用户提供来自世界各地的资源

二、牛津电子资源博客

博德利图书馆设立牛津电子资源博客（Oxford e-resources blog）是为了让用户尽早了解图书馆的电子期刊和数据库。如图3—3所示，其展示了牛津电子资源博客最近一次更新的电子资源公告是2018年12月10日"中国网络数据暂时无法访问"的消息。在2018年12月3日，其公布了图书馆最新订购的数据库资源"MLA International Bibliography（EBSCO）"，并对该数据库做了详细介绍。利用博客更新数据库状态的形式，能方便读者了解数据库的最新情况。

第三章　牛津大学图书馆

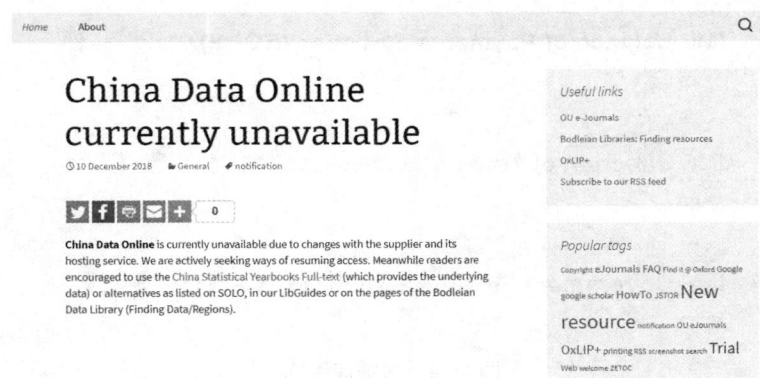

图 3-3　牛津大学图书馆的电子资源博客

三、数据库使用图标

为方便读者使用数据库，牛津大学图书馆使用专门的图标提示数据库权限。如表 3-5 所示，其列出了每一种数据库图标的含义。网页上的数据库列表中，每一个已被购买的数据库都附有相应的图标。当读者不明白这些图标含义时，只需要将鼠标放到该位置，就会弹出来该图标的含义，其通过图标简洁地传递了重要信息。

表 3-5　各类数据使用权限图标的含义

图标	含义
🌐	免费使用资源，所有读者均可以使用
🚩	需使用牛津大学图书馆的认证账号和密码方可使用该资源
👤	读者注册之后可使用该资源
🔑	需要密码才能访问该数据

以 IMF Balance of Payments Statistis（BOPS）数据库为例，其后面有一个红旗图标和一个用户头像图标，如图 3-1 所示。在该图标中，红旗图标 🚩 表示需要使用牛津大学图书馆的认证账号和密码方可使用。有头像 👤 标识的资源需要读者注册之后才能使用。

```
IMF Balance of Payments Statistics (BOPS)
more...

IMF Direction of Trade Statistics (DOTS)
more...

IMF Government Finance Statistics (GFS)
more...
```

图 3－1　数据库图标

第五节　图书馆特色活动

一、书籍保护宣传

为了强化同学们爱护书籍的意识，博德利图书馆专门拍摄了一个短视频，描述一本书的生命周期。博德利图书馆还通过其他视频，如修补破损页、修补破损书籍以及修补封面等，来唤起读者对书籍的爱护之心。

此外，其还制作了一些常见的有趣的爱护书籍的提示，包括使用书籍的错误行为、后果以及正确的使用方式，并在图书馆主页展示这些内容，如表3－6所示。

表 3－6　使用书籍时的常见行为对比[1]

错误做法	后果	正确做法
将书籍浸水	书籍发霉或变形	确保书籍干燥，将书籍放进防水书包里
用力按书脊或使劲摊开书	导致书籍封面和页面脱落	轻轻打开书籍
一边看书、一边饮食	导致书籍发霉、页面变油腻，并会招来昆虫	应在饮食后再打开书籍进行阅读

---

[1] Tips for Good Book Care[EB/OL]. (2018-10-31)[2018-11-15]. https：//www. bodleian. ox. ac. uk/ssl/services/other-services/caring-for-the-collection#SSL_%E2%99%A5%20Books%20Project.

续表3-6

错误做法	后果	正确做法
将书籍堆得太高	书籍跌下来易伤害他人	书籍以3到4本一堆为宜,且应避免放在桌子边缘
将书籍平放	导致页面磨损和折痕	将书籍立放
卷起书籍	容易使书页变脆弱	确保页面和书籍封面保持平整
在书籍上涂画或标记	导致字迹模糊	应用单独的白纸做标记

为培养读者的书籍保护意识,博德利图书馆还专门制订了爱书行动计划,即 SSL ♥ Books Project。图3-2是该行动计划的 LOGO。爱书行动计划主要工作内容:一是修理书籍,由于各种原因,每学期大概有 250 本书籍需要修补,根据 SSL ♥ Books Project 的工作流程,一本书被成功修订的大概时间为 22 天左右;二是替换书籍,当一本书实在无法修补时,该项目会购买相同的书籍来替换。

图3-2 博德利图书馆爱书行动计划 LOGO

二、信息素养培训讲座

信息技能培养是博德利图书馆的一项重要服务,旨在通过传授交叉学科知识以及具体的信息技能培训项目来培养学生的各类信息获取技能。当前,其开展的信息技能培养主要围绕五个方面来进行:

(1) 查找各类公开和非公开的网络和纸质信息;

(2) 追踪与个人研究相关的最新研究进展;

(3) 书目和参考文献管理工具;

(4) 版权、侵权以及信息道德培训;

(5) 通过书目和引文分析等方式分析研究影响力。

其运作模式是活动由图书馆与各培训中心协作完成。博德利图书馆与牛津 ESR 博士培训中心开展合作,通过借助该中心的师资,在图书馆专设的信息技能培训教室开展培训,培训的技能包括搜索和访问学术文献、网络信息和数据研究，以及研究过程的规划指导等。还有一些软件信息技能培训，是通过与牛津大学 IT 服务中心合作来完成的。

博德利图书馆将信息技能培养命名为 Bodleian iSkills，并制作了专门的 LOGO。项目定位是帮助研究生和研究者更方便有效地查找学术出版物及其他资料，师生需在网上用个人账号进行预约才可参加讲座培训。在每次讲座完成后，主讲老师都会把课件上传到网站上方便需要的师生下载。为便于大家对博德利图书馆此类讲座的内容有更加细致的了解，我们对部分讲座内容进行了整理，如表 3-7 所示。

表 3-7　博德利图书馆部分讲座[①]

讲座类型	具体讲座名称
查找学术资料（通用学科）	• 如何查找并研究学术资料 • 如何使用牛津大学图书馆 • 如何使用 Google 进行学术研究 • 如何根据研究问题撰写文献综述
查找学术资料（具体学科）	• 如何使用 MLA 参考文献目录查找资料 • 电影研究、书籍等资料检索 • 非洲研究相关资料的检索 • 如何根据研究问题撰写文献综述——考古学 • 历史学研究网络资源的检索 • 中世纪研究资料的检索 • 现代欧洲语言网络资源的检索 • 美国历史研究资料的检索 • 医学类学科资料的检索
不同类型资料查找（图片、手稿和地图）	• 社会科学与历史学论文的检索 • 电子书的查找与使用 • 17 世纪至 21 世纪新闻资料的检索和使用 • 英国议会和政府资料的检索和使用 • 美国历史研究资料的检索
参考文献管理软件介绍	• 介绍各类参考文献管理软件 • Mendeley 参考文献管理软件的使用方法 • RefWorks 软件使用方法 • Zotero 参考文献管理软件使用方法
研究数据的管理	• 研究数据的管理 • 研究数据的查找、发现和使用 • Mantra 软件的使用方法

---

① Workshops and Classes：Bodleian iSkills [EB/OL]. (2018-05-31) [2018-11-17]. https://libguides.bodleian.ox.ac.uk/workshops/workshopsbydate.

续表3-7

讲座类型	具体讲座名称
学术影响研究	• 学术影响力分析——引文分析工具介绍 • 介绍各类非传统引文分析

三、图书馆志愿者

早在多年前,博德利图书馆就建立了志愿者团队。志愿者队有40名成员,他们的主要工作是为来访游客提供导游服务,介绍图书馆历史。博德利图书馆会提前两个月把参观计划做出来,志愿者可以根据自己的时间来选择。志愿者需要具有良好的表达能力和礼仪行为,并能有效处理各类突发情况,同时每月至少需要工作4小时。为更好地激励志愿者,博德利图书馆还每年为志愿者组织一次圣诞节晚会以增强团队凝聚力。[①]

四、开放捐赠

博德利图书馆鼓励社会各界人士捐赠,以支持图书馆建设。为此,牛津大学图书馆专门设置了博德利捐赠基金(Bodleian Endowment Fund),还在网络上做了一个捐赠主页,介绍捐赠目的和用途。捐赠者可根据需要选择想捐助的项目。博德利图书馆将捐赠用途分为五类,即满足读者需要、书籍修复支助、采购稀有特藏书籍、桌椅捐赠、专有档案保存等。当读者在网上选择好捐赠用途后,就可以像网络购物一样在网上填写捐赠金额,并通过网络转账完成捐赠。

五、朋友会员制

朋友会员制在博德利图书馆具有悠久的历史。该计划始于1925年,社会读者每年缴纳一定的会费后,就成了博德利图书馆的朋友,并享有一定的权利。这是牛津大学的优秀传统和校园文化。博德利图书馆朋友会员遍布美国、加拿大、法国、德国、日本和南非,是一个非常庞大的会员组织。

为有效管理该组织,博德利图书馆专门成立了咨询委员会(Advisory Council)。咨询委员采取自治模式。委员会主席、秘书等由成员选举产生。该

---

① Bodleian Library Guides[EB/OL]. (2018-04-30)[2018-11-17]. https://www.bodleian.ox.ac.uk/whatson/about/volunteer/guides.

组织每年都会开一次年会,以增加大家的凝聚力。

该组织会向会员收取一笔年费,且不同成员年费金额和享有的会员权利有一定的差异,如表3—8所示。普通朋友会员在交了32镑/年的会费后,主要享有以下权利:

(1) 免费参加图书馆讲座以及讨论会;
(2) 参加文学和音乐晚会;
(3) 参观图书馆的展览;
(4) 有机会参加与其他图书馆的交流活动;
(5) 免费获赠每年两期的图书馆刊物《朋友通讯》;
(6) 参加每年6月在Sheldonian剧院举行的年度大会;
(7) 可享受博德利读者证件卡会费九折的优惠;
(8) 在博德利商店购物时享受10%的折扣;
(9) 在图书馆的博德利咖啡厅消费时享受10%的折扣。

该组织会根据读者需求将会员分为三类,即普通朋友(Friends)、荣誉朋友(Honorable Friends)和终生朋友(Life Friends)。此外,图书馆还实施双会员制(Dual membership),允许会员再多缴纳一点会费,和家人一起使用图书馆资源。①

表3—8 不同类型成员的收费标准及权益

成员类型	收费标准	权益
普通朋友(Friends)	32镑/年	普通朋友享有的权益
校内同学(Student Friend)	12镑/年	享有与普通朋友相同的权益
普通朋友双会员制 (Dual membership)	52镑/年	两人可同时享有与普通朋友相同的权益
荣誉朋友 (Honourable Friend)	50镑/年	享有与普通朋友相同的权益; 免费获赠图书馆馆刊《朋友通讯》
荣誉朋友双会员 (Dual membership)	85镑/年	两人可同时享有与荣誉朋友相同的权益
终身朋友(Life Friends)	700镑	终生享有与荣誉朋友相同的权益
终身朋友双会员制 (Dual Life Friends)	1100镑	两人可同时终生享有与荣誉朋友相同的权益

---

① Join the Friends[EB/OL].(2018-04-30)[2018-11-20]. https://www.bodleian.ox.ac.uk/bodley/friends/membership.

六、特色文化展览

(一) 实体展览

为构建自身的校园文化,引领读者,博德利图书馆还不定期举办各类实体展览。这些展览多与牛津大学或者英国的历史、文化有关,旨在利用展览传播先进的社会观念。我们在这里对部分实体展览做一个细致介绍,方便大家了解和学习。

2018年3月6日至2019年2月22日,博德利图书馆以"萨福到选举权:勇敢的女人"为题,展出了象征女性进步且敢于探索的各类珍贵物品。在该展览中,展示了牛津大学在各个时代进步女性的事迹,如Kathleen Courtney (1878—1974)、Emily Wilding Davison (1872—1913)、Helena Deneke (1878—1973)、Margaret Haig Thomas (1883—1958) 等的事迹,传递鼓励女性探索、探险的思想观。[①]

2018年11月15日到2019年1月13日,博德利图书馆展出了在维多利亚时期被限制的古代书籍。被限制的原因主要是性和各类审查规定。举办这个展览,旨在让读者感受到性观念在英国的发展演变。

2019年7月15日到2020年3月1日,博德利图书馆以"地图谈"为题,展出了各式各样的地图。该展览的核心思想是每一幅地图都有自己的故事。因此,该展览把每一幅地图的使用者以及背后的历史故事都做了介绍。这次展览汇集了各种文化背景下的古代地图和现代地图,以求通过该展览帮助读者了解他们自己的国家文化和历史。

(二) 网络展览

博德利图书馆也通过网络举办展览。在博德利图书馆网站主页上,会不定期地更新各类展览信息。读者可随时随地了解这些展览内容,如图3-3所示。相对于传统实体展览,网络展览不仅有图片,还包括视频、电影、音频等元素,实现了多种媒体的并用。此外,博德利图书馆还将展览与购买行为相结合。由于网络展览会涉及很多作品,比如书籍,其会给出相关购买链接,方便读者购买感兴趣的物品。

---

① OXFord Suffrage Women[EB/OL]. (2018-06-30)[2018-11-17]. https://www.bodleian.ox.ac.uk/_data/assets/pdf_file/0010/254638/FINAL-Suffrage-Women-Booklet.pdf.

16所世界一流大学图书馆服务特色及创新概览

图 3—3　博德利图书馆的网络展览

为方便读者进一步了解博德利图书馆的网络展览活动，我们将其部分网络展览主题列了出来，并制作成表，如表 3—9 所示。网络展览是对实体展览的延伸。在实体展览结束后，博德利图书馆会将实体展览上传到网络上进行再展览。这些展览主题多样，涉及社会、经济、人物、医学、科学创新等方面。①

表 3—9　博德利图书馆网络展览活动

活动名称	活动描述
明代地图展	展览了欧洲收录的明代地图。该地图的特点是较早地将中国描绘在整个东亚地域内，而不是世界中心。持续时间从 2015 年 8 月 28 日到 2015 年 10 月 11 日
约翰逊和莎士比亚展	展出了早期的《莎士比亚》版本以及约翰逊的个人笔记
纪念约翰·拉德克利夫，弘扬 300 年的科学和慈善事业精神	约翰·拉德克利夫（John Radcliffe）是牛津大学最伟大的捐助者。牛津大学有 5 个建筑以他的名字命名。从牛津大学毕业后，拉德克利夫成为当时最成功的医生，并积累了大量财产，1714 年去世时他将财产捐赠给了牛津大学
服装艺术书籍展	展期 2 个月，分为三个主题：服装书籍、服务剪裁手册和服装评论方面的书籍

---

①　Exhibitions Online[EB/OL].（2018-03-31）[2018-11-17]. https://www.bodleian.ox.ac.uk/whatson/whats-on/online.

续表3-9

活动名称	活动描述
殖民时期护士的苦难经历展	展览内容包括信件、官方文件、剪贴书籍、音频和照片,展示了从1896年至1966年被派往英国殖民地工作的护士的经历。该展览是与殖民地护理协会共同举办的
Aldus Manutius 纪念展	Aldus Manutius(约1450—1515)是现代出版之父。他出生于罗马南部的一个小镇,于15世纪90年代搬到威尼斯,在那里他建立了商业出版帝国。展览持续一个半月
从唐宁街到战壕的个人故事展	展览为期4个月,从政治家、士兵、平民信件和日记的角度,展出了1914年至1916年索姆河战役的故事
800年来伟大的医学发现创新展	2014年是培根诞辰800周年纪念日,在为期半年的展览中,图书馆以此为契机举办展览,展现了800年来科学家、哲学家和医生的创新精神和顽强奋斗精神。这次展览展出了细胞、青霉素、血液循环、神经学等医学成果的发展历程
爱与奉献精神展	展出了各类与爱和奉献有关的音频、视频和书籍,以传播各个国家关于爱与奉献的精神和故事

七、博德利图书馆出版中心

博德利图书馆有自己的出版部门,即博德利图书馆出版中心(Bodleian Library Publishing)。该中心每年出版25本图书。这些图书以图书馆丰富的馆藏资源,如珍贵的手稿原件、地图、珍稀书籍等为素材来源。出版的图书会在图书馆的网站上(https://bodleianshop.co.uk/)出售。所有销售获得的利润都将用于博德利图书馆的发展。

八、特殊人群服务

博德利图书馆十分重视特殊人群,如残疾人,努力为其提供平等获取信息的机会。[①]

(一)帮助获取资源

博德利图书馆为特殊人群提供帮忙取书或获取其他资源的服务,并将其所需资料送至方便特殊人群进出的阅读室。可帮助查找的资料不仅包括纸质资

---

① Information for Disabled Readers[EB/OL]. (2018-05-31)[2018-11-20]. https://www.bodleian.ox.ac.uk/using/disability.

料，还包括电子资料、有声书籍等电子资料。同时，博德利图书馆还为特殊人群提供帮忙打印、复印服务。此外，博德利图书馆也允许导盲犬等残疾人服务犬进入图书馆，但学院或研究所的分馆，对此有部分限制。

（二）延长书籍借还时间

在博德利图书馆的部分分馆，残疾人用户还可提前联系残障读者服务中心，延长书籍借还时间。这项服务主要针对有诵读困难的读者（dyslexia readers）。因为诵读困难会导致残疾人用户在读同一本书时，比正常人需要更多的阅读时间。这种特殊问题特殊处理的方式，体现了一种十分人性化的服务精神。

（三）超期罚款特殊处理

如果残疾人用户因为自身身体原因，导致归还超期，可提前联系残疾人用户服务中心，特殊处理超期罚款。

（四）辅助设备与技术

为了帮助特殊人群，博德利图书馆会提供能辅助其使用图书馆资源的设备和技术，如额外的照明工具、放大镜、可升降的桌子、人体工程学的椅子等。

第四章　剑桥大学图书馆

第一节　学校简介

剑桥大学成立于1209年，是一个学院制公共研究机构。[①] 800多年的悠久历史使它成为世界上四大最古老的现存大学之一。剑桥大学也是英语国家中第二古老的大学。校园位于剑桥市中心，拥有无数著名建筑，许多学院位于康河之畔。

剑桥大学一直遵循"大学自治，学术自由"的基本原则，在体制上实行学院制。剑桥大学的学院和学科（研究中心、所）互不隶属，是一种平行关系。学院负责招生和学生生活方面的服务和管理，财务上相对独立；学科（研究中心、所）负责教学和科研工作，同一学科（研究中心、所）的学生可能来自不同的学院。[②] 剑桥大学有31个自治学院，学生们在各学院接受被称为"学院监督"的小组教学。在剑桥大学，大部分日常管理工作都是由教职员工完成的。学校为来自世界各地和各种文化背景的18000多名学生提供服务。该校近4000名学生为国际留学生，他们来自120多个国家和地区。此外，该校的国际暑期学校为来自50多个国家和地区的学生提供150门课程的教学。剑桥大学还拥有9个艺术、科学和文化博物馆，全年向公众开放，另外还有一个植物园。

剑桥大学共有92个附属机构获得过诺贝尔奖，涵盖了所有奖项类别。该校每年收到的捐款总额近60亿英镑。

剑桥大学是世界上最古老的大学和最领先的学术中心之一，也是一个自治

[①] CAMBRIDGE UNIVERSITY［EB/OL］.（2018-01-20）［2018-12-30］. https://www.timeshighereducation.com/cn/world-university-rankings/university-cambridge.

[②] 郭红. 剑桥大学图书馆管理与服务模式的探讨［J］. 上海理工大学学报，2004（4）：46-48.

的学者社区。其以卓越的学术成就享誉全球。2018 年,在泰晤士高等教育世界大学排名中,剑桥大学位居第二,仅次于牛津大学。

第二节 图书馆概况

剑桥大学图书馆始建于 1416 年,是世界上规模最大的高校图书馆之一。截至 2018 年,剑桥大学图书馆总体藏书量已达到 1500 万余册。剑桥大学图书馆主馆作为英国法定缴存部门,藏书 800 万余册,同时收藏了超过 10 万本电子期刊,有 400 多个全文和引文数据库。

一、愿景、使命和战略任务

(一)愿景

根据《2015—2018 年英国剑桥大学图书馆战略规划》,剑桥大学图书馆的愿景是"通过我们的专业知识、馆藏、设施和服务来启示、促进、加强世界一流的研究、教育和学习"。

(二)使命

剑桥大学的使命是通过追求最高国际水平的教育、学习和研究为社会做出贡献,作为剑桥大学附属机构的剑桥大学图书馆及其分馆,通过基于自身核心价值观的愿景来支持学校的发展。具体而言,就是通过增强研究的生命周期和学生满意度来促进学校使命的完成。

1. 方法

希望图书馆珍贵和独一无二的馆藏能够尽可能地被更多的人获取。

2. 合作

通过与来自不同国家、地区、国际机构的合作伙伴的共同努力,建立一个造福全人类、扩大共同影响力的共享平台。

3. 参与

不只是让图书馆的馆藏更易被获取,还鼓励人们充分地使用它们,并帮助图书馆进一步开发它们。

4. 创新

图书馆希望随着技术的发展,研究人员可以用全新的、令人振奋的方式对图书馆长期保存下来的遗产进行深入研究,以发挥其更大的作用。

5. 启发

图书馆的很多馆藏本身就很鼓舞人,图书馆希望通过这些馆藏激发读者进一步研究知识的渴望。

(三)战略任务

剑桥大学图书馆的首要任务是为剑桥大学提供前沿的文献信息,以及发现全球学术界最新研究动态并与学者建立伙伴关系,共同推进变革性的研究和学习。剑桥大学图书馆通过推进图书馆的创新来为教学、研究的关键领域增加价值;通过图书馆学术交流办公室的推广工作,最大限度地提高大学研究成具的影响力和知名度;通过携手合作宣传大学的研究成果,并对其进行妥善保存;通过扩展和巩固附属图书馆网络,以最高的标准为学术、教学和研究提供支持服务;通过提供多元的馆藏资源,丰富纸质和电子资源的发现和获取途径;通过发展、推广和开发独特的系列馆藏,使它们更为明显和集中;与学术合作伙伴一起推动数字人文科学的发展;与地方、国家和国际战略合作伙伴合作,利用规模经济参与全球倡议;对现有的图书馆空间进行重新构想和再造,以创建合适的环境,满足图书馆用户不断变化的需求。

二、发展历程

在过去的 6 个世纪,剑桥大学图书馆的藏书已经增加到 1500 万册左右,馆藏积累十分丰富,涵盖了人类文明的各个方面,图书馆的使命已经演变成为服务国际学术团体,特别是它的数字化项目,使图书馆的服务对象扩展到了世界各地。[1]

(一)纸本馆藏的发展

接收捐赠是剑桥大学图书馆发展和丰富自身馆藏的一种重要途径。14 世纪中叶,剑桥大学图书馆只收藏了少量书籍。在 15 世纪的第二个十年里,学校的第一个图书馆以学校里的一间房作为馆舍正式建立。受宗教改革运动的影响,1557 年图书馆目录中在编的图书只剩下了不到 200 册。1574 年,安德鲁·佩尔恩得到坎特伯雷大主教马修·帕克和包括尼古拉斯·培根爵士在内的

---

[1] About The Library[EB/OL]. (2017-05-10)[2018-12-30]. http://www.lib.cam.ac.uk/about-library.

其他捐助者的支持，逐渐恢复了图书馆的藏书。他们慷慨的捐赠带动了其他捐助者，到 16 世纪末，图书馆的藏书已接近 1000 册。17 世纪上半叶，图书馆又增添了许多重要的馆藏，包括 1632 年白金汉公爵夫人赠送的阿拉伯语书籍和部分手稿。另外，兰贝斯图书馆收藏的一万册藏书也被遗赠给了剑桥大学图书馆。①

18 世纪初，有一件事促使剑桥大学图书馆的地位发生了重要转变。1710 年，剑桥大学图书馆被列入《第一版权法》规定的 9 个享有版权保护的图书馆，根据该规定，凡本国出版的图书都要免费缴送该馆，这一规定使馆藏迅速增加。1867 年至 1886 年，图书馆由著名的收藏家和学者亨利·布拉德肖执掌馆印，他创立了高效工作流程，其中一些措施在今天的实践中仍然存在，并指导图书馆珍贵手稿和藏书的修复。布拉德肖和他的两位继任者弗朗西斯·詹金森（1889 年至 1923 年）以及阿尔文·费伯·斯克尔菲尔德（1923 年至 1949 年）把图书馆变成了一个可以进行学术研究的地方，他们通过图书分类和编目系统的运用获取到了诸多重要书籍和珍贵手稿。在斯克尔菲尔德的有效管理和洛克菲勒基金会的慷慨资助下，由贾尔斯·吉尔伯特·斯科特爵士（Sir Giles Gilbert Scott）设计的、一座崭新的、面积更大的剑桥大学图书馆得以建成，并于 1934 年开放。在 20 世纪，随着馆藏量的与日俱增，图书馆规划建造一个扩展的封闭书库，该封闭书库在 1972 年建成并投入使用。

（二）数字图书馆的发展

自 21 世纪初以来，剑桥大学图书馆除了继续增加纸质藏书外，逐渐将馆藏方向转移到电子出版物。2003 年《图书馆法定缴交本法案》将法定缴交本的范围扩大到包括电子刊物、研究资料、视频音乐、多媒体资讯等电子资料后，剑桥大学就在 2010 年成立了数字图书馆（Cambridge digital Library），这标志着其馆藏重点逐渐转移到了数字藏书上②。2010 年至 2014 年是剑桥大学数字图书馆发展的第一阶段，这一阶段的发展得益于伦纳德博士（Dr Leonard Polonsky）的 150 万英镑捐赠，他的慷慨捐赠为数字图书馆的建设打下了重要基础，同时也激励着其他社会团体和个人。

数字保存研究的对象是剑桥大学图书馆制作和收集的数字资料。数字保存

---

① History of Cambridge University Library[EB/OL]. (2006-08-10)[2018-12-30]. http://www.lib.cam.ac.uk/about-library/history-cambridge-university-library.

② Introducing The Cambridge Digital Library[EB/OL]. (2006-08-10)[2018-12-30]. https://cudl.lib.cam.ac.uk/about/.

第四章 剑桥大学图书馆

旨在确保剑桥大学图书馆收集的数字资料随着时间的推移,仍然是可靠、真实和可获取的信息和研究来源。剑桥大学图书馆还致力于确保数字资料不会降级或损坏,对于收到的已经降级的数字资料,图书馆将使用数字取证技术来修复受损资料。通过与想要保留的资料的创造者合作,剑桥大学图书馆对旧的数字资料进行回顾性修复。这些研究工作得到了 Polonsky 基金会的慷慨资助。2016 年 8 月,剑桥大学图书馆和牛津博德利图书馆合作的一个联合项目(数字保存)开始运作,此项目由 Polonsky 基金会资助,每个图书馆设三名研究员。(剑桥大学图书馆的三名研究员,分别从事规划、技术研究和员工发展等方面的工作,并为未来的数字保存活动提供建议)

剑桥大学图书馆在支持剑桥大学数字人文发展方面发挥着积极作用。剑桥大学图书馆负责数字人文实验室的建设,并帮助学校制订数字人文的学习计划。通过浏览剑桥大学图书馆的数字人文主页,用户可以了解图书馆参与的一些项目。

(三)储备书库的建设

由于从 1710 年成为法定交缴部门,剑桥大学图书馆在 300 多年的时间内收集了在英国和爱尔兰出版的每一本书,尽管从 2013 年开始执行电子缴存本制度,但是整个图书馆的馆藏还是到了暴库的边缘。为了解决这个问题,剑桥大学图书馆建立了一个全新、庞大、先进的储备书库。储备书库于 2018 年 6 月 27 号正式投入使用,耗资 1700 万欧元,书库内的书架高达 11.5 米,相当于两个成年长颈鹿的高度,整个储备书库提供的储藏空间相当于长 105 公里的 3 万个独立书架提供的空间,总体储存空间为 4.55 万立方米,相当于 18 个奥林匹克运动会标准游泳池的体积。这个储备书库位于剑桥郡的小城伊利,书库建成以后,成了这个小镇地平线上除了伊利大教堂以外的另一个新地标。①

储备书库主要收藏新书副本和使用率较低的图书,储存要求非常严格,备有金属货架、无酸纸板托盘。该书库解决了剑桥大学图书馆的爆库问题,同时确保图书馆在 21 世纪能继续收藏珍贵文献。另外,储备书库的出现为剑桥大学所有图书馆的空间再造提供了机会。这个书库不对读者提供参观服务,但是其中的藏书,读者可以通过 iDiscover 系统来借阅。第一本放入储备书库的书是道格拉斯·亚当斯(Douglas Adams)的《银河系漫游指南》。亚当斯曾是

---

① Ely's New Cathedral (of Books) Opens For Business [EB/OL]. (2018-09-10) [2018-12-30]. https://www.cam.ac.uk/ElyStore.

剑桥大学圣约翰学院的学生。

三、组织框架

剑桥大学设有总图书馆，同时各学院、各学科系（研究中心、所）也有自己的图书馆。剑桥大学图书馆的主要监督监构是图书馆联盟。图书馆联盟属于剑桥大学众多校内联盟中的一个，它的主要作用是监督大学图书馆、附属图书馆、大学档案馆的运作。图书馆联盟通常由十几人构成，包括副校长、学院院长、学校教授、本科生及研究生代表等。剑桥大学图书馆的运行管理层[①]分三个层次，包括一个馆长、三个副馆长（分别主管数字计划、馆藏研究、学术服务），三个副馆长下面又设置了一些管理部门。

从1998年开始，每年图书馆联盟在剑桥大学图书馆的主页会向社会公众发布年报。[②] 以2016—2017年度的年报为例，内容主要包括图书馆大事件、职工新闻、财务状况等几个方面。随着剑桥大学的发展，剑桥大学图书馆逐渐形成了较为完善的总分馆制度。

剑桥大学图书馆由100多个馆组成，其中包括剑桥大学总馆（UL）、23个附属单位图书馆、78个部门及院系图书馆、55个学院图书馆等。"多级设馆"模式形成了分布式的信息服务系统，虽然各个分馆经费预算相对独立，馆藏各有不同，但是从管理系统到目录系统都是统一的。100多个图书馆星罗棋布地分布在剑桥大学的校园里。在剑桥大学图书馆的主页上点击图书馆地图，读者可通过图书馆属性、学科类别、图书馆名称字母排序、直接搜索四种路径找到自己需要了解的图书馆的相关信息。[③]

图书馆主页上附有校园图书馆地图：红色坐标代表学院图书馆，绿色坐标代表部门及院系图书馆，紫色坐标代表附属单位图书馆，橙色坐标代表其他相关图书馆，读者借助这张地图便能准确到达想去的图书馆。图书馆联络方式的界面上，提供了多种到剑桥大学图书馆主馆的方式，包括骑车、自驾、乘车等。为了节省读者的时间，图书馆官网主页上发布了一些指导读者使用图书馆的视频。

---

① Annual Report For The Year 2015-2016[EB/OL]. (2016-01-10)[2018-12-30]. http：//www. lib. cam. ac. uk/files/cu_library_2015—2016_annual_report_-_final. pdf.

② Annual Reports of the Library[EB/OL]. (2018-12-28)[2018-12-30]. http：//www. lib. cam. ac. uk/about-library/library-management/annual-reports-library.

③ Libraries Map[EB/OL].（2018-01-12）[2018-12-30]. https：//www. libraries. cam. ac. uk/libraries-map.

第三节　部分特色图书馆分馆

一、亚洲和中东研究学院图书馆

该学院的研究人员从事中东、北非、中国、日本和韩国的历史、文学、语言学、社会人类学、社会学、政治和当代文化等的研究工作。[①] 学院的研究工作跨越了传统的地理和学科界限，所有的工作都坚定地以初级资源研究为基础，这项卓越的研究工作由研究者和学生（包括本科生和研究生）共同完成。学院提供一系列引人入胜的本科课程，让学生有机会在学院学习阿拉伯语、中文、希伯来语、日语或波斯语。学院图书馆为师生提供了丰富的文献，使得学生都有机会深入了解他们所选择的地区的历史和文化，拓展他们的视野。

亚洲和中东研究学院图书馆收有约 7 万册专题著作、74 种期刊和 1600 张 DVD。除此以外，学院图书馆还收藏有部分学院教授亚洲研究和中东研究方面的出版物，主题内容包括语言、文学、历史、哲学、艺术和考古等。学院图书馆还收藏了许多特别藏品，如幻灯片、视频和 DVD、照片和地图等。

学院图书馆收集了许多东亚国家（韩国、中国、日本）的 DVD，以支持本科课程——东方电影。它还收集了对该学院教授的相关研究十分重要的纪录片。学院图书馆是韩国电影委员会（KOFIC）的欧洲中心之一，收藏了韩国基金会和韩国电影资料馆捐赠的一系列赠品。近年来，学院图书馆开始进行希伯来语电影收藏，主要集中在现代流行电视剧和一些重要的纪录片上，大多数 DVD 都有英文字幕。学院图书馆的珍稀书籍多数是 1850 年之前印刷的文献，这些文献是学院图书馆的早期藏品。它包含在英格兰和欧洲大陆印刷的文献，以及在中东、印度和东亚印刷的文献，这些文献大多数是由与学院或与剑桥相关的亚洲和中东学者收集来的。

二、三一学院图书馆

三一学院是由亨利八世于 1546 年创建的，它是剑桥大学众多学院中声名最大、规模最大的一所学院，拥有众多美轮美奂的建筑和庭院。三一学院是由

[①] Faculty Library of Asian and Middle Eastern Studies［EB/OL］.（2007-2-10）［2018-12-30］. https://www.ames.cam.ac.uk/about-us.

国王学堂（King's Hall）和米迦勒学院（Michael house）合并组建而成的。从建立之日起，三一学院一直蓬勃发展，现在学院共有约 600 名本科生、300 名研究生和 180 名教授。三一学院的建立是为了给其成员提供一个资源丰富的场所，以便他们进行学习和研究。①

三一学院图书馆（Trinity College Library）是剑桥大学图书馆中最大的图书馆，总藏书量约为 30 万册。现代化的图书馆设施能满足学院成员的需求，特别是本科生的需要。除了本科专业书籍外，图书馆还拥有大量珍贵的书籍和手稿收藏品。图书馆向三一学院的所有成员开放。三一学院图书馆是由学院图书馆（阅览室和下层图书馆）、法律阅览室和历史悠久的莱恩图书馆三者构成。公众可以在开放时间访问莱恩图书馆，学术读者可以事先预约参观此馆的特殊馆藏。

三一学院图书馆为三一学院的所有成员提供服务，旨在存储本科课程所需的所有书籍，以及研究生课程和研究生所需要的各种文献。该图书馆文献借阅期分为短期借阅和学期借阅两种。短期借阅：用户可借阅图书 10 册以及非图书文献 10 件，借阅期限为 2 周，可在线续借两次；学期借阅：用户可借阅图书 10 册以及非图书文献 10 件，借阅期限为 2 周。图书借阅超期之后按照每天 50 便士收取罚款。莱恩图书馆的珍贵馆藏为 1250 件左右的西方中世纪手稿，由 M. R. James 编目，其中多数可通过莱恩数字图书馆获得，米尔顿手稿和艾萨克·牛顿的笔记本也在其中。

（一）使用规定

（1）不要标记、损坏或折页图书馆的书籍，如果发现读者标记或损坏书籍，读者将被要求支付更换费用。

（2）如果读者丢失了书籍，请尽快通知图书馆，以便图书馆停止计算过期罚款并购买替换副本；

（3）移动电话等设备应切换到静音模式，笔记本电脑可以在图书馆的任何地方使用，但应该静音以防止分散其他图书馆读者的注意力；

（4）图书馆禁止吸烟和进食，不允许饮用饮料，但密封容器中的水除外；

（5）透明袋可以带入图书馆（透明袋可以从咨询台获取），读者的其他包应留在咨询台附近提供的空间内，不要将贵重物品放在图书馆的任何地方，读

---

① Trinity College Library[EB/OL].（2011-2-19）[2018-12-30]. https://www.trin.cam.ac.uk/library/.

者遗留下的贵重物品将被放置在门卫处，其他个人财产在咨询台保存一个月后将被处理掉；

（6）根据剑桥大学三一学院的管理规定，为达到预防犯罪的目的，图书馆实施了闭路电视监控。

（二）摄像规定

读者在某些情况下可以拍摄馆内文献，但在拍摄任何物品之前，读者必须先与工作人员取得联系并仔细查看拍照规定。读者在图书馆使用相机将受到以下限制：

（1）在开始摄影之前，读者必须登记摄影的详细信息并写明愿意遵守相关规则；

（2）拍照仅供研究之用；

（3）未经图书馆工作人员许可，读者不得以任何形式复制图书馆拍摄的图像；

（4）拍摄者应接受图书馆工作人员的检查；

（5）被拍摄材料必须妥善处理，松散的原稿材料必须保持平整和有序，拍摄过程中不能使用三脚架、闪光灯或特殊照明设备；

（6）相机必须静音；

（7）拍照时，读者不得站在梯子、凳子、椅子等的上面；

（8）只能拍摄指定的物件，未经图书馆工作人员允许，所有拍摄行为都应停止；

（9）三一学院图书馆保留随时拒绝或取消拍照许可的权利。

图书馆可以提供由专业摄影师制作的高质量数字图像用于出版，但读者需支付一定额度的摄影费和复制费。图书馆也建议读者订购一些文献的高分辨率图像文件。

三、国王学院图书馆

国王学院由亨利六世于 1441 年创立，是剑桥大学的 31 所学院中最有名的一所学院。国王学院不仅拥有出色的学术成绩，而且其礼拜堂和合唱团也举世闻名。剑桥大学国王学院礼拜堂被认为是晚期哥特式英国建筑的最佳典范之一，耸入云霄的尖塔和恢宏的哥特式建筑风格成为整个剑桥大学的地标和荣耀。自 1441 年国王学院成立以来，国王学院图书馆（King's College Library）

便一直存在。① 除保存许多珍本书籍和手稿珍品外，该图书馆也能满足学院本科生、研究生和高级成员的需求。该图书馆约有 13 万件馆藏文献，开放获取的书籍可用于教学和参考。国王学院图书馆的开放时间：周一至周五从上午 9：00 到下午 5：30 开放，周末 24 小时开放。图书馆向学院成员和访客开放。但是在每年 5 月、6 月考试前和考试期间的六周内暂停对访客开放，图书馆通常对公众是不开放的，但是公众可以通过图书馆主页的虚拟图书馆链接对其外观、设施和历史进行了解。

使用规定：

（1）尊重图书馆的其他用户，将噪音控制在最低限度，不要打电话或接听电话，不要进食或饮酒（图书馆只允许饮用瓶装水）；

（2）禁止吸烟，包括电子烟；

（3）用户不得邀请其他学院的朋友使用图书馆；

（4）如果用户在图书馆看到您认为可能不是学院成员的任何人时，请通知图书馆工作人员；

（5）为了协助维护学院会员和访客的安全，全馆受大学监控系统的监控。

国王学院图书馆的图书借阅期限分为普通借阅、两周借阅、一周借阅、三天借阅、一晚借阅 5 种类型。所有书籍必须按时续借或归还，图书馆通常会给出充分的提醒和告知，并在整个学院张贴通知，如果图书逾期归还，读者需要支付不同额度的罚款。

国王学院图书馆的特别藏品包含许多有价值的书籍、手稿和罕见的乐谱。这些文献反映了国王学院几个世纪以来在哲学、神学、物理、音乐和数学等学科领域的智慧成果。图书馆的许多珍本书籍和手稿都是捐赠或遗赠给学院的，代表了个人捐赠者的愿望。

四、罗伊音乐图书馆

罗伊音乐图书馆（The Rowe Music Library）是国王学院的附属图书馆，也是剑桥大学最重要的大学音乐图书馆。这个图书馆是一位匿名捐赠者捐赠的，捐赠者于 1928 年购买了著名藏书家 Louis Thompson Rowe 的藏品，藏品版本十分丰富，特别是 18 世纪的英文印刷文献，另外一些是 16 和 17 世纪的书籍和手稿。为了更好地保护稀有书籍，国王图书馆的稀有书籍不再放置在开

---

① King's College Library［EB/OL］.（2017-2-19）［2018-12-30］. http://www.kings.cam.ac.uk/library/index.html.

放式书架上。图书馆藏有一系列主要来自19世纪的儿童书籍，还有一系列第一版的英国文学图书。另外，图书馆拥有独特的全球变暖系列文献，涵盖了从《京都议定书》到对全球变暖持怀疑态度的各种主题的文献。

第四节　图书馆使用及管理规定

一、读者类型

剑桥大学作为一所闻名世界的科研型大学，除了向校内师生开放以外，同时在一定程度上也面向社会开放。剑桥大学图书馆的读者可细分为三大类：剑桥大学的在职教职工和在校学生、其他高校的教职工和学生、社会个人和商业团体。在这三大类读者基础上，剑桥大学图书馆又对读者类型进行了细化：根据读者具体类型设置借阅权限、费用收取标准、办证所需证件等内容。在读者年龄方面，剑桥大学图书馆明确规定，研究者（Research）必须年满18周岁才能进入图书馆。未持读者证的年满16周岁以上的人员，只允许在大学教职工或者图书馆工作人员的陪同下，以参观图书馆建筑为唯一目的进入图书馆。剑桥大学的教职工一次最多可以介绍4名人员入馆参观。[①]

二、开放时间

剑桥大学实行"三学期"制，即春秋夏三个学期。剑桥大学图书馆的开放时间基本也是根据学期而设定的，剑桥大学的附属图书馆、部门及院系图书馆、学院图书馆的开放时间并不完全统一，具体开放时间可以在官网上了解到（http://www.lib.cam.ac.uk/）。剑桥大学图书馆总馆（UL）星期天闭馆，在春秋两学期9：00—19：00开放，夏学期开放时间为9：00—21：45，法定节假日闭馆，每日具体开放时间在官网右上角显示。任何读者不得在闭馆前15分钟入馆。

三、资源使用须知

（1）剑桥大学教职工、研究生一次可以借阅20册书，本科生可以借阅10

[①] Joining The Library[EB/OL].(2018-09-12)[2018-12-30]. http://www.lib.cam.ac.uk/using-library/joining-library.

册，借阅期限为 8 周，社会读者和非剑桥大学的学生、教师一般只有阅览权限。

（2）图书逾期归还按 25 便士/天收取图书超期款，直到读者归还为止；如果遗失图书，读者需要支付图书的重置费用。

（3）禁止在图书馆文献上做任何标记；读者可能被禁止使用墨水，也可能被要求在阅览室查阅某些书籍时使用铅笔。

（4）剑桥大学的电子期刊、电子书、在线数据库等电子资源仅向剑桥大学在职教职工和在籍学生开放。

（5）大学图书馆的退休职工可以使用图书馆电子资源，已退休的学校教学或科研人员，仍然与学校教学、科研部门保持积极联系的（拥有剑桥大学校内 Raven id 账户和密码），在学校相关部门的支持下，可以远程访问授权资源。

（6）图书馆提供 IT 设施，使读者能够查阅电子资源、目录和图像集合，使用文字处理和电子表格软件，以及一般的互联网和电子邮件访问。所有学生和多数员工在加入大学时都会自动获得桌面服务账户，并可以通过信息服务主页上的链接设置登录名和初始密码。大学的其他成员也可以申请桌面服务账户，大学图书馆中不是大学成员的读者如果在图书馆主页注册成功，也将拥有一个账户。如果读者想确认登录信息或需要设置新密码，需要与图书馆读者服务台的工作人员联系。

四、行为准则

（1）进入图书馆后应尽可能保持安静，图书馆工作人员有权要求读者出示个人图书证或者校园卡。

（2）图书馆允许读者携带便携式计算机和移动设备入馆，前提是它们在运行时是安静的，使用这类设备的读者可能被要求在指定的区域就座，如果这类设备对其他读者构成干扰，图书馆工作人员有权要求读者停止使用这类设备。

（3）图书馆不允许使用可能干扰其他读者或会损坏图书馆资料的设备（例如数字扫描仪、收音机、相机、个人高保真音响设备等）。

（4）允许对图书馆建筑物进行摄影，但不允许对人员（图书馆工作人员和读者）、电脑显示屏上的非打印的法定缴存文献进行摄影。

（5）在图书馆内，手机必须设置为"静音"模式；手机只能在茶室、更衣室和图书馆的庭院里使用。

（6）参观图书馆时，一般应将大衣、雨衣等各类户外服饰，以及雨伞、箱包、影印设备等个人物品存放在靠近大厅入口的更衣室内。

（7）图书馆保留检查任何带入大楼物品的权利，手提电脑、移动设备、包、文件、文件夹、大衣等被带入图书馆的物品，均须在出去时做例行检查。

（8）封闭包装的饮料只允许在图书馆指定的区域饮用。在米尔斯坦展览中心以及特殊馆藏阅览室里，任何形式的饮料都是不允许饮用的，读者只允许在图书馆茶水间、庭院吃食物。

（9）图书馆内、入口处附近禁止吸烟（包括电子香烟）。吸烟区设置在靠近克莱尔学院的大门旁边。

（10）图书馆工作人员有权停止图书馆内的任何活动，如果他们认为这些活动对工作人员、读者、馆藏的安全有害。

（11）图书馆工作人员、读者、参观者应该在彼此互动交流时保持相互尊重、举止文雅。

第五节　特色服务及资源

一、馆际互借服务

剑桥大学图书馆提供馆际借阅服务。对于剑桥大学图书馆内没有的资料，读者可以通过馆际互借服务从其他大学图书馆获取，① 包括书籍（或书籍章节）、期刊文章、会议论文、精选的微缩胶卷等。有权访问大学图书馆的任何人都可以享受此项服务。

图书馆之间申请借阅的费用标准目前为剑桥大学成员 5 英镑，所有其他读者 12 英镑，读者可以在线申请或者提交纸质申请表格。剑桥大学图书馆欢迎英国境内其他图书馆的馆际互借请求，收费标准为借阅需支付 15.4 英镑/件，获取扫描或复印件需支付 9.55 英镑/件（外加增值税），文献所需的调度时间约 7 个工作日。剑桥大学图书馆的许多文献都可以满足读者的馆际互借需求，但是以下文献除外：1900 年以前的稀有书籍（如果该书籍不受版权限制，或许可以提供复印件），过去五年内在英国出版的且根据法定缴存方式收到的书籍，不合适的束缚物品（螺旋装订、环形活页、活页等），数字资源；报纸、手稿、特殊馆藏等。

---

① Inter-Library Loans[EB/OL].（2018-01-15）[2018-12-30]. http://www.lib.cam.ac.uk/collections/departments/inter-library-loans.

二、内部奖项和奖学金

剑桥大学图书馆设有戈登·达夫奖（Gordon Duff Prize）、芒比奖学金（Munby Fellowship）、图书收集玫瑰奖（Rose Book-Collecting Prize）[①]。

戈登·达夫奖源于 1924 年去世的戈登·达夫的遗赠，达夫是一名对早期印刷书籍特别感兴趣的图书管理员。戈登·达夫奖是用来奖励一项年度征文比赛获奖者的，比赛面向剑桥大学的所有成员，包括学生、教职员工和校友，征文主题只要包含在以下学科范围内即可：文献目录学、古文字学，以及与排版、书籍装订、书籍插图、手稿相关的科学与艺术。论文字数限 1 万字以内，参与者需在学期的最后一天以电子形式发送给剑桥大学图书馆特别馆藏的负责人，奖品将在复活节那天颁发。如提交的论文价值较高，评审团会向参赛者颁发额外奖励，获奖论文的副本将存放在图书馆的手稿部。

芒比奖学金是为纪念已故的阿伦·诺埃尔·拉蒂默·芒比而创立的，芒比是一位备受尊敬的文献目录学领域的学者，特别是在图书贸易和图书收藏史上贡献卓越。芒比曾是国王学院的图书管理员，也是剑桥大学图书馆的一个理事。芒比奖学金设立的目的是通过赞助剑桥大学图书馆馆藏目录的研究延续芒比的目录学事业。

图书收集玫瑰奖于 2006 年设立，目的是为了实现学生的图书收藏家梦想，奖金额度为 500 英镑，这笔奖金为学生提供了建立自己的图书收藏室的机会，除了奖金以外，获奖者还将获得剑桥大学图书馆之友 10 年免费会员资格。

三、培训课程

剑桥大学图书馆的培训课程的相关信息不仅发布在图书馆官网上，而且作为剑桥大学整个培训体系的一部分发布在学校的官网上，除了校内教职工和在籍学生，凡是持有剑桥大学图书馆证的人士也都可以免费参加[②]。以 2018 年为例，剑桥大学图书馆总共安排了 100 余场各式各样的培训课程，并将这些课程的相关信息细化分类，参与者可以根据课程的进阶阶段、学科分类、组织机构、场地进行预约。同时，图书馆支持读者的个性化需求，对于那些已过期的

---

① Prizes and Fellowships[EB/OL].（2008-06-13）[2018-12-30]. http://www.lib.cam.ac.uk/about-library/prizes-and-fellowships

② Library tours and orientation[EB/OL].（2018-09-12）[2018-12-30]. http://www.lib.cam.ac.uk/using-library/library-tours-and-orientation

讲座、读者感兴趣的主题图书馆会另外开设相关培训。图书馆对于那些预约了讲座与培训课程却经常缺席的读者，会处以罚款或者取消其预约权限。由于每年只能提供有限的住宿给参观的中小学生团体，因此，剑桥大学图书馆不直接接受中小学生的团体预约参观，参观组织方需要向剑桥大学联络委员会提出参观申请。

四、24 小时访问权限

为了支持剑桥大学的教学和研究，贝蒂和戈登摩尔图书馆（the Betty & Gordon Moore Library）收藏了科学和技术研究所需的文献，同时，大学所有员工和学生都有权 24 小时访问贝蒂和戈登摩尔图书馆，访问学者和艾萨克牛顿研究所计划参与者也可以拥有至少两周的 24 小时访问权限。

开通此权限需要用户在周一至周五的 9：30 至 16：30 和周六的 9：30 至 12：30之间亲自到图书馆办理验证卡片，用户还需要在图书馆主页下载一份开通 24 小时访问权限的申请单（见图 4－1）并签名同意相关条款。[①]

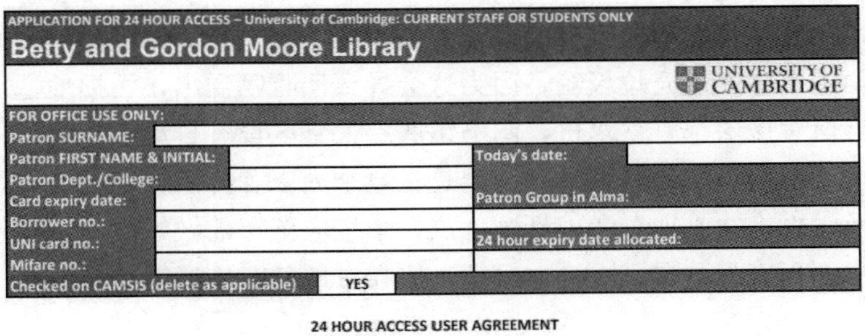
APPLICATION FOR 24 HOUR ACCESS – University of Cambridge: CURRENT STAFF OR STUDENTS ONLY

Betty and Gordon Moore Library

UNIVERSITY OF CAMBRIDGE

FOR OFFICE USE ONLY:

Patron SURNAME:

Patron FIRST NAME & INITIAL:　　Today's date:

Patron Dept./College:

Card expiry date:　　Patron Group in Alma:

Borrower no.:

UNI card no.:　　24 hour expiry date allocated:

Mifare no.:

Checked on CAMSIS (delete as applicable)　YES

24 HOUR ACCESS USER AGREEMENT

图 4－1　剑桥大学贝蒂和戈登摩尔图书馆 24 小时访问权限申请单

图书馆对 24 小时访问用户有如下要求。

（一）尊重空间

（1）在离开图书馆时能保持它原来的模样；

（2）对其他用户和雇用人员保持礼貌，使用图书馆提供的绿色环保回收箱，不要在办公桌上留下任何垃圾；

（3）用户可以携带需要使用的物品，例如笔记本电脑、纸张、笔等，但禁

① 24-Hour Access[EB/OL].（2018-10-25）[2018-12-30]. https://moore.libraries.cam.ac.uk/24-hour-access

止携带电风扇、水壶、睡袋、过多的衣物、鞋类和其他个人物品；

（4）任何将图书馆作为长时间睡觉的地方的用户都可能会被撤销 24 小时访问权限。

（二）互相尊重

（1）禁止任何可能对其他用户或图书馆员工造成痛苦或尴尬的行为，若用户实施这些被禁止的行为，其访问权限将被撤销。此外，图书馆还会将该事件报告给用户所在学院或部门以采取进一步处罚措施。

（2）针对员工或其他用户的口头或身体攻击性行为在任何情况下都是零容忍的，坚决反对任何反社会行为的发生。

（三）饮食

（1）用户可以在一楼指定的休息区内享用美食。

（2）瓶装饮料、自动售货机的热饮可以在任何区域饮用，前提是用户应盖好盖子防止液体溢出。

（3）所有用完的食品容器应放至回收箱中，如果垃圾箱已满，请通知图书馆员工，不要过度填充垃圾箱，因为这会导致回收物溢出，污损地毯。

（4）所有楼层都有饮水机，图书馆底层大堂区设有自动售货机，下层设有热饮机，欢迎用户使用这些设施。但是在夏季周末和特别繁忙的时候，员工也许无法及时更换饮水桶，考虑到这一点，学生应该提前做好准备。在任何情况下，用户都不应尝试自己更换饮水桶，应在方便的时候通知工作人员。

（四）注意安全

用户应对自己的安全负责，如果发生火灾，用户应尽快离开建筑物（不要使用升降机）并在疏散点集合。现场安保人员将会告知何时可以安全地重新进入大楼。由于图书馆中没有工作人员，因此任何火灾警报都不应被视为演习，要采取相应的行为。

五、隐私规定

2018 年 5 月欧盟正式通过《一般数据保护条例》，对大数据背景下的个人信息保护做出了严格规定，成为个人信息保护里程碑式的法律，为欧盟范围内的国家、机构实施个人信息保护树立了一个高标准的法律模板。剑桥大学图书馆十分注重对读者个人隐私的保护，相关实施细则的制定主要参照剑桥大学

《一般数据保护条例》。对于读者个人信息的使用,剑桥大学图书馆做出了以下规定:为了实现图书馆的某些服务,图书馆会要求读者提供一些个人信息以便图书馆处理读者注册、馆际互借、查询、反馈等业务,图书馆将按照相关法律规定来使用这些个人数据。[1]

六、关于残疾人用户

剑桥大学图书馆致力于向所有用户平等地提供服务,包括残疾人用户。在机构设置方面,图书馆在参考咨询服务部下面设置了专门的残疾人用户联络主任;在图书馆的空间布局方面也考虑到了残疾人用户的需求,提供专用的停车位、专用电梯;在设施方面,馆内设有残疾人用户专用的辅助技术室,室内有可调节高度的桌子、符合人体工学的椅子、先进的多媒体设备等。除此之外,在处理消防逃生问题上,图书馆建议残疾人用户,尤其是行动障碍人士提供自己的相关信息给残疾人用户联络主任,一起制订个人紧急疏散计划,每份计划都是量身定制。[2]

七、图书馆特藏介绍

剑桥大学图书馆致力于利用其特殊馆藏来支持研究和教学,并开发数字化服务,以创新的方式使尽可能多的读者接触到这些馆藏。与此同时,它认识到实体收藏品的持久重要性,以及为子孙后代保留这一独特文化遗产的必要性。剑桥大学图书馆的特别馆藏包括图书馆中最古老、最有价值的资料(手稿、大学档案、印刷品和工艺品等),以及现代地图和音乐。收藏中最古老的物品是苏美尔泥板,上面用楔形文字写着一行文字,时间可追溯到公元前2200年。剑桥大学图书馆著名的特藏包括艾克东图书馆约6万卷的藏书、英王乔治一世赠予皇家图书馆约3万卷的藏书、彼得博罗夫教堂图书馆7000件的藏书,以及英国许多著名学者如鲍德温、克鲁、达尔文、哈定等人的手稿和论文等。[3]

---

[1] Privacy Notice and Web Privacy Policy[EB/OL]. (2018-01-17)[2018-12-30]. http://www.lib.cam.ac.uk/privacy-policy.

[2] Readers With Disabilities[EB/OL]. (2009-12-02)[2018-12-30]. http://www.lib.cam.ac.uk/using-library/readers-disabilities.

[3] 张厚涵. 英国的主要大学图书馆 [J]. 山东图书馆学刊, 1981 (1): 77.

八、图书馆的捐赠文化

在过去的 600 多年里,图书馆得到了社会各界的慈善支持和慷慨捐赠,得益于此,图书馆的纸质藏书和电子资源不断丰富。图书馆读者和社会其他人士、机构有两种方式可以成为图书馆捐赠群体的一分子:注册成为"图书馆的朋友",一次性捐赠。最近 5 年,图书馆通过这两种方式共筹集到约 15 万英镑的赠款,这些捐款会用于图书馆购买新的文献资源和保存现有馆藏。

个人或组织都可以注册成为"图书馆的朋友",但注册年限不同,注册费也有所不同,为了表示感谢,注册者将获得一些会员福利。同时,会员身份可作为礼物赠予他人。一次性捐赠有不同的数额选项。剑桥大学图书馆建于 1416 年,在剑桥大学图书馆 600 周年馆庆时,为了体现捐赠的仪式感,图书馆工作人员创意地设定了捐赠数额选项,有 14.16 欧元、141.6 欧元、1416 欧元等与 1416 相关的数额选项。在每年的图书馆年报上,图书馆会制作报表向捐赠者和其他社会公众公布捐赠款项的使用情况。

九、图书馆的兼职工作

剑桥大学图书馆在管理、建设方面也十分注重发挥在校学生的智慧和力量,提供了各种等级的有偿兼职岗位。报名入口在学校的网络招聘系统里,申请者可以登录创建一个在线申请表格,图书馆收到申请表格后会举行选拔考试。不同的岗位内容、岗位级别、岗位薪酬有所差异。

十、图书馆的垃圾分类

学校环境和能源小组工作人员和广大师生努力从细节之处来促进良好环境的建设。图书馆在相关网页发布了详细的垃圾分类知识供读者了解,馆内也设有垃圾分类箱:红色和棕色垃圾箱装放食物类垃圾,蓝色垃圾箱装放一般类的垃圾,灰色和白色的垃圾箱装放未破损的玻璃器皿,绿色垃圾箱装放可降解回收的垃圾。①

---

① Waste Streams[EB/OL].(2018-01-17)[2018-12-30]. http://www.intranet.lib.cam.ac.uk/policies-and-standards/recycling/waste-streams.

第五章　爱丁堡大学图书馆

第一节　学校简介

爱丁堡大学位于苏格兰历史名都中心爱丁堡市，是苏格兰议会所在地，这里有远古火山岩和地标性的城堡。爱丁堡大学由三所学院组成：人文与社科学院、科学与工程学院以及医学与兽医学院。这三所学院还有 20 个下属学科系。该校共有约 3.5 万名学生，其中大部分学生都在三所学院中最大的一个学院——人文与社科学院学习，该校的医学与兽医学院的下属学科系处于世界一流水平[①]。

爱丁堡大学每年科研经费超过 2 亿英镑，学校提供的奖金、奖学金、助学金以及补助金超过 2600 万英镑。截至 2018 年，该校获得的捐资总额约为 3.17 亿英镑，在英国大学中排名第三位，列在牛津大学和剑桥大学之后。有 20 位诺贝尔奖得主与爱丁堡大学有一定渊源。该校校友包括查尔斯·达尔文、大卫·休谟、亚历山大·格拉汉姆·贝尔、亚瑟·柯南·道尔等。2017—2018 年，爱丁堡大学位列泰晤士高等教育世界大学排名第二十九位。

第二节　图书馆概况

一、图书馆发展历程

爱丁堡大学图书馆是世界知名的学术研究型图书馆，它的历史可以追溯到

---

① University of Edinburgh[EB/OL].（2017-09-12）[2019-01-18]. https://www.timeshighereducation.com/world-university-rankings/university-edinburgh.

16世纪，从某种程度上来说，该图书馆的历史早于爱丁堡大学的建校时间，图书馆的藏书历史从爱丁堡著名律师克莱门特·利特尔（Clement Litill）于1580年捐赠的276册个人藏书开始。[①] 爱丁堡大学最初叫做东尼斯学院（Tounis College），是由镇议会通过皇家法令建立的。爱丁堡大学是第一个与教会无关，而由一个城市建立起来的大学，图书馆的书架上放满了莎士比亚作品、激进的哲学作品以及来自美国和中国的外国书籍。在爱丁堡大学图书馆建立之前，英国大学的藏书主要包括神学和法律书籍。

从20世纪50年代到60年代，为了应对馆藏和参观者的日益增加，爱丁堡大学校方和图书馆员们计划建立第二个专门的图书馆。新馆的地点选定在乔治广场，修建过程由享誉全球的苏格兰建筑师巴兹尔·斯宾塞监督。该建筑的设计灵感来自日本建筑，它的设计目的是为收藏、探索、学习和成长提供多层空间，新馆于1967年正式开放。随着图书馆读者人数增加到每年200万左右，为了更好地满足学生和教职员的需要，图书馆致力于打造一个安全、有趣和令人鼓舞的环境。在21世纪的前十年里，约6000万英镑陆续被用于图书馆空间改造和设备更新。

位于乔治广场西南角的八层爱丁堡大学主图书馆堪称苏格兰之最，拥有约360万册藏书和近19000种期刊。它最初设计容纳约6000名学生和研究人员，但自1967年开放以来，经过了多次翻修和资源配置。爱丁堡大学由三大学院和另外20余个小学院构成，爱丁堡大学图书馆系统也是由分散在爱丁堡市区的多个场馆构成，计算机网络系统链接起了位于乔治广场的主馆和其他学院图书馆。

二、爱丁堡大学图书馆的构成

爱丁堡大学图书馆由1个主图书馆、10个分图书馆、1个馆藏研究中心构成。主图书馆是爱丁堡大学最大的图书馆，它拥有艺术、人文、社会科学、医学和信息学等方面的主要馆藏，它还收藏了图书馆的一般书籍和期刊等；10个分图书馆包括艺术学院图书馆（Edinburgh College of Art Library）、法律图书馆（Law Library）、马利基图书馆（Moray House Library）、皇家医院图书馆（Royal Infirmary Library）、新学院图书馆（New College Library）、苏格

---

① Library History［EB/OL］.（2012-03-12）［2019-01-18］. https://www.ed.ac.uk/information-services/library-museum-gallery/library-50/history-of-the-library/library-history

兰研究学院档案与图书馆（School of Scottish Studies Archive & Library）等。①

爱丁堡大学图书馆收藏的上百万册藏书分布在总馆和分馆之中，图书按照国会图书馆分类法或杜威十进分类法进行主题排序上架，读者可以通过 DiscoverEd 系统查找自己需要的文献，该系统会显示读者所需文献的馆藏地、架位等信息。

馆藏研究中心（Centre for Research Collections，CRC）位于主馆 6 楼，它向访客提供了接近爱丁堡大学珍贵藏品的途径，这里收藏有堪称爱丁堡大学文化遗产的藏品，这些珍贵藏品包括稀有书籍、手稿、档案、艺术品、音乐器材等。这里收藏的 40 余万册稀有书籍中的大部分在世界其他地方是没有的。爱丁堡大学图书馆对稀有书籍的评定有以下几个标准：1850 年前印刷的图书；副本极少的书籍；在书中可以发现重要的手稿注释或以前所有权（出处）的标记；特别收藏的书籍，如著名收藏家的私人藏书等。其中珍本书籍和手稿大约有 40 万余册，收录的最早的手写书是成稿于 11 世纪的凯尔特（Celtic Psalter）诗篇集，收藏的最早的印刷书籍是 1440 年木刻版的中文评注，藏书中包括有启蒙运动经济学家亚当·斯密（Adam Smith）和现代苏格兰作家休·麦克迪米德（Hugh MacDiarmid）的著作。

另外，馆藏研究中心收藏了 8000 多件艺术展品，这一系列惊人的藏品反映了跨度达两千年之久的艺术时期的不同特征，它们反映了大学、城市、苏格拉的历史和变迁，展现了爱丁堡大学世界领先的研究和教学成果。乐器收藏品超过 5500 件，包括从 1550 年至今的传统和现代乐器，其中一些是世界上最具代表性或罕见的乐器。为了避免对藏品的潜在损害，读者在进入馆藏研究中心时，需将个人物品放入储物柜，允许带入的物品包括铅笔、笔记本电脑、平板电脑。由于版权保护法、数据保护法、藏品脆弱等原因，并非所有藏品都允许读者拍照，因此，读者在拍照前应获得馆藏研究中心工作人员的允许。

馆藏研究中心是图书馆和大学馆藏的一部分，也是英国唯一一个研究人员可以从各种馆藏类型中获取从中世纪手稿到当代艺术等资料的地方。这种独特的馆藏组合使 CRC 成为爱丁堡大学内宝贵的教学资源，并吸引了来自世界各地的研究人员。

馆藏研究中心的主要工作内容包括以下几个方面：为所有读者提供使用收

---

① Library Locations[EB/OL].（2015-07-10）[2019-01-18]. https：//www. ed. ac. uk/information-services/library-museum-gallery/using-library/lib-locate.

藏文献的服务；为现场和远程研究人员提供查询服务；开展公众活动，包括博物馆开放日等；通过教学、研讨会等，参与学术活动；对收藏文献进行数字化处理；为志愿服务、工作实习提供培训和支持；通过以收藏为基础的教学和研讨会来支持学术研究；展览；开展项目合作；与校务委员会合作，为全校文化遗产的研究和保护提供支持；负责收集图像的专利授权；管理馆藏研究中心的网站和社交媒体输出。

馆藏研究中心向读者提供 5 间可预约的研讨室。必须先登记成为"馆藏研究中心"的用户，才可预约研讨室。考虑到研讨室的需求程度以及对文物收藏的影响，馆藏研究中心的设施只供爱丁堡大学的教职员工和学生使用。

第三节 图书馆使用及管理规定

一、读者类型

爱丁堡大学图书馆将读者细化为 7 个类别：爱丁堡大学的教职工、学生、访问学者，其他高校的师生，协议单位的员工，爱丁堡大学开放学习中心的学员，爱丁堡大学的毕业生，其他社团和组织，社会公众人士。根据读者类型的不同，图书馆提供不同类型的资源和服务。

对于读者年龄，爱丁堡大学图书馆明文规定"必须年满 16 周岁的人士"方能办理图书证入馆。为了确保爱丁堡大学主图书馆的学生、工作人员和访客能够在安静的环境中学习而不受干扰，图书馆规定，当读者陪伴 16 岁以下的孩子进入图书馆时，最长逗留时间不能超过 30 分钟。[1] 虽然图书馆是爱丁堡大学的一个服务部门，图书馆的部分资金来自政府，但它不是公共图书馆。它向外部用户免费提供的设施是有限的。图书馆向部分读者提供借阅服务时需要收费，但收费标准现实而合理。这些收入主要用于维持图书馆的运行（具体收费情况详见表 5-1）。读者如欲延长图书证有效期，可通过打电话来完成。

---

[1] Joining the Library[EB/OL]. (2019-01-12)[2019-01-18]. https://www.ed.ac.uk/information-services/library-museum-gallery/using-library/join-the-library.

表 5-1　爱丁堡大学图书馆收费标准

读者类型	查阅服务	借阅服务（可借册数）	付费情况
爱丁堡大学的教职工、学生、访问学者	√	本科生 30 册，授课型研究生 50 册，研究型研究生 60 册，教职工 60 册	免费
爱丁堡大学的毕业生	√	15 册	免费（一年）
协议单位的员工	√	60 册	免费（一年）
爱丁堡大学开放学习中心的学员	√	30 册	付费：30 英磅/3 个月；55 英磅/6 个月；75 英磅/1 年
其他高校的师生	√	爱丁堡大学图书馆的会员资格向其他大学的教职员和学生开放，但需提供相应的身份证明。部分学生及教职工可通过本地及国家互惠协议取得借用权利	免费（一年）
社会公众	√	可借 5 册	付费：30 英磅/3 个月；55 英磅/6 个月；75 英磅/1 年

二、开放时间

爱丁堡大学图书馆各个分馆有各自的开放时间。爱丁堡大学图书馆主馆根据不同区域的不同功能设定了相应的开放时间：负一楼、负二楼、一楼为 24/7 开放模式，每到午夜 12 点（提前 30 分钟以广播形式告知学生），在其他楼层阅读或学习的读者，会被要求转到负一楼、负二楼、一楼，其余楼层将暂停使用，并于次日清晨 7：30 重新对外开放。为了给熬夜学习、研究的读者提供能量补充，主图书馆的咖啡空间夜间对读者保持开放。爱丁堡大学图书馆智能化、自助化程度较高，馆内安装了多种多样的自助设施，读者可以使用它们完成一些自助服务，包括自助借还，各种学习空间的预约，自助复印、打印、扫描，发 E-mail 或在线留言等。Doors Open Days 是苏格兰最大的免费项目，旨在向公众免费开放历史古迹和著名建筑，每年九月，客人可以免费进入全国各地的一千多个场地。爱丁堡大学图书馆也参与了这项活动，活动期间会向公众开放图书馆平常不对外开放的区域，诸如数字成像设备室、文献修复工作室等。①

三、文献借阅期限和注意事项

爱丁堡大学图书馆的图书借阅期限分为短期借阅（4周）和长期借阅（12周）两种，本科生和其他类型的读者首次借阅图书的期限属于短期借阅，如果没有其他读者预约此书，到期之前可以续借6个月，教职工和研究生首次借阅图书的期限属于长期借阅，到期之前可以再续借18个月。② 所借图书超期之后会产生逾期费用（详见表5-2），当读者账户中有超过10英镑的逾期款未缴纳时，其借阅功能将被暂停。逾期款的支付方式也十分便捷，包括现场支付、网络支付、手机支付、邮政汇款等。

表5-2　爱丁堡大学图书馆借阅逾期费用

图书类型	宽限期	图书逾期后罚款	图书逾期罚款上限
短期借阅的图书	1天	40便士/天	10欧元
长期借阅的图书	1天	20便士/天	10欧元
被预约的图书	1天	2便士/分钟	10欧元
被图书馆召回的图书	1天	1英镑/天	25欧元

爱丁堡大学图书馆除了提供图书等文献的借阅以外，为了支持科研教学，还向在校师生提供笔记本电脑的借还服务。如果想在图书馆内获取无线网络，读者需要注册爱丁堡大学的校园网络账号。笔记本电脑的借还期限通常是3天，如果没有其他读者预约，读者可以将笔记本带到咨询台续借（不支持在线或电话续借），即将逾期时，图书馆系统会向读者校园邮箱和手机发送通知提醒，逾期未归还笔记本电脑按照6欧元/天的标准收取罚款，如果笔记本电脑有损坏，读者将面临385欧元的罚款。图书馆借阅频率比较高的图书被专门放置在主馆1楼，为了满足更多读者的需求，这类图书的首次借阅期为7天，逾期之后，每天按40便士收取罚款，高频借阅率的图书只是图书馆丰富馆藏的一部分，当读者需要的高频借阅率书都处于借阅状态时，图书馆建议读者选择

---

① Doors Open Days[EB/OL].（2018-12-12）[2019-01-18]. http://www.doorsopendays.org.uk/about/.
② How To Borrow and Renew Books[EB/OL].（2019-01-12）[2019-01-18]. https://www.ed.ac.uk/information-services/library-museum-gallery/using-library/borrowing-a-book/books.

相关主题的其他图书或者是同名电子书。

第四节 特色服务及资源

一、残疾人用户服务

英国大学中残疾学生的数量相对较多。英国高等教育统计署 2010 年到 2014 年的统计数据显示，英国大学平均每年有 65000 名残疾在校生。[①] 英国政府、高校、社会其他组织都十分注重对残疾读者的服务。

爱丁堡大学有强烈的残疾读者服务意识，无论是学校层面还是图书馆层面都充分体现了这一点。学校成立了残疾学生服务小组，拥有专门的服务网站；图书馆从网站导航、无障碍设施、专业人员、残疾人用户注册几个方面落实对残疾人用户的温馨服务。[②] 为了帮助残疾人用户及时找到需要的资料，图书馆网址将针对残疾人用户的服务信息设计在三级导航以内，网页的子版块分为：残疾人用户服务内容、最新资讯、英国残疾人用户服务规定的相关链接、各个分馆残疾人用户的服务措施、残疾人用户服务的法律基础、辅助器材介绍。在人员机构设置方面，图书馆设有残疾人信息专员（Disability Information Officer），其主要职责包括以下内容：成为残疾人用户的指定联络人，帮助他们面对挑战，或就资讯服务提供意见；查看信息资讯服务的策略、实践和实施过程，以确保残疾人用户能尽可能方便地访问它们；就残疾服务意识和立法向工作人员提供咨询和培训；协助资讯服务达到大学平等化的目标；协助工作人员进行影响评估，并审查文件和传单；检查资讯服务处所的出入情况；测试资讯服务已设计或正在采购的新软件和硬件的可及性；与全校其他重要人士保持联系，确保残疾人用户均可享用资讯科技的设施及服务。

二、好书推荐和馆际互借

当爱丁堡大学图书馆没有收藏读者所需要的文献时，读者可以通过好书推荐的方式或者馆际互借的方式来获取。当读者提出好书荐购需求后，采购期需

[①] Higher Education Statistics Agency[EB/OL].（2017-09-10）[2016-03-25]. https://www.hesa.ac.uk%20/stats.

[②] Information Services and accessibility[EB/OL].（2016-07-17）[2019-01-18]. https://www.ed.ac.uk/information-services/help-consultancy/accessibility.

要 3 周以上的时间，为了尽快满足读者的需求，爱丁堡大学图书馆会在下单购买纸本图书的 24 小时至 48 小时内采购同名的电子书。

每年图书馆会公布根据读者需求采购图书的情况，比如，2015—2016 年，根据读者的好书推荐需求，图书馆一共采购了 2285 册图书。爱丁堡大学图书馆读者在使用馆际互借功能时，主要的供应来源是大英图书馆文献供应中心（The British Library Document Supply Centre），除此之外，读者也可以获取爱丁堡大学图书馆合作的英国和海外的其他图书馆的资源。每年，爱丁堡大学图书馆的读者可以获取一定限额的免费馆际互借的图书，本科生一年是 5 册，教职工和研究生时 30 册，如果需要续借馆际互借的图书，每册需自费 5 欧元。

三、学习空间

爱丁堡大学的主图书馆还开设了多种学习空间供学生日常使用。通过图书馆内的场地监测系统显示的实时数据，读者可以清楚地了解处于空闲状态的学习空间的数量和位置。主图书馆根据门禁系统提供的数据，向读者反馈图书馆的座位使用情况（见图 5-1），数据每 5 分钟更新一次。[1]

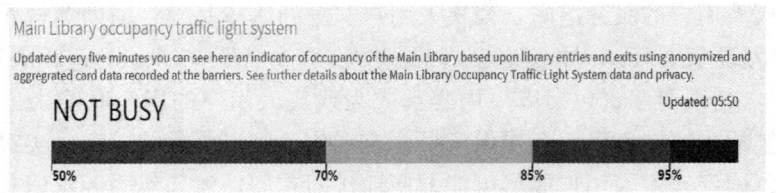

图 5-1　图书馆座位使用率显示

主图书馆内的学习空间主要分为：小组学习区、小组学习室、安静学习空间、研究生学习室和便捷学习室（详见表 5-3）。主图书馆内有 616 台电脑供读者使用，读者能通过图书馆网页和馆内信息显示屏了解电脑被占用的实时情况。

---

[1] Main Library Occupancy Traffic Light System［EB/OL］.（2018-08-19）［2019-01-18］. https://www.ed.ac.uk/information-services/library-museum-gallery/using-library/lib-locate/main-lib/main-library-occupancy-traffic-light-system

表 5-3 爱丁堡大学主图书馆的学习空间

学习空间的类型	数量	馆内位置	详细情况
小组学习区	30 个	18 个在主馆 1 楼，12 个在主馆 2 楼	为团队设计，供 3 个及以上小组活动使用，读者可以在此开会讨论自己的想法，并进行演示，无须预约，采用先先占位的原则，想借用的读者，需要本人现场排队。小组学习区配备了个人电脑、屏幕、耳机接口和白板
小组学习室	7 个	主馆负 1 楼	可通过爱丁堡大学图书馆系统在线预订。每间可容纳 4 至 6 名学生，并配有个人电脑、屏幕和白板
安静学习空间		主馆负 1 楼至 5 楼	位于 1 层到 4 层，以及负 1 层的为非活跃学习区域；位于第 5 层的为安静学习区。该学习区没有配备电脑，但是提供网络热点，读者可以自带笔记本
研究生学习室		主馆 6 楼	专门供研究生使用。这里没有配备台式电脑，读者可以自己携带笔记本电脑和平板电脑
便捷学习室	15 个	主馆 1 楼	专门供残疾师生使用，配置有一些针对残疾人用户的辅助性工具。提出使用申请后，需缴纳 10 欧元押金，一次最长能预约 3 个小时

四、电子资源

爱丁堡大学图书馆馆藏规定：当一本图书拥有电子版时，图书馆会优先购买电子版而不是纸质书。当前，爱丁堡大学图书馆拥有超过 70 万本电子书的使用权。

五、学科支持服务

为了提高信息服务对用户需求和用户任务的支持力度，使大学的教学、学习和研究战略得以顺利实施，爱丁堡大学图书馆提供十分系统化的学科支持服务，它的核心是专业学科馆员团队，目前，按照学科分类，爱丁堡大学图书馆一共有 70 名学科馆员负责相应学科的各种服务。图书馆主页上发布有这些学科馆员的姓名、邮箱、联系方式、学科方向。当读者不清楚自己应该联系哪位学科馆员时，只需向学科服务部发送相关邮件，这个部门就会安排相应的学科馆员联系读者。爱丁堡大学图书馆的学科馆员积极贯彻学校的战略目标——在学生的学习过程中扮演领航者的角色，其主要通过以下措施完成这一目标：设计和提供特定主题的信息素养课程以配合学生的教学课程；与教学、网络理事会、科研学院合作开展针对科研项目的信息素养课程，努力将学生培养成为具有独立性、创造性、批判性的思考者；帮助学生成为熟悉图书馆各项服务的高效学习者；通过一对一的建议课程来支持学生的学科文献搜索；在线向校内或远程学习的学生提供学科咨询服务；参与学校、学院课程设计的相关会议。

爱丁堡大学图书馆的学科馆员同样积极贯彻学校的另一个战略目标——在师生的科研过程中扮演领航者的角色：与学院合作向研究型学生、教职工提供系统的信息素养课程；使用文献管理软件协助教师和学生管理他们的研究文献；全面提升图书馆的各类资源保障能力，以确保研究型学生和教职工可以充分利用图书馆的各类资源；在采购新的纸本、数字资源之前，通过研讨会等方式征集研究型学生、教职工的建议和意见，尽量补充他们研究所需的资源；向师生提供有关图书出版和研究数据管理等方面的建议。

六、往届学位论文在线获取服务

学位论文在线服务为爱丁堡大学的教职员工和学生提供了往届学位论文的获取途径。爱丁堡大学图书馆从2004年开始收集爱丁堡大学的学位论文，这些学位论文仅能作为学生学习的辅助工具。[①] 在线学位论文的格式跟原始论文一致，每学年的论文通常会在下一学年的第一学期提供给师生。纸本学位论文的馆藏地点在图书馆主楼的附属楼。

七、走近未来图书馆项目

"走近未来图书馆项目"是一项设想爱丁堡大学图书未来模样的竞赛。[②] 未来的图书馆在教育、社会、政治中将发挥怎样的作用？科技在图书馆中将扮演怎样的角色？未来的图书馆对爱丁堡大学究竟意味着什么？该项目通过对这些问题的讨论创造性地解释和探索未来图书馆的发展。活动目标在于激发读者讨论和思维的火花，并为未来图书馆的发展战略提供建议。每种参与方式都会产生两个等级的奖励，一等奖1000英镑，二等奖250英镑。同学可以通过四

[①] Exam Papers Online[EB/OL].[EB/OL].(2019-12-25)[2019-01-18]. https://www.ed.ac.uk/information-services/library-museum-gallery/exam-papers.

[②] Near Future Library[EB/OL].[2019-01-18]. https://www.ed.ac.uk/information-services/library-museum-gallery/near-future-library.

种方式参与这项活动：提交 1500 字以内的创意写作，包括诗歌、短篇小说等；提交 1500 字以内的学术探讨型文本，包括调研报告、文献分析等；提供一份数字绘图，形式包括艺术品、设计方案、不超过 3 分钟的动画、AR/VR 演示，参赛作品需另附一份 300 字以内的书面陈述或一张海报，用来解释项目背后的概念及理念；提供一份实物的设计作品，包括设计图纸或任何能演示未来图书馆的实物形式。

第六章　哈佛大学图书馆

第一节　学校简介

哈佛大学（Harvard University）坐落于美国马萨诸塞州波士顿都市区剑桥市，占地 5000 英亩，是美国历史上最悠久的高等教育机构，于 1636 年由马萨诸塞湾殖民地大法院和普通法院投票成立。[①] 哈佛大学以学校第一位捐助者约翰·哈佛（John Harvard）命名，约翰·哈佛的雕像矗立在哈佛大学的大学礼堂前，是哈佛大学最著名的地标。

约翰·哈佛的雕像是由哈佛大学毕业生丹尼尔·切斯特·弗伦奇在 1883 年至 1884 年间雕刻的。[②] 约翰·哈佛生于 1607 年，年仅 30 岁就英年早逝。尽管他从未上过哈佛大学，但在去世时，他把自己一半的财产和所有的图书捐赠给了当时还未命名的哈佛大学。为了纪念这笔伟大的捐赠，学校以他的名字命名为哈佛学院。

哈佛大学是世界上最负盛名的大学之一。2017—2018 年度，哈佛位列世界大学学术排名（ARWU）世界第一、QS 世界大学排名世界第三、泰晤士高等教育世界大学排名世界第六。在建校的三百多年历史里，这所常春藤盟校培育出 45 位诺贝尔奖得主、30 多位国家元首和 48 位普利策奖得主。哈佛大学致力于在教学和研究方面做出卓越表现，并致力于培养能够在全球众多领域发挥作用的领导者。学校 2018 年拥有 2400 余名教职员工，包括本科生、研究生共计 36012 名学生。哈佛大学拥有 371000 余万校友，遍布世界各地。

[①] About Harvard[EB/OL].[EB/OL].（2019-01-12）[2019-01-18]. https://www.harvard.edu/about-harvard.

[②] John Harvard Statue[EB/OL].（2017-06-12）[2018-12-30]. https://cambridgehistoricaltours.org/about-us/sites/john-harvard-statue/.

第六章　哈佛大学图书馆

第二节　图书馆概况

哈佛大学图书馆是世界上最大的学术型图书馆,收藏了约2040万册图书、18万个联合目录、4亿份手稿文献、1.24亿个存档网页、5.4TB的原生数字档案盒手稿。[①]

哈佛大学图书馆馆藏的增长得益于许多知名人士的捐赠。约翰·哈佛就是其中之一,他捐赠的书籍是图书馆收到的第一笔捐赠。后来,伦敦林肯酒店的托马斯·霍利斯(Thomas Hollis)开始定期向哈佛大学图书馆捐赠书籍直到1774年去世,他还遗赠了500英镑作为继续购买书籍的基金,这笔基金成为哈佛大学第一个图书类的捐赠基金。哈佛在线图书馆信息系统(Harvard On-Line Library Information System)的首字母拼音词HOLLIS正是捐赠者霍利斯的名字。[②]

图书馆最初位于旧学院的大楼,1676—1764年,图书馆搬到了哈佛大厅。但在1764年1月24日,一场大火摧毁了几乎所有哈佛大学的书籍和科学仪器。火灾发生时,图书馆里的所有书籍都被彻底烧毁了,火灾发生时被借出的书籍是收藏品中唯一剩下的部分。1764年大火之后,学校很快就建立了一个新的哈佛大厅,并收集了1.5万余册图书来创建新的图书馆。随着时间的推移,哈佛大厅的空间变得越来越有限,图书馆于1841年搬到了戈尔大厅,最后,戈尔大厅的空间也不再适合,图书馆的书籍在1912年被搬到了其他地方,大约在这个时候,图书馆的馆藏开始分开存放。2012年8月1日,一个全新的哈佛图书馆开始运营,旨在改善哈佛大学各图书馆分馆的分散状况,更好地促进大学范围内的合作。分馆中的访问服务、技术服务、保存服务都将统一,以便更好地服务用户。

第三节　图书馆分馆

哈佛大学图书馆是一个由70多个独立的图书馆分馆组成的庞大的图书馆系统,总共有800余名馆员在这里工作。哈佛的每一座图书馆都拥有独特鲜明

[①] Harvard Library[EB/OL].(2015-05-10)[2018-12-30]. https://library.harvard.edu/.
[②] Harvard Library[EB/OL].(2017-03-15)[2018-12-30]. https://en.wikipedia.org/wiki/Harvard_Library/.

的馆藏、资源积累，共同致力于向哈佛大学师生、用户提供最优质的学术资源和最卓越的创新服务。图书馆分馆中，较为著名的有威德纳图书馆、哈佛燕京图书馆、勒布音乐图书馆、多若尔图书馆、法恩美术图书馆等。

一、威德纳图书馆

威德纳纪念图书馆是哈佛大学图书馆的主馆，也是众多图书馆中的"旗舰馆"。这座图书馆的诞生其实始于一场悲剧———一名叫作哈里·埃尔金斯·威德纳（Harry Elkins Widener）的哈佛1907级毕业生不幸罹难，他的母亲埃莉诺·埃尔金斯·威德纳（Eleanor Elkins Widener）按照儿子的愿望将收藏的图书捐赠给了母校哈佛大学，除此以外，他的母亲还筹措专门基金建造了威德纳图书馆。图书馆开始运行后，一整页关于它的报道出现在1915年10月10日的《波士顿先驱报》上。[1]

威德纳图书馆内还有一间哈佛大学图书馆捐赠者哈里·埃尔金斯·威德纳的纪念馆。这里保存着威德纳在罹难之前收藏的图书和后来增添的图书，总共约3300册。威德纳出生于一个富裕的费城家庭，其家族成员热衷于收集绘画、挂毯、银器等东西。威德纳在哈佛大学本科期间开始认真收藏书籍。在25岁时，他加入了藏书家协会，并与费城、纽约等地的书商保持密切联系。他在1910年5月写给利文斯顿的一封信中表达了他的收藏哲学："无论一本书有多么重要，我只收集我感兴趣的书籍。"威德纳对19世纪流行的经典文学特别着迷，因此他的个人藏品主要是有关文学的，藏品范围从手稿、第一版图书到原创插图、作家与出版商签署的合同等。威德纳是一位充满激情的书籍收藏家，他在短短的27年时间里，收藏了超过2500册图书，每册都是令人羡慕的宝藏。

二、哈佛燕京图书馆

哈佛燕京图书馆是西方最大的东亚图书馆。哈佛燕京学社和哈佛燕京图书馆是哈佛大学中国研究的重要基石。

哈佛燕京图书馆的藏书历史可以追溯到1879年，当时汉语首次作为哈佛常规课程的一部分出现在课堂中。1897年，一群从事中国贸易的波士顿人邀

---

[1] Widener Library[EB/OL]. (2017-09-12)[2018-12-30]. https://library.harvard.edu/libraries/widener.

请中国学者戈鲲化到哈佛大学讲授中文,并为开设相关课程购买了一些中文书籍,这是哈佛大学图书馆东亚语言文献的第一次采购,也标志着哈佛大学图书馆中文文献收藏的开始。① 它的日文藏书历史始于1914年,两位来自东京帝国大学的日本教授在哈佛开设讲座,他们向哈佛大学图书馆捐赠了几本关于汉学和佛教的重要日本出版物。1928年,中文和日文藏书从威德纳图书馆转移到哈佛燕京学社的新的中日图书馆,著名藏书家和哈佛大学博士裘开明被任命为新的中日图书馆的图书管理员,并着手对藏书开展编目工作。中日图书馆最初只收集中文和日文文献,重点是人文科学类。但是随着哈佛大学东亚课程的扩展,图书馆的馆藏范围也相应进行了扩展。中日图书馆最终增加了藏文、蒙古文和满文出版物,以及西方语言专著和期刊。1951年增加了韩文文献,1973年增加了越南文文献。第二次世界大战后,中日图书馆开始收集更多的社会科学出版物,逐渐演变成了一个研究型图书馆,收藏了涵盖东亚所有学科的文献资源。1965年,中日图书馆更名为哈佛燕京图书馆,以反映图书馆馆藏的扩展性。1976年,图书馆的管理权由哈佛燕京学社移交至哈佛大学图书馆。

截至2018年,哈佛燕京图书馆藏书超过150万册,其中包括90多万册中文文献、40万册日文文献、20多万册韩文文献、3万册越南文文献、5.5万余册西语文献、4000册藏文文献、3500册满文文献和500册蒙古文文献。该图书馆还拥有许多稀有的特殊藏品,其中许多已经数字化并可在HOLLIS上查看。

三、勒布音乐图书馆

勒布音乐图书馆是哈佛大学音乐教材的主要存储库。该馆作为哈佛音乐系的图书馆于1956年正式开馆。②

图书馆最初的馆藏是来自威德纳图书馆自1870年开始收藏的27725册音乐类图书。图书馆中一部分馆藏来自音乐系自1898年开始收藏的8000多个乐谱,还有一部分馆藏来自奥尔德里奇,他是纽约时报的著名音乐评论家和音乐编辑。作为一个狂热的音乐收藏家,奥尔德里奇收藏了大量的音乐书籍和乐

---

① The Harvard-Yenching Library[EB/OL]. (2016-09-10)[2018-12-30]. https://library.harvard.edu/libraries/yenching#history.

② The Eda Kuhn Loeb Music Library[EB/OL]. (2018-07-11)[2018-12-30]. https://library.harvard.edu/libraries/loeb-music#history.

谱。勒布音乐图书馆的馆藏在早期的几十年迅速增长。到 1968 年，书籍和乐谱的收集量已达到 65000 册，唱片超过 6000 张。事实证明，图书馆能够容纳 40 年的收藏增长量的早期预估是过于乐观的，音乐图书馆空间扩展势在必行。1972 年，随着邻近的 Fanny Peabody Mason 音乐大楼的建设，图书馆空间压力得到缓解。随着图书馆馆藏和服务内容的不断增长和复杂化，勒布音乐图书馆于 1978 年成为哈佛大学图书馆的一个分馆。该馆馆藏资源覆盖了西方音乐、历史音乐学、音乐理论、流行音乐和爵士乐以及世界音乐文化等方面的各种文献。

面对所有的变化，勒布音乐图书馆的使命一直保持不变：在舒适和温馨的研究环境中为用户提供最丰富的资源以及最精美的历史文化遗产。

四、多若尔图书馆

多若尔图书馆是美国最古老的图书馆，致力于收集有关民族学、考古学和相关的人类学领域的文献资料。多若尔图书馆收集了人类学的所有子领域的文献，重点领域是有关美洲土著居民的文献。多若尔图书馆是世界上规模最大、最全面的收藏有关人类学领域的文献图书馆。[1] 该图书馆成立于 1866 年，当时是乔治·皮博迪的遗产，是新皮博迪博物馆的一部分，最初被称为皮博迪博物馆图书馆，后更名为多若尔图书馆。

多若尔图书馆的主要馆藏是一些关于中美洲考古学、民族学、语言学的原始资料，其中包括玛雅语言资料、西班牙殖民文学、民族志和考古学笔记，以及哈佛大学和其他机构研究人员未发表的学术手稿。最著名的有关中美洲的文献是 Bowditch-Gates 系列中的资料。

五、法恩美术图书馆

法恩美术图书馆收藏的文献是哈佛大学研究世界艺术、建筑历史及相关学科的基石。自 1895 年福格艺术博物馆成立以来，图书馆便开始向教师、艺术博物馆工作人员、本科生和研究生、研究人员和历史学家提供各种服务。[2]

1927 年，哈佛大学修建了一座新的福格博物馆建筑，旨在与教室、保护

---

[1] Tozzer Library[EB/OL]. (2009-12-01)[2018-12-30]. https://library.harvard.edu/libraries/tozzer#about.

[2] Fine Arts Library[EB/OL]. (2016-09-10)[2018-12-30]. https://library.harvard.edu/libraries/fine-arts.

实验室、绘画工作室和研究图书馆一起展示艺术品。1962年，为了扩展空间，威德纳图书馆中与艺术相关的馆藏被转移到福格博物馆内，与此同时，福格博物馆的图书馆成为哈佛大学图书馆的一部分，后更名为法恩美术图书馆。新组合成的法恩美术图书馆是美国最大的艺术研究文献收藏馆之一，是其他机构建立艺术图书馆的典范。在法恩美术图书馆的发展历程中有以下几件里程碑事件：1978年，东方系的Rübel亚洲研究收藏品被添加到该系列中；1979年图书馆成为阿迦汗伊斯兰建筑项目的两个文献中心之一，另一个在麻省理工学院；1991年，图书馆扩建到福格博物馆大楼东侧的Werner Otto Hall；1999年，哈佛大学推出公共图像目录视觉信息访问服务，法恩美术图书馆开始为教师提供数字图像教学；2009年，在福格博物馆大楼进行大规模翻新期间，法恩美术图书馆迁至两个地点：收藏一般和特殊收藏品的Littauer中心、收藏数字图像和幻灯片的Sackler大楼；2017年在Sackler大楼翻新期间，数字图像和幻灯片系列被暂时移至拉蒙特图书馆。

六、霍顿图书馆

霍顿图书馆是哈佛大学的珍贵书籍、手稿、文学和表演艺术档案等文献的主要存储库。

霍顿图书馆的前身是哈佛大学戈尔大厅的一间贵重物品保藏室，1915年，这间保藏室的所有文献被搬移到威德纳图书馆，1938年3月，哈佛大学图书馆馆员凯斯·德威特·梅特卡夫（Keyes DeWitt Metcalf）向哈佛大学提出一系列建议：应该为珍贵书籍和手稿等文献提供更多空间和更好的储存条件。霍顿图书馆于1942年正式建成并开放。[①] 自1942年以来，霍顿图书馆收藏品的分类保存得到了历届馆长的支持，所有藏品都按时期、主题划分后独立存放。

总体而言，霍顿图书馆的馆藏分为以下几类：现代书籍和手稿、早期书籍和手稿、哈佛剧院文献等。现代书籍和手稿主要是1800年至今的重点关注欧洲和美洲的文学和历史的手稿、书籍、照片和流行文化资料，除此以外，还有阿拉伯语和印度语手稿和有关俄国革命、出版历史、音乐、哲学的文献。早期书籍和手稿被分为两类，第一类是1600年至1800年的书籍、手稿和印刷物，该系列馆藏的覆盖范围非常广泛，但特别关注的领域包括大西洋世界的历史、欧洲和美国的文学、数学和物理科学以及图书的历史；第二类是从公元前

---

① Houghton Library[EB/OL].(2009-12-11)[2018-12-30].https://library.harvard.edu/libraries/houghton.

3000 年至公元 1600 年的文献，内容主要关注西方语言和文化，其中一部分文献是阿拉伯语、印度语波斯语和叙利亚语的手稿。哈佛剧院文献主要是一些有关英美戏剧、芭蕾舞、歌剧、音乐的视听资料，以及罕见的书籍、手稿、图像、非正式文献等。

七、哈佛地图收藏室

哈佛地图收藏室从 1493 年开始收集各种地理资料。在这里，用户可以找到纸质地图、地理空间数据、GIS 和地图制作软件。① 图书馆馆员可以帮助用户查找研究和教学中需要用到的地图并提供空间思维的方法。

1818 年，以色列人桑代克购买了 Christoph Daniel Ebeling 图书馆。该图书馆收藏有约 5000 张地图。随后，桑迪克将整个图书馆捐赠给了哈佛大学，5000 张地图成为哈佛地图收藏室的基础。在整整两个世纪里，哈佛地图收藏室的馆藏通过收购和捐赠两种方式不断增长。馆藏最初重点关注北美地区，但随着收藏量的增长，这一焦点发生了变化。随着哈里·埃尔金斯·威德纳纪念图书馆于 1915 年开放，哈佛地图收藏室拥有了更多的储存空间。1957 年，随着哈佛大学地理探索研究所的关闭，该地图收藏室增加了大约 90000 张地图。这些地图显示了世界各地的区域情况，使得该馆藏的范围更加全球化。在大约两个世纪的时间里，哈佛大学地图收藏室已经拥有 400000 张地图、6000 张地图册和 5000 本参考书。它是美国同类馆中收藏历史最悠久、收藏规模最大的图书馆。

哈佛地图收藏室成千上万的地图都做了高清扫描处理，可在线获取高分辨率图片，许多地图扫描件都可通过 Old Maps Online 获得。用户可以在 HOLLIS 搜索主题"哈佛地图馆藏数字地图"，以获取涵盖不同地点的地图的列表。

第四节 图书馆使用及管理规定

一、开放时间

哈佛大学图书馆各个分馆的开放时间并不完全统一，进入图书馆官网主页

---

① Harvard Map Collection[EB/OL].（2017-12-17）[2018-12-30]. https://library.harvard.edu/libraries/harvard-map-collection#history.

第六章 哈佛大学图书馆

之后便能看到各个分馆的开放时间。用户可以在界面左侧根据图书馆名称、特征、主题等选项了解相应图书馆的开放情况。以哈佛大学图书馆的主馆威德纳图书馆为例，如图6-1所示，2018年12月30号到1月5号这段时间恰好是寒假（Winter Recess）的尾声，图书馆在寒假期间处于闭馆状态，周末也是闭馆状态，工作日9：00（AM）开馆，咨询服务和行政办公室最迟工作至8：00（PM），有的时候5：00（PM）便停止服务了。

网络上曾经流传一张"哈佛大学图书馆凌晨4点半依旧灯火通明、座无虚席"的照片，在浏览完哈佛大学图书馆其他分馆开放时间后可知：其实大部分图书馆夜间是要闭馆的，24小时开放的分馆很少。哈佛大学图书馆的FAQ系统中，有一个用户问"哈佛大学图书馆哪个分馆24小时开放？"[①]图书馆工作人员回复只有拉蒙特图书馆和卡博特图书馆提供24小时开放服务。进一步查看拉蒙特图书馆主页开放时间（见图6-2）发现：24小时开放仅限于周一至周四，在此期间总服务台工作时间是从9：00（AM）到12：00（AM），研究支持服务时间是12：00（PM）到5：00（PM），周末的时候多数服务都不提供。由此可见，并非所有的哈佛大学图书馆分馆都提供24小时开放服务，即使在提供24小时开放服务的图书馆里，也不是每周7天都24小时开放。更不是所有部门都提供24小时服务。

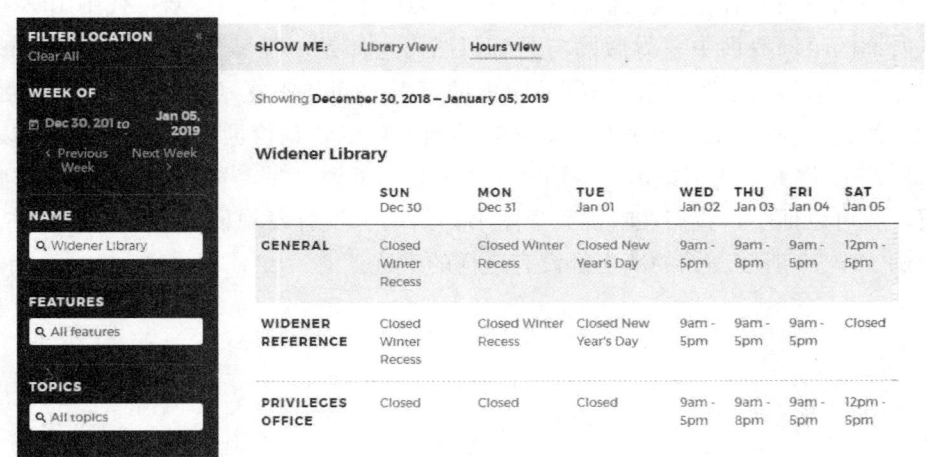

图6-1　威德纳图书馆开放时间[②]

---

① Which libraries At Harvard Have 24 Hour Access? [EB/OL].（2018-12-30）[2018-12-30]. https://asklib.hks.harvard.edu/faq/202500.

② Hours View of widener Library[EB/OL].（2018-12-30）[2018-12-30]. https://library.harvard.edu/libraries?active_filter=1&keywords=widener&weeks=1.

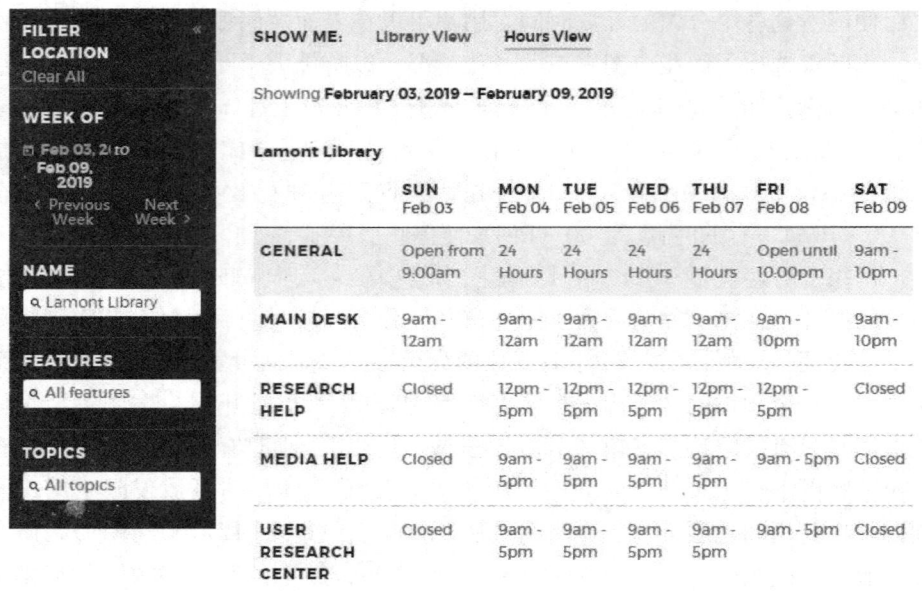

图 6-2　拉蒙特图书馆开放时间①

网络上曾经还流传着另外一个有关"哈佛校训"的传言，即"哈佛大学图书馆的墙上镌刻着 20 条哈佛校训"。《华尔街日报》曾报道："新一代中国学生从所谓的哈佛校训中获得激励与灵感，然而这却是一场骗局。"② 这个谎言被揭穿源自哈佛大学图书馆 FAQ 系统上的留言提问与答复（见图 6-3）。一名读者留言："我听说在哈佛大学图书馆的墙上可以看到校训，请问在哪里可以看到？"哈佛大学图书馆馆员罗伯特·达恩顿回复说："作为一名大学图书管理员，我可以证明，我们在哈佛大学图书馆的墙上没有发现任何座右铭的痕迹，哈佛大学 73 所图书馆的墙上都没有这样的字迹。"

---

①　Hours View Of Lamont Library[EB/OL].（2018-12-30）[2018-12-30]. https://library.harvard.edu/libraries?active_filter=1&keywords=Lamont%20Library&weeks=3.

②　Mottos On Harvard Library Wall Proved False[EB/OL].（2013-07-16）[2018-12-30]. http://english.cri.cn/6909/2013/12/31/3521s805948.htm.

第六章　哈佛大学图书馆

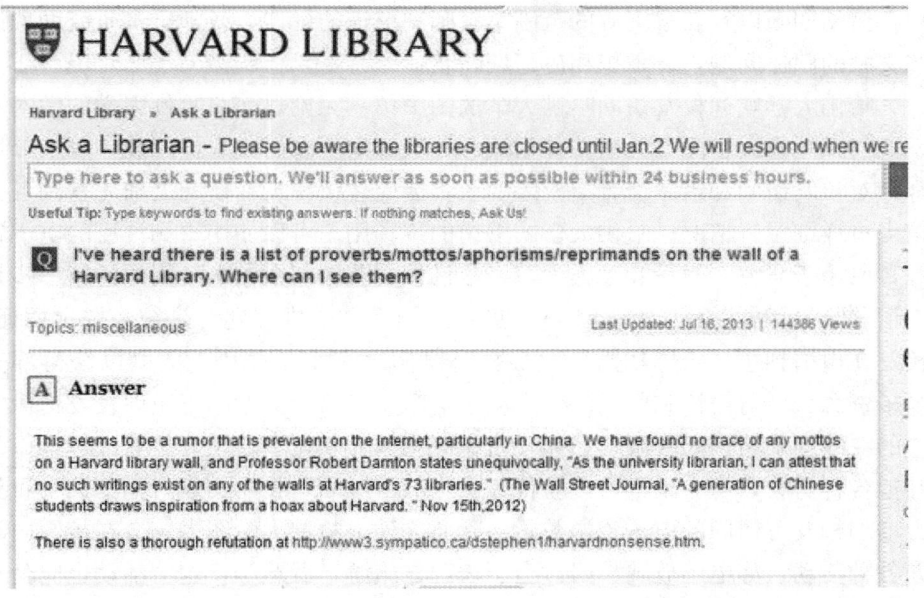

图 6-3　哈佛大学图书馆 FAQ 系统上的留言提问与答复

二、开放规定

虽然哈佛大学图书馆的一些资源仅限哈佛社区成员使用，但仍有很多文献资源可以满足公众探索需要。为确保社会用户的顺利访问，哈佛大学图书馆建议用户在访问前联系哈佛图书馆特权办公室。

哈佛图书馆许多分馆要求访问者在访问特定图书馆之前，先前往威德纳图书馆特权办公室，访问者需要携带政府签发的带照片的身份证件，其中包括访问者的全名、出生日期、照片以及失效日期。其他机构的研究人员有资格从哈佛图书馆特权办公室购买特别借款卡，办理此卡的费用从 275 美元到 750 美元不等，访问时间从 3 个月到 1 年不等。① 哈佛图书馆还拥有多个合作伙伴，允许合作机构的研究人员免费访问图书馆资料。正在协助哈佛在职教师科研工作的研究助理，可以办理研究助理借阅卡，需要携带 5 美元、有效身份证件、助理借阅卡表格到威德纳图书馆 130 室办理。此卡在哈佛大学的大多数图书馆都有效，一名教师最多能有三名研究助理有资格办理此卡，此卡作为教师代理账

---

① Visitor Access[EB/OL].（2018-01-30）[2018-12-30]. https：//emeritus.library.harvard.edu/access-services/visitors.

户，借阅期限以及获取资源的范围是教师图书证的延伸，教师负责研究助理借阅文献的归还问题，并承担相应超期罚款。

哈佛大学欢迎校友访问哈佛大学的图书馆，无论目前与哈佛大学的学术关系如何，哈佛大学图书馆的特殊馆藏和档案都向所有研究人员开放。每个分馆都针对校友访问和借阅设置了权限要求，因此建议校友在访问之前先登录各分馆主页详细了解情况。哈佛大学图书馆的现场用户可以使用得到许可的电子资源，以用于研究、教学和私人学习。哈佛校友获取图书馆电子资源的第一步是申请"哈佛钥匙"（Harvard Key，见图6-4），"哈佛钥匙"是统一登录凭证，校友在申请到了"哈佛钥匙"之后，登录图书馆 HOLLIS，便可以获得部分电子资源。许可协议和版权法一定程度上阻止了哈佛大学图书馆向校友提供完整的在线图书馆访问权限。然而，由于图书馆数字化项目，开放获取运动以及其他各种努力，所有人都可以获得大量且数量不断增长的文献，图书馆一直努力增加校友可访问的电子资源数量。除此之外，哈佛大学图书馆会在校园内举办各种活动，如电影放映、研讨会、表演、旅游、展览等，这些活动也向公众免费开放，用户可以登录图书馆主页查看近期活动。

图6-4 哈佛钥匙

三、借阅规定

哈佛大学图书馆的用户有两种方式借阅纸本文献，第一种方式是搜索在线目录 HOLLIS 查看图书馆里是否有自己需要的文献，如果有，再根据系统指引到书架上查找图书；第二种方式是在 HOLLIS 上提交自己所需要书籍信息并选择取书的图书馆，1~4个工作日内图书将被送到用户指定的图书馆。如果用户在哈佛大学图书馆的馆藏系统中找不到自己需要的图书，读者可以选择常青藤大学之间的直接借阅（Borrow Direct）服务，这些服务向哈佛大学的在校教师、职工、学生免费提供，详细介绍见表6—1。

表6—1 常青藤大学之间的"直接借阅"服务

用户可借阅的文献	用户不可借阅的文献	借阅细则
常青藤大学联盟图书馆拥有的纸质图书和音乐乐谱；一些视听资料（DVD、视频）或缩微胶卷（电影）	收藏在哈佛图书馆的可供借阅的书籍、珍贵图书和处于预约状态的图书，合订期刊和期刊文章	借阅请求大约会在4个工作日内完成，用户必须亲自到图书馆领取；当用户所需文献可供取件时，图书馆会通过电子邮件通知用户；借阅期限为16周，不允许续借；用户可以通过账户查看待处理的请求；通过直接借阅服务获取的图书可以在哈佛大学图书馆任何一个分馆进行归还

当用户通过HOLLIS和Borrow Direct服务都无法找到自己需要的文献时，哈佛大学图书馆会向用户提供馆际互借服务，图书馆馆员将在全世界范围内的图书馆为用户查找所需文献，并尽最大努力为用户提供文献复印本，通过馆际互借申请的文献通常可在数小时内送达哈佛大学图书馆，但有些文献则需要两周内。用户所需的文献准备就绪后，用户会收到一封电子邮件。在哈佛图书馆的许多分馆，读者还可以借用耳机、笔记本电脑充电器等基本设备。一些分馆还向用户提供媒体制作设备，如三脚架、SD卡、相机和VR设备等。

哈佛大学图书馆的文献资料的借阅期通常是一次可借阅一个学期，具体借阅期限会在HOLLIS中注明。如果没有其他图书馆用户请求已办理借阅手续的文献资料，借阅期限将自动续5次。用户可以在任何一个分馆归还图书。如果另一个图书馆用户需要借阅已办理借阅手续的文献资料，图书馆会通过电子邮件通知之前的用户。用户登录HOLLIS，点击右上角的姓名，然后点击"我的账户"后，可以随时随地了解个人的借阅情况，并办理续借和预约手续。文献、器材丢失的赔偿费和超期未归还的逾期罚款将根据文献类型和图书馆分馆规定来执行，通常情况下，被召回的文献逾期不归还按每天3美元收取逾期罚款，罚款上限为45美元；被预约的文献和其他短期借阅文献超期费按每小时3美元收取，没有上限；遗失文献后的重置费用标准是100美元，但置换费可能会因文献类型和价值而有所不同。如果用户对图书馆罚款有任何疑问，可以通过电子邮件或打电话联系哈佛图书馆计费办公室。

第五节　特色服务及资源

一、空间服务

哈佛大学图书馆为用户打造了各种各样的学习空间（见图6-5）。按照可容纳人数分为独立卡座、小组讨论空间，可容纳人数从1人到10余人；按照噪音程度分为安静学习空间、低声交谈空间、有声讨论空间；根据预约情况分为可预约空间、已占用空间；按照用途可以分为多媒体制作空间、会议和演示空间、可用性实验室等。用户可以点击图书馆主页的"寻找空间"（Find a space）链接进行筛选查找，筛选标准包括是否可以预约、空间类型、空间特征、噪音程度、座位数量、所在分馆等6个，空间特征包括是否拥有咖啡厅、充点站、复印机、扶手椅、储物柜、活动家具等设施和是否允许带入食物。图书馆学习空间的细致划分让用户能在最短的时间内找到适合自己学习、研究的场所。

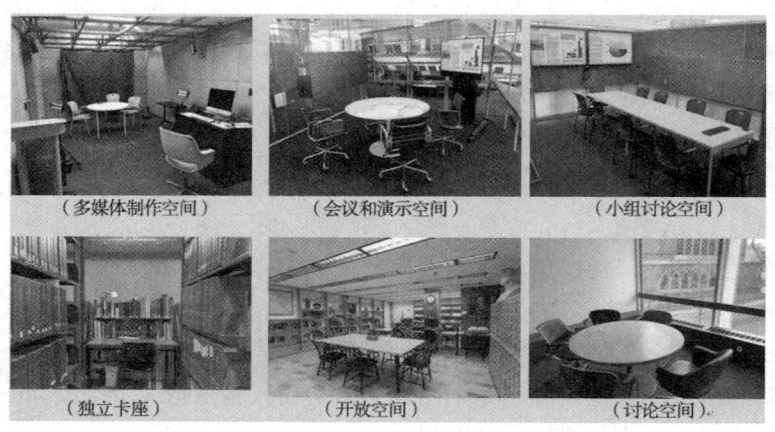

图6-5　哈佛大学图书馆各类学习空间

为了提高学习空间的利用率和维护学习空间的使用秩序，大部分学习空间都要求提前预约。学习空间的服务对象主要是哈佛在校师生，师生可以通过电话、邮箱或空间预约系统预约学习空间。以科伯特科学图书馆为例，小组讨论空间预约要求如下：仅供2人以上的用户使用，1个用户不能预约；一次最长使用时间为3小时；最长可以提前14天预约；不允许用户连续预约一个小组讨论空间和同时预约多个学习空间。用户在使用多媒体制作空间之前必须完成

30分钟的培训课程，培训时间为周一至周五上午9：00至下午5：00，但需要提前预约。科伯特多媒体制作空间使用须知如下：用户应该使用自己的NTFS或FAT32格式的硬盘来存储视频文件；学术用途的预约优先；一次最长使用时间为3小时；最长可以提前14天预约；不允许连续或定期对该空间进行预约；科伯特多媒体制作空间主要采取自助服务，偶尔会有学生顾问在学年期间提供帮助；空间内的设备、家具和其他物品丢失或损坏时，用户要承担全部责任。用户如需预订学习空间，需要至少提前一周发送电子邮件，并提供以下信息：打算预订哪个多媒体制作空间；项目的简短描述；使用时间；学习空间设置请求和特殊技术需求。

二、科研支持服务

哈佛大学图书馆的科研支持服务主要通过实时在线聊天、现场咨询、查询FAQ、查找研究指南、同伴帮助等方式来实现。用户与图书馆馆员能实时在线聊天的时间为星期一到星期五上午10点到下午5点，如果用户在规定时间之外联系工作人员，工作人员会在下一个工作日回复用户；用户也可以到各个图书馆咨询台寻求服务。图书馆的研究指南多特定于某个课程或研究领域。用户还可以从同伴研究员、图书馆联络人、图书馆研究员那里获得不同程度的科研支持服务。

同伴研究是指受过培训的本科生帮助同学开展研究的过程。每一名同伴研究员都由一名有研究、教学等方面专业知识的图书馆馆员进行培训和指导。同伴研究员可以帮助用户了解不熟悉的图书馆服务，并提供基础研究帮助，其中包括个性化的研究帮助；将用户推荐给具有相关专业知识的图书馆员；提供关于图书馆服务、研究工具等的每周简报；提出关于学术诚信问题的建议。

图书馆联络员是帮助学生和教师充分利用图书馆研究服务的专家，他们是用户与哈佛大学图书馆之间的主要连接点，目前哈佛大学图书馆有40余名图书馆联络员，用户可以按照图书馆联络员所在学院、所属学科、擅长的专业等条件搜索适合自己的联络员。图书馆联络员能够为用户提供深入的研究支持和专业知识，帮助用户找到完成工作所需的资料，为用户提供专业服务，制定研究战略，帮助用户与专家取得联系等。如果用户的身份是讲师，图书馆联络员可以为用户的学生提供课堂教学，担任"嵌入式图书管理员"，设计研究任务，提供引文工具、数据库、统计资源等软件使用演示，为课程或作业创建研究指南，挖掘用户自己研究所需的资料。

第七章　哥伦比亚大学图书馆

第一节　学校简介

根据英国国王乔治二世颁发的特许状，哥伦比亚大学（Columbia University）于 1754 年成立，最初名为"国王学院"。这所世界顶级研究型大学位于美国纽约州曼哈顿市，是纽约州历史最悠久的大学，是美国大学协会（AAU）的十四所创始院校之一，也是著名的常春藤盟校成员之一。[①] 该校主要地标是洛维纪念图书馆，该馆为罗马古典风格建筑，直至今天仍然是该校中央行政机关的所在地。除了位于纽约市中心百老汇的主校区外，哥伦比亚大学还拥有两处设施：纳威斯实验室，位于纽约市厄尔文村，该实验室是一处高能实验粒子与核物理研究中心；拉蒙特—多尔蒂地球观测站，位于纽约市帕里塞兹村。

自从 1901 年诺贝尔奖首次颁发以来，哥伦比亚大学超过 80 位教师、兼职人员以及校友获得过该奖，其中包括化学家罗伯特·莱夫科维茨、经济学家约瑟夫·斯蒂格利茨以及美国总统贝拉克·奥巴马等。作为一家私立科研型大学，哥伦比亚大学拥有 20 个学院，包括建筑学院、规划学院、保护学院、商学院、犹太神学院以及法学院等。该校医学中心资助的科研活动每年产值超过 6 亿美元。

哥伦比亚大学技术合作部是该校的技术转让管理部门，每年管理的新发明超过 400 件，并且依托哥伦比亚大学的技术，参与启动了 150 多家创业企业。该校还设有 9 处哥伦比亚大学全球中心，旨在推动和便利该校教师、学生以及校友之间的协作，以应对全球化挑战。2014—2015 年，该校获得的捐资总额

[①] Columbia University[EB/OL]. (2018-12-30)[2019-01-25]. https://www.timeshighereducation.com/cn/world-university-rankings/columbia-university.

跨过 96 亿美元大关。2002 年，李·布林格成为哥伦比亚大学的第 19 任校长，他也是常春藤盟校任职最久的领导人。2018 年，在泰晤士高等教育的全球大学排名中哥伦比亚大学位列第 14 名。

第二节　图书馆概况

　　哥伦比亚大学图书馆是一所世界一流的学术研究型图书馆，是北美三大学术研究型图书馆之一，是世界上最重要的研究和学习服务中心。作为大学研究的重要合作伙伴，图书馆将用户与丰富而独特的馆藏联系起来，致力于有意义的学习体验，并为庞大而多样化的用户群体提供创新的研究支持。哥伦比亚大学图书馆是一个图书馆系统，总共下设 22 座分馆，每个分馆都各具特色。图书馆收藏了超过 450 种语言的文献资源和跨越 4000 多年的有关人类思想发展的原始资料，总体馆藏量居全美第 8 位，收藏文献约 1300 万册，包括各种手稿、珍本书籍、书籍缩微版、地图、视听材料、期刊，以及广泛的电子资源。哥伦比亚大学图书馆目前拥有 350 多名员工，每年接待 400 多万实体访客和约 2000 万虚拟访客。

　　哥伦比亚大学图书馆的发展历史如下。

一、国王学院图书馆（1754—1776 年）

　　哥伦比亚大学图书馆的藏书历史可以追溯到 1754 年的国王学院图书馆，馆藏以两笔实质性的捐赠为基础：1759 年约瑟夫·默里法律图书馆的图书捐赠，1763 年来自伦敦 Duncombe Bristowe 牧师图书馆的 1000 多册捐赠。国王学院的第一位图书管理员是数学和自然哲学教授罗伯特·哈布尔，主要负责编制书籍的馆藏和账目。由于独立战争的爆发，国王学院的教学于 1776 年停止。大学里的建筑物都被英国人占领，从 1776 年至 1783 年被用作军队医院，战争期间学院停止了运作，图书馆藏品在战争中也没有完好无损地保存下来。[①] 现在根据哥伦比亚图书馆信息在线（CLIO）系统仅能查询到来自国王学院图书馆的 111 条文献记录。

---

① History of Collections［EB/OL］.（2009-05-12）［2019-01-25］. https://library.columbia.edu/about/policies/collection-development/general/history_of_collections.html

二、哥伦比亚学院图书馆（1784—1896 年）

独立战争结束后，国王学院于 1784 年 5 月通过州议会的一项法案成为哥伦比亚学院。到 1795 年，学院课程包括修辞和美学、数学、自然哲学、道德哲学、希腊语和拉丁语、东方语言、经济学、法语和法律。当时学院还不是一个大型机构，1800 年至 1850 年期间，哥伦比亚学院的入学人数徘徊在 75 名到 125 名之间。这个时期图书馆的馆藏通过接受捐赠、购买的方式迅速累积，到 1850 年，哥伦比亚大学图书馆拥有的馆藏文献约为 13000 册，时任馆长威廉·阿尔弗雷德·琼斯将自己的馆藏发展原则描述为"选择性地收藏，而不是无限制地增加"。

弗雷德里克·巴纳德作为学院院长的时期（1864—1889）是整个学院的转型时期。巴纳德协助并监督了学院课程的扩展，入学人数、新的研究专业和学习课程数量不断增加。虽然哥伦比亚学院在巴纳德的领导下，逐渐走向一个全新的现代美国大学，但它的大学图书馆却面临着身份危机，牧师贝弗利·罗宾逊·贝茨在 1865 年至 1883 年期间担任哥伦比亚大学图书馆馆长，尽管贝茨承认图书馆的"正确"目标是"为教授和学生提供合理的需求"，但实际上由于他的保守主义，图书馆馆藏未能与学校不断变化和增长的课程迅速配合和深度融合，这导致了图书馆缺乏对课程的充分支持。

1883 年，图书馆委员会提交了一份进步报告，建议重组图书馆，并增加收购费用。同年，麦尔威·杜威（Melvil Dewey）被任命为哥伦比亚学院图书馆馆长，他是一个精力充沛的组织者，正在寻找一个大型图书馆来试用他的小数分类系统。1876 年，杜威与同事、朋友一起建立了美国图书馆协会，他还担任了第一任秘书。在哥伦比亚学院图书馆，杜威专注于行政改革、编目、改善服务和扩大馆际互借范围，他的馆藏收购规定是根据学院教授的科目或其他特殊发展的科目增加图书馆馆藏。1887 年该校创立第一所图书馆管理学院，他以馆长和图书馆学教授名义兼任领导。该学院的出现意味着图书馆专业的确立，也表明图书馆的发展已需要对其人员进行正规教育和训练。这位图书馆先驱深刻地影响着现代图书馆事业的发展，杜威在 1931 年 12 月 26 日因中风去世，在他去世 70 年后，他仍然以杜威十进制分类系统而闻名，该系统是世界上使用最广泛的图书馆分类法。

三、哥伦比亚大学图书馆

（一）1896—1968 年

哥伦比亚学院于 1896 年正式成为哥伦比亚大学。杜威的继任者乔治·霍尔·贝克（George Hall Baker）从 1889 年起担任大学图书馆馆长。贝克对获取文献以满足大学部门的特定需求十分感兴趣。为此，他分析了馆藏中的不足之处，然而，他在所有相关领域制定平衡收藏的长期计划因缺乏资金而受挫。

贝克创造性地思考了在纽约市这样广泛的范围中进行馆藏建设。他于 1896 年出版了一本 16 页的小册子，是关于哥伦比亚大学图书馆与纽约公共图书馆，莱诺克斯、蒂尔登基金会之间关系的初步方案，这套方案涉及图书馆发展和图书采购事宜。虽然贝克的初步方案从未实际实施过，但它成为贝克的继任者詹姆斯·胡弥·坎菲尔德与新合并的纽约公共图书馆首席董事约翰·肖比林斯之间富有成效的对话的基础。当贝克于 1899 年退休时，哥伦比亚大学图书馆的馆藏已增至 275000 册。

1895 年，哥伦比亚总统赛斯·洛尔（Seth Low）为图书馆捐赠了 100 万美元，洛尔选择了俄亥俄州立大学校长詹姆斯·胡弥·坎菲尔德（James Hulme Canfield）作为贝克的替代者。在坎菲尔德管理期间（1899 年至 1909 年），图书馆馆藏增长到 434194 册。他的图书采购规定青睐于对研究生的支持。在坎菲尔德时代，哥伦比亚大学图书馆收购了许多重要的藏品。作为一名精力充沛的管理者，坎菲尔德在他的任期赢得了声望，他对图书馆的组织持续关注，与教师密切合作选择书籍，关心员工并重视为研究人员提供优质服务。坎菲尔德逝世后，曾在布朗大学、国会图书馆工作的威廉·道森·约翰斯顿担任图书馆馆长，他认为一个好的图书馆是一个被充分使用的图书馆，他鼓励增强资源的可访问性、专业馆员的参与、图书馆馆藏的充分宣传，在他任职期间，图书馆的馆藏很快超过 50 万册。

总体而言，1876 年至 1926 年是哥伦比亚大学图书馆迅速发展的时期，其收藏变得越来越多样化。到 1926 年，图书馆的藏书量超过 100 万册，空间成为限制图书馆发展的关键问题。得益于标准石油公司的爱德华·哈克民斯 400 万美元的慷慨捐赠，图书馆的南厅 1930 年开始建造并于 1934 年正式开馆运行。1946 年，南厅改名为巴特勒图书馆，以纪念 1902 年至 1945 年任职的哥伦比亚总统尼古拉斯·默里·巴特勒。

（二）1969—2001 年

沃伦·J. 哈斯（Warren J. Haas）在 1969 至 1978 年担任哥伦比亚大学图书馆馆长，之后是帕特丽夏·巴廷（Patricia Battin）（1978—1987）。20 世纪 70 年代和 80 年代最重要的事件是图书馆的系统重组。1974 年，哥伦比亚大学图书馆开始整合，26 个图书馆单元被组合成三个以学科为导向的部门（人文与历史、科学与工程、社会科学）和五个拥有独特馆藏的图书馆（艾利建筑与美术图书馆、CV Starr 东亚图书馆、奥古斯都健康科学图书馆、法律和国际法图书馆以及珍本书和手稿图书馆）。

在此期间，哥伦比亚大学图书馆形成了以学科分类为基础的馆藏发展规定。在馆际合作领域，哥伦比亚大学成为研究图书馆小组（RLG）（1973 年）的创始成员，并继续参与纽约大都会参考和研究机构（METRO）的运行。随着 1984 年 CLIO（哥伦比亚图书馆信息在线系统）的引入，哥伦比亚大学图书馆的馆藏开始变得更容易被获取。截至 1996 年秋季，CLIO 包含"自 1981 年以来编目的所有资料的记录"以及"许多早期记录"，总共超过 260 万条。

伊莱恩·P. 斯隆（Elaine P. Sloan）在 1988 年至 2001 年期间担任大学图书馆馆长。她在任期内在密集和复杂的馆际合作基础上做出了重要探索创新，她的创新举措随着时间推移，价值不断增大，其中一项成就是 BorrowDirect 的实施，该计划于 1999 年秋季开始实施，经过 4 年的规划和开发，三个创始机构（哥伦比亚大学、宾夕法尼亚大学、耶鲁大学）与研究图书馆小组（RLG）一起对 BorrowDirect 进行了管理评估。这项服务现已发展到允许附属用户向 13 个主要学术研究图书馆借阅文献，大部分文献能在三个工作日内交付给用户。

随着馆藏的不断增加，空间不足成为不可避免和反复出现的问题。2000 年，哥伦比亚大学、纽约公共图书馆和普林斯顿大学联合组建了一个研究收藏和保存的联盟（ReCAP），该联盟在新泽西州普林斯顿市拥有并经营一个共享的高密度货架设施，该设施为超出储藏能力的文献提供了最佳的保存和检索环境。

（三）2002 年至今

2002 年至 2018 年是哥伦比亚大学图书馆快速发展和变化的时期，这种发展与变化是由动态图书馆领导层促进的。詹姆斯·G. 尼尔（James G. Neal）在 2001 年到 2014 年担任图书馆馆长，他任职期间的优先工作事项包括扩大电子资源、增加全球馆藏和特殊馆藏,加强和机构间的合作。

联合神学院的伯克图书馆因其广泛的神学和宗教文献收藏而闻名世界,一直被视为哥伦比亚州研究人员的重要资料来源。2004 年,它被纳入哥伦比亚大学图书馆系统,其记录被整合到 CLIO 目录中。2011 年,哥伦比亚大学、纽约公共图书馆和纽约大学发起了一项旨在扩大馆藏访问和使用范围并更好地为用户服务的倡议——曼哈顿研究图书馆计划(MaRLI)。早在 George Hall Baker 任职期间(1889 年至 1899 年),哥伦比亚大学就一直在讨论合作收藏的发展问题。近年来,哥伦比亚大学和各个机构合作伙伴之间实施了一系列协议,使参与机构能够系统地收集馆藏,在避免重复的情况下形成完整的系列馆藏。

哥伦比亚大学图书馆每年都会新增数千种馆藏主题。哥伦比亚大学与纽约大学、康奈尔大学、普林斯顿大学、纽约公共图书馆和哈佛大学的合作收购使这些学校能够共同减少重复馆藏,进一步增加学生和教师可用的资源。多年来,哥伦比亚大学图书馆从教师和学生团体提供的建议中受益匪浅,并在 2016 年组建了一个新的教师团队——图书馆咨询委员会(PACL),为图书馆提供了许多针对复杂问题的有用见解。

哥伦比亚大学图书馆馆藏的发展历史深深植根于大学本身的发展历史。自国王学院时代以来,哥伦比亚大学研究人员可以获得的馆藏数量一直在不断增加,从 20 世纪 90 年代末开始,这一增加尤为显著。

第三节 图书馆分馆

哥伦比亚大学实行总分馆制度,下设的 22 个分馆分属人文与历史、科学与工程、社会科学 3 大部类,主要有东亚图书馆、音乐与艺术图书馆、巳特勒图书馆、口述历史中心等。

著名特藏有恩格尔英美文学藏书、塞利格曼经济史藏书、美国铸字工人协会藏书、普林普顿和史密斯学校教科书与中世纪手稿藏书、洛奇希腊和罗马作家藏书、布兰德·马修斯戏剧和戏剧史藏书、帕克·本杰明纽约文献藏书、基尔罗伊纽约市政治活动藏书、爱泼斯坦摄影史藏书、斯宾诺莎哲学藏书、蒙哥马利会计学藏书、菲尼克斯文学和旅游藏书等。

一、东亚图书馆

东亚图书馆是美国东亚文献收藏最丰富的图书馆,拥有超过 10 万册中文、日文、韩文、藏文、蒙古文、满文和西文的文献,近 7500 种期刊,以及超过 55 家报纸,这些文献主要与人文科学和社会科学相关。① 其中,中文馆藏以历史、哲学、传统文学为主,日文馆藏以文学、历史和哲学为主,韩文馆藏以历史、文学为主。馆内的特藏阅览室保存有珍本书籍、重要档案文献,特别是中国历史和家谱、族谱。

东亚图书馆始创于 1902 年。当时大学校董会以捐款为基础,批准成立中文系。弗雷德里克·赫斯(Frederick Hirth)被任命为哥伦比亚大学第一位中文教授,也是中文图书馆的第一位馆长。当时的哥伦比亚大学校长赛斯·洛(Seth Low)在收到捐款后,写信给美国驻北京公使 E. H. 康格(E. H. Conger),请求其帮助修建一座中文图书馆和一座中国博物馆。1902 年初,哥伦比亚大学获得了一部 5044 卷的百科全书《古今图书集成》,奠定了中文典藏的基础。1927 年,Ryusaku Tsunoda 教授开始收集日本的资料,他成功地募集了大量的资料,其中包括大约 5000 卷来自日本宫内大臣的资料。随着对日本研究的不断深入和发展,中文图书馆的馆藏内容逐步扩大为中文和日语文献。1931 年,哥伦比亚大学的韩国学生捐赠了近 1000 本书,图书馆获得了第一批韩国文献。1961 年,曾占据肯特大厅(Kent Hall)的法学院建成了新大楼,中文图书馆的藏书随后从低矮的纪念图书馆搬到法律图书馆的旧址。中文及日文文系于 1966 年更名为东亚语言及文化系,图书馆也更名为东亚图书馆。

东亚图书馆的藏书多年来按语言分类,使用哈佛大学燕京图书馆中文图书分类法、十进制日本图书分类法和韩国十进制图书分类法编目。直到 1967 年,哥伦比亚大学的图书馆才开始在美国国会图书馆分类系统中对所有新的西方语言文献进行编目。

二、音乐与艺术图书馆

音乐与艺术图书馆收藏有超过 6 万件印刷品,包括音乐专著和音乐乐谱、2 万多份多种形式的声音和视频存储物、数百种具有学术价值的微观形式的文献。② 特别的是它收藏了早期的音乐理论印刷作品、学术乐谱版本,以及 18—19 世纪歌剧的声乐乐谱。同时,它还收集了 350 多位当代作曲家的作品和录

---

① About Starr Library[EB/OL]. (2018-01-25)[2019-01-25]. https://library.columbia.edu/locations/eastasian/about.html.

② The Gabe M. Wiener Music & Arts Library[EB/OL]. (2016-08-13)[2019-01-25]. https://library.columbia.edu/locations/music.html.

音。该图书馆为课程储备提供了多种多样的数字音频，对于艺术学院电影系的研究生项目，图书馆还提供众多光盘形式的故事片。鉴于馆舍面积不足，音乐与艺术图书馆的部分文献存储在哥伦比亚大学图书馆的另外几个远程储备书库中。

在音乐与艺术图书馆内设置有数字音乐实验室。数字音乐实验室能为图书馆使用者提供一个无缝对接的环境，让他们可以随时创作和使用各种形式的数字音频和带注释的音乐，并支持音乐课程的教学活动。数字音乐实验室在音乐与艺术图书馆正常的工作时间是开放的，但是它比图书馆其他部门提前15分钟关闭。数字音乐实验室位于该图书馆7楼，配置有5台多功能电脑的智能终端，还有专业的音乐软件和硬件设施，其中包括雅马哈数字钢琴、扫描仪。这些终端和设施为读者演奏、编写、录制、扫描、记录、编辑、编程和分析数字音频提供了极大的便利。

数字音乐实验室使用规则如下：
（1）食物和饮料（密封容器中的水除外）不允许带入。
（2）如果以团队或者小组的形式进行创作，请尊重旁边的读者，保持安静。
（3）听音频内容时需要戴上耳机。
（4）用户文件不能保存在实验室内部的设备上。如果需要，请保存在实验室外部设备上。
（5）实验室的使用方式是先到先得，不能预订。如遇到等候时间较长的问题，请与图书馆工作人员联络。

三、巴特勒图书馆

巴特勒图书馆是哥伦比亚大学最大的图书馆，收藏了200万余册有关人文学科的文献，在历史、文学、哲学和宗教文献方面的收藏尤其突出，其中历史文献中包括了1974年以前出台的政府文件和研究古希腊、古罗马的相关文献。

巴特勒图书馆于1934年正式开放使用，它取代了宏伟却陈旧的罗氏纪念图书馆，该馆耗资400万美元，在经济大萧条时期，这样的投入实属难能可贵。这笔资金由标准石油公司高管爱德华·哈克尼斯于1928年捐赠，该图书馆由詹姆斯·甘布尔·罗杰斯设计，他还负责设计了耶鲁大学斯特林纪念图书馆。图书馆入口是一幅雅典娜打败两个恶魔的壁画，该壁画是由耶鲁美术学院的尤金·萨维奇创造的。① 图书馆之所以命名为巴特勒图书馆,是为了纪念1902年至1945年期间担任哥伦比亚总统的尼古拉斯·默里·巴特勒。

哥伦比亚大学图书馆联盟的卡片目录从1934年到2013年都一直存放在巴特勒图书馆310室。1981年卡片目录室被关闭,取而代之的是图书馆的在线目录CLIO。整个图书馆的卡片目录自1985年以后没有再更新过。为了给图书馆用户腾出更多使用空间,部分卡片目录架被移除。位于巴特勒图书馆606室的珍贵书籍和手稿特藏室的馆藏不能通过在线目录查询,仅支持卡片目录查询。

巴特勒图书馆的主要目的是支持哥伦比亚大学的教育和研究项目。巴特勒图书馆在不妨碍图书馆的主要目的的情况下,也可以满足国家、地方和国际社会的需要。进入和使用巴特勒图书馆的权利只开放给哥伦比亚大学的教师、学生、工作人员、校友和捐赠嘉宾,而对其他人员,图书馆只开放部分有限的资源和服务。

对于任何进入图书馆的用户,禁止以下行为:威胁个人或机构安全的行为或言论;破坏性行为,包括但不限于过度的噪音、手机干扰、音乐外放和粗鲁无礼;过度及不当地使用图书馆空间及资源,包括但不限于座位、自习室、书籍、期刊、资料库及电脑;除在指定地点或为特定活动而批准的地点以外的地方饮食;个人摄影、商业摄影或拍摄,如有需要,必须事先获得批准;在大楼的任何地方张贴传单或标志,但布告栏除外;所有法律或学校规定禁止的行为。

为了更好地服务用户,巴勒特图书馆进行了一系列空间改造,改造期间图书馆保持开放并提供完整的服务。空间改造工程于2010年圆满完成:馆舍屋顶、正面和馆内阅览室等区域得到了扩建和翻修,馆藏布局更加合理,通信、空调、采暖、消防、安防、照明等系统全面升级。改造之后,巴勒特图书馆成为哥伦比亚大学图书馆系统中最适合学习和科研的场所,扩展的空间为哥伦比亚大学教学中心和口述历史中心提供了极大支持。

四、口述历史中心

哥伦比亚大学口述历史中心由历史学家兼记者阿兰·内文斯(Allan Nevins)于1948年创立,其因在国际上首设口述历史档案而受到赞誉,国际

---

① About Butler Library[EB/OL].(2019-01-20)[2019-01-25]. https://library.columbia.edu/locations/butler/about.html.

学术界普遍认为，现代口述史发端于美国哥伦比亚大学。① 口述历史中心是美国收藏口述历史藏品最多的中心之一，经过半个多世纪的努力，总共收集到超过 1 万余次采访而成的口述史料，主要分为个体性的传记性回忆录（Biographical Memoirs）和集体性项目（Projects）两大类型。

口述历史中心在美国国内是独一无二的，因为它的研究范畴不限定于某一地区或者某一领域。早期采访的重点是政府中的杰出领导人，即历史的"伟人"为主要口述者。随着时间的推移，传记回忆录收藏增加，包括采访慈善事业、商业、广播、出版、电影制作、医学、科学、公共卫生、法律、军事、建筑和艺术等方面的著名人物。口述历史中心位于巴特勒图书馆的珍贵书籍和手稿特藏室，面向所有人开放。用户无须预约即可参观口述历史中心。通过登录口述历史中心的门户网站，用户可以按照"项目""标题""主题"三种方式进行文献检索。在线目录记录将显示包括有关限制的信息以及相关访谈文献是否对研究人员开放。如果目录记录显示用户希望看到的访谈处于"已关闭"或"需要查看权限"的状态，请在访问之前联系口述历史中心。为了保护口述者的隐私，同时确保他们的口述历史被用于历史记录，口述历史中心收藏中的一些口述历史访谈可能会有访问限制，即在约定的年限内关闭，或者在口述者在世期间关闭，或者需要在获得口述者允许的情况下方能访问相关口述历史文献。但口述历史中心的绝大多数访谈文献都是对外开放的。

口述历史中心不仅仅是本校开展、管理口述历史项目的专门学术机构，同时也十分注重对外宣传与交流，致力于提高口述历史在美国以及国际上的学术水平。目前，口述历史中心已成为一个国际口述史研究、交流、教学的中心，是世界领先的口述历史实践和教学中心之一，其通过和哥伦比亚口述历史协会、哥伦比亚口述历史研究中心的联合来实现其使命。

第四节　图书馆使用及管理规定

哥伦比亚大学图书馆各分馆的开放时间不完全一致，为了便于读者了解具体的开放情况，每个分馆都以日历的形式显示当月的具体开馆时间，而下个月的开放时间处于待定状态。正因如此，图书馆通常提醒读者：由于开放时间有时会改变，请定期上网查询最新资讯。

---

① The Columbia Center For Oral History[EB/OL]. (2017-07-25)[2019-01-25]. https://www.library.columbia.edu/locations/ccoh.html.

一、开放规定

作为哥伦比亚大学重要而充满活力的合作伙伴，哥伦比亚大学图书馆的首要任务是让哥伦比亚大学的教师、学生、研究人员和工作人员能够进行世界级的教学、学习和研究。为了更好地完成这项任务，馆内的大部分设施和收藏品都有进入和使用的权限限制。具体的权限根据读者身份而定。哥伦比亚大学图书馆主要将读者分为教职工、本科生、研究生、附属学院员工、访问者 5 类。哥伦比亚大学图书馆也向社会读者提供有偿服务，读者证分为 75 美元的月卡和 750 美元的年卡，另外再加 20 美元的工本费。社会读者拥有的权限包括：在正常开放时间内进入馆内阅览；借阅 20 册图书；使用馆内的公共电脑，并可以通过它使用电子资源。

二、图书馆的借阅规定

哥伦比亚大学图书馆图书的借阅期限根据文献的类型不同而划分为三种：3 周、4 周和 1 学期。图书在没被预约的情况下最多可以续借 10 次。为了促进图书的流通，图书馆针对逾期未还的图书采取比较严格的罚款措施：普通图书超期后按 1 美元/小时收取逾期费，逾期费上限为 50 美元；被召回的预约图书如未按期归还，按 1 美元/天收取逾期费，逾期费上限为 30 美元；图书如果遗失，需按原价赔偿并支付 30 美元的加工费。在两种情况下读者的借阅权限将被暂时取消：读者未及时归还被预约（召回）的图书，或者是读者账号中的罚款总额超过 99 美元。

哥伦比亚大学图书馆还给教职工、研究生、本科生的配偶、家属提供借阅权限，家属和配偶只需在图书馆信息中心提供婚姻、家庭关系证明即可办理借阅证，工本费为 20 美元，有效期为 5 年。如婚姻关系破裂，教职工、研究生和本科生应及时通知图书馆办证部门，办证部门会在该用户婚姻关系破裂后的 6 个月以后停止其配偶的借阅证办理。为了贯彻终身学习的理念，哥伦比亚大学的毕业生凭借政府签发的有效身份证件，可以到图书馆信息中心领取校友卡，图书馆每月收取 30 美元的管理费用。校友卡有效期为 10 年，卡片到期之后可以续办。校友凭借校友卡可以终身使用图书馆的设施、资源：纸本资源的借阅册数为 20 册，除此之外，30 余个数据库均可供校友使用。

三、储物柜使用规定

哥伦比亚大学所有在校学生都有资格使用储物柜,但在巴勒特图书馆学习空间有卡座的读者除外,储物柜的使用期限分为学期使用和日间使用两种。储物柜在学年开始时分配。储物柜通过抽签的方式分配给读者,每个读者只能拥有一个储物柜。所有使用储物柜的读者必须使用图书馆提供的锁。储物柜和锁属于图书馆的财产,使用者将会因储物柜丢失、损坏而被要求赔偿,每把锁的重置成本是 5 美元。

图书馆工作人员会定期检查储物柜,以确保读者的储物柜内没有未办理外借手续的图书。如果在储物柜里发现了没有办理外借手续的图书,这些书将会被统一整理上架。除此之外,这种违规读者的储物柜使用权将被取消,储物柜将被重新分配给另一个读者。在读者使用储物柜的有效期到期之后,工作人员可以随时打开储物柜的锁。任何留在储物柜里的属于图书馆的财产都将被要求归还给图书馆,而个人物品将会被送到服务台的失物招领处。从储物柜锁被打开之日起 30 天以内,被遗弃的个人物品可从失物招领处取回。如果读者未能在储物柜使用权限到期之前清理储物柜,该读者将会被禁止使用储物柜一年。哥伦比亚大学图书馆对存储在储物柜中的资料的丢失和损坏不承担责任。

图书馆的日间储物柜位于二楼服务台左侧,读者在使用完后必须移除个人的锁,工作人员会于每日上午 8:30 至 9:00 之间拆除这些储物柜上的锁,储物柜内的物品会被存放在三楼失物招领处。

第五节 特色服务及资源

一、直接借阅服务

直接借阅是一项可使哥伦比亚大学、巴纳德大学和联合神学院的现有教师、学生和教职员工从哈佛大学、斯坦福大学、普林斯顿大学等 12 所大学图书馆获取文献的服务,除此之外,还可以帮助读者查询、获取全球研究型大学中心收藏的文献资源。[1] 读者通过这项服务可借阅的文献为哥伦比亚大学图书

---

[1] Borrow Direct [EB/OL].(2019-01-25)[2019-01-25]. https://library.columbia.edu/find/request/borrow-direct.html.

馆未收藏的纸质书籍、乐谱、DVD、CD等。

二、版权服务

2008年，哥伦比亚大学图书馆设立了版权咨询服务中心，作为版权咨询办公室。[①] 这是为了解决教师和学生在研究、教学和学术交流过程中使用学术资料的方法。自成立以来，哥伦比亚大学的版权咨询服务一直为学术团体提供关于版权知识的培训。2014年秋，Rina Elster Pantalony被任命为版权咨询办公室主任，她为该办公室带来了丰富的版权管理经验。版权咨询服务，是协助教职员工和学生认识和管理他们的版权，以及协助大学策略性地管理和解决版权问题。她为哥伦比亚大学图书馆制定了一项为期三年的战略。

为了有效地发挥其作用，版权咨询服务中心需要明确使命和任务。版权咨询服务中心的使命是建立对版权和版权管理实践的认识、了解和尊重，同时建立一个促进保护、获取和学术交流的健全环境。版权咨询服务中心的任务是，为哥伦比亚大学师生树立版权意识，为哥伦比亚大学的专业人员提供版权支持；为哥伦比亚大学的领导提供战略性的版权支持，保持哥伦比亚大学版权咨询服务在国家和国际版权问题上的领先地位。

三、残疾人用户服务

哥伦比亚大学设置了残疾人用户服务处。残疾人用户在无法进入图书馆某些区域时，只要向残疾人用户服务处的协调员提供详细的书目信息，其需要的图书会在1到2个工作日之内送到残疾人用户指定的分馆，残疾人用户也可以指定一名代理人完成借阅图书，续借图书可以通过电话完成。读者如因残疾原因要求在巴特勒图书馆使用储物柜，必须先在残疾人服务处登记，并提供支持其要求的医疗文件。

四、学习研讨空间

目前哥伦比亚大学和巴纳德学院的学生可以使用学习空间预约系统在线预约房间进行小组合作学习、演示练习等。学习空间分为深夜学习区、讨论区、安静学习区、小组学习区、带窗户的研讨室，具体见表6-2。

---

① About Copyright Services[EB/OL].（2008-07-20）[2019-01-25]. https://copyright.columbia.edu/about.html.

表 6-2　哥伦比亚大学和巴纳德学院的学习空间

学习空间类型	所在分馆	使用须知
深夜学习区	巴特勒图书馆、商业和经济图书馆、雷曼图书馆	在期中、期末考试阶段，这几个分馆将延长开放时间，提供深夜学习区，其中巴特勒图书馆的2、3、4楼在春季和秋季学期提供24/7学习区
讨论区	商业和经济图书馆、社会工作图书馆、科学与工程图书馆、雷曼图书馆	可以发出声音
安静学习区	艾弗里建筑美术图书馆、伯克图书馆、商业和经济图书馆、斯塔尔东亚图书馆、犹太神学院图书馆、地质图书馆、雷曼图书馆、科学与工程图书馆	读者需保持安静
小组学习区	巴特勒图书馆、雷曼图书馆、社会工作图书馆、教育学院图书馆、科学与技术图书馆	
带窗户的研讨室	巴特勒图书馆、伯克图书馆、音乐与艺术图书馆、科学与技术图书馆、社会工作图书馆	

五、数字化和复制服务

保存和数字转换部门为读者提供由哥伦比亚大学图书馆收藏的物品的复制品。复制品可用于个人或学术用途，但所有版权和许可事宜由读者负责。纸质出版物和数字资源（电子书、缩微胶片复制、缩微胶片扫描和音频）可以因研究和学术目的而复制，复制方式包括数码摄影和平板扫描等。在法律规定的某些条件下，图书馆和档案馆可以提供影印本或其他复制品。但影印品或复制品不得"用于私人学习、奖学金或研究以外的任何目的"。如使用者提出其他要求，或其后为"合理用途"以外的目的而影印或复制，可能须承担版权侵权责任。

六、科研支持服务

哥伦比亚大学图书馆提供了许多方法来支持在校师生的科研：与图书馆学科馆员的磋商沟通会、课程相关指导和研讨会、引文管理软件等其他信息素养在线课程等。图书馆寻求建立有效的沟通渠道,以确定学生和教师的信息需求,并确保教师和学生了解如何满足他们的信息需求。根据官网显示,馆内总共有馆员 310 名,其中有 41 位学科馆员,学科馆员主页上清晰地显示这些馆员的工作照、负责的学科方向、联系电话和邮箱,读者可以按照学科类别或者馆员名字搜索到相应馆员。

七、捐赠文化

每年 10 月,世界各地的哥伦比亚人——校友、学生、学生父母、教师和工作人员等,都会聚集在一起参加"哥伦比亚大学捐助日"(Columbia Giving Day),这是一项 24 小时在线筹款活动,旨在改变生活、改变世界。活动当日,这个醒目的蓝色 LOGO(见图 7-1)会出现在校园的图书馆、教学楼等地方,鼓励大家积极参与捐赠活动。通过这项捐赠活动募集的资金会被用于学校的重要项目和事业的开展:促进创新研究、启示性艺术、冠军赛竞技以及哥伦比亚大学教育的变革。捐赠者可以从官网上选择相应的学校部门、科研项目进行捐赠。从 2011 年至今,这项捐赠活动已经连续举办 9 年,2018 年的"哥伦比亚大学捐赠日"是在 2018 年 10 月 24 日,当日共收到礼物 17102 件,总价值 20155163 美元。

图 7-1 "哥伦比亚大学捐助日"活动 LOGO

八、政府信息公开工作

根据《美国法典》第 44 章,哥伦比亚大学"是一个国会指定的美国政府文件存放处。公共法律保障公众可访问此处收集的政府文件"。自 1882 年以来,哥伦比亚大学一直是联邦文件的保管机构,哥伦比亚大学图书馆没有单独的美国政府文件收藏中心,而是根据主题,将这些文件放在校园的某个图书馆内，一些资料（主要是1976年以前的国会文件）只能通过巴特勒图书馆参考部门的卡片目录进行识别和寻找。截至2012年，CLIO可查询到969465条有关美国政府文件的记录、13617条有关纽约市政府的文件记录、225个与法律规定相关的政府数据库，除此以外，还可以查询到联合国、国际组织等机构发布的部分文件。① 自1976年以来政府发布的大多数纸质文件现在都存储在异地存储设施中，CLIO记录能显示其收藏的位置，并根据读者请求进行调取。纽约州的文件经过扫描已经被上传至网络，根据纽约州图书馆目录系统可以查询下载，而1996年以前印刷的文件，可以通过CLIO和卡片目录查询。雷曼图书馆也是1983—1994年纽约州文件的缩微胶片存放处。

九、图书馆管理的奖项

哥伦比亚大学图书馆管理着几个久负盛名的年度奖项的评选和颁发，其中包括班克罗夫特奖（The Bancroft Prize）、爱德华·肯尼迪戏剧奖（The Kennedy Prize）、图书馆研究奖（the Libraries Research Awards）。② 班克罗夫特奖于1948年在哥伦比亚大学成立，由杰出的历史学家、图书管理员、作家和哥伦比亚大学讲师弗雷德里克·班克罗夫特遗赠。它被认为是历史领域最杰出的学术奖项之一。根据已故的班克罗夫特的遗嘱条款，两个年度同等等级的奖项颁发给在美国历史（包括传记）和外交研究方面，有一至两部杰出作品的作者。爱德华·肯尼迪戏剧奖成立于2012年，每年颁发给一个新的戏剧或音乐剧，旨在通过戏剧的形式去探索美国的过去，以理解历史为基础，鼓励人们通过对话参与当代重大问题的处理，这个奖项对于民主运动十分有意义，该奖项的奖励是10万美元的现金奖励，有关奖品、历届获奖者和申请流程的信息可以在奖项官网上获取。

---

① About U. S. Government Information［EB/OL］.（2012-07-20）［2019-01-25］. https://library.columbia.edu/locations/usgd/about.html

② The Edward M. Kennedy Prize［EB/OL］.（2017-01-20）［2019-01-25］. https://kennedyprize.columbia.edu/.

第八章　耶鲁大学图书馆

第一节　学校简介

耶鲁大学（Yale University），坐落于美国康涅狄格州纽黑文市，由康涅狄格州公理会教友于1701年创立，是著名的常春藤盟校成员之一，是美国最具影响力的私立研究型大学之一，美国历史上建立的第三所大学。

耶鲁校园的260座建筑物涵盖了各个历史时期的设计风格，曾被一名建筑评论师誉为"美国最美丽的城市校园"。三百多年来，这所古老的私立大学崇尚"光与真理"的校训，秉承"以书为重，求知为主"的办学原则，把"书"和"求知"看作培养耶鲁学子最重要的事情，从而培养出一大批杰出人才。从耶鲁大学共走出了5位美国总统、19位美国最高法院大法官、16位亿万富翁。耶鲁大学2017年有学生12000余人。①

耶鲁大学将常春藤盟校的优秀传统与现代文化融为一体，重视不同的学术观点，在尊重和创新的基础上蓬勃发展。耶鲁大学重视每个人的贡献，并通过学费报销计划和大量的校内学习机会来培养学生。除医疗、养老金计划、有竞争力的工资、慷慨的带薪休假、学费援助、人寿保险和长期残疾保险等特殊福利外，耶鲁大学的教师和员工还可以享受耶鲁大学世界一流的博物馆、精彩的表演活动等。

---

① Traditions & History of Yale[EB/OL]. (2017-08-30)[2018-10-21]. https://www.yale.edu/about-yale/traditions-history.

第二节　图书馆概况

一、图书馆发展理念

300多年前,耶鲁大学收到捐赠图书417本,图书馆在此基础上发展起来,培养出了一所无与伦比的高等学府和一个吸引世界各地学术界名人的图书馆。几个世纪以来,耶鲁大学图书馆一直致力于创造、提供和保护文献资源和检索工具,使学者和学生能够从图书馆提供给他们的一切信息中构建新的知识和见解。

图书馆面临的挑战是永久保存这些无价的资源,同时通过目录和图书馆员的创新服务使它们可被发现和获取,这样读者可以就未知的问题寻求答案。耶鲁大学在建造这项宏伟的藏品工程体系时,做出了一项管理承诺:帮助保存人类的知识。

耶鲁大学图书馆的使命是通过图书馆员的专业知识以及图书馆的藏书、设施和服务,支持耶鲁大学和世界学术界的研究、教学和学习,这需要远见和创新,以及坚定的毅力。耶鲁大学图书馆是一所对外无条件开放的图书馆,不管访问者来自何方,它都愿意为其提供尽可能的支持。

二、图书馆概况

耶鲁大学图书馆是北美第三大的大学图书馆。作为世界领先的研究型图书馆之一,其独特的优势在于丰富的馆藏资源,它收藏有超过1500万册的书籍和各种媒体的信息。收藏载体从古代的莎草纸到早期的印刷书籍,再到数字收藏和电子数据库。图书馆的藏品类型包括各种各样的书面资料,从书籍、手稿、楔形文字到独特的印刷品和海报,还有诸如地图、照片、录音、乐谱、移动图像、艺术品、硬币和其他具有文化和历史特性的物品收藏。

耶鲁大学图书馆拥有不断增长的数字藏品,参与了许多数字计划,旨在提供获取完整的学术信息的途径。它拥有很多分馆,包括斯特林纪念图书馆、贝内克珍本与手稿图书馆、法律图书馆、科学与社会科学信息中心等。[1]

---

[1] Working at the Library:Home[EB/OL].(2017-06-28)[2018-10-23].https://guides.library.yale.edu/work.

图书馆大部分图书使用国会图书馆编目法编制，但一些较早的收藏仍使用耶鲁编目法编制。所有收藏可在 Orbis 目录系统中查询到。耶鲁大学图书馆与美国主要的大学图书馆签订了馆际互借协议，并且与个别大学图书馆共同实行次日送达服务，使教师和学生可以尽快得到需要的资料。另外，用户可以选择在任何一个图书馆提交需要借阅或归还的图书信息。这些服务对本科学生和教师都是免费的。

第三节　图书馆分馆

耶鲁大学图书馆的特殊藏品以纸本、电子资源以及实物等形式分布在艺术图书馆、贝内克珍本与手稿图书馆、科学与社会科学信息中心、经典图书馆、神学图书馆等分馆中。下面只介绍其中一部分分馆。

一、艺术图书馆

艺术图书馆大约有 125000 册稀有和独特的资料，收藏了许多艺术与建筑、书籍艺术、戏剧，以及视觉资源等方面的藏品。

二、贝内克珍本与手稿图书馆

贝内克珍本与手稿图书馆是全世界最大的珍本与手稿图书馆之一，是耶鲁大学文学档案、早期手稿和珍本的主要收藏地，由曾获得"普利兹克奖"的建筑师 Gordon Bunshaft 设计。

三、科学与社会信息研究中心

科学和社会科学信息中心有丰富的科学、社会科学方面的藏书，旨在为科学、社会科学和跨学科研究人员提供信息支持。

四、经典图书馆

经典图书馆主要支持耶鲁大学的用户在古希腊和古罗马方面的研究，其在此方面的藏书超过 25000 册，涵盖了古典文物的各个方面。经典图书馆是耶鲁大学经典系课程计划的组成部分，与该系的教学研究计划密切相关。

五、神学图书馆

神学图书馆主要是支持与基督教相关学科的教学和研究。神学图书馆中的 Day Missions 系列资料是世界上同类产品中内容最丰富的。

六、电影研究中心

电影研究中心（Yale Film Study Center）是国际电影档案联合会（FIAF）的助理单位之一，收藏了近 6000 部影片，包括相关的印刷品和预印品。从好莱坞的特色影片到实验短片，从纪录片到音乐剧，许多流派和国家的电影都曾在此中心展出。

七、法律图书馆

法律图书馆位于耶鲁大学法学院综合大楼的中心，为法学院提供了随时可以访问的法律资料藏品。法学院图书馆希望通过整合整个图书馆的印刷品和在线资源，支持法律研究人员的研究需求。

八、数学图书馆

数学图书馆收藏数学领域的书籍、会议记录和期刊，主要阅读对象是研究生。其中期刊是按标题的字母顺序摆放的。

九、斯特林纪念图书馆

斯特林纪念图书馆位于校园的中心，是耶鲁大学最著名的建筑之一，也是耶鲁大学最大的图书馆。它于 1930 年建成，目前在 16 层的书库中容纳了大约 400 万册图书。它以学院哥特式风格建造，类似欧洲哥特式教堂。

十、耶鲁大学英国艺术中心

该中心包括超过 30000 本图书和 80 多种期刊，主要是 16 世纪到现今的英国艺术方面的作品。该中心提供了一个观看该中心过去的讲座和节目的 DVD 播放平台。

十一、照片档案馆

该馆收藏有近 20 万张 16 世纪至 20 世纪初英国照片艺术作品的复制品。其馆藏特别侧重于美国、加拿大和澳大利亚的藏品，还保存了数百幅建筑图纸，记录了从 20 世纪 60 年代中期起该中心的建设和管理情况。

第四节　图书馆使用及管理规定

一、服务时间

各分馆工作日开馆时间最长为 10.5 个小时，如艺术图书馆周一至周四上午 8：30 至下午 7：00 开放，周五上午 8：30 至下午 5：00 开放。开放时间较短的是刘易斯·沃波尔图书馆，是在周一上午 9：30 至下午 4：45，并且在大学假期关闭。

二、借阅方式

刘易斯·沃波尔图书馆、经典图书馆等分馆只允许馆内阅览，不允许将资料借出馆外，其他分馆均允许将资料借出馆外。

三、服务对象

各分馆均免费向公众开放。

四、入馆特殊要求

巴斯图书馆、神学图书馆、达宁图书馆等下午 6：00 后，需出示耶鲁大学身份证或图书馆签发的通行证方可进入大楼。

五、读者借阅制度

图书馆将读者分为教职员工、本科生、研究生、校友、其他附属机构人员、退休教职员工、员工配偶等。

(一) 教职员工借阅制度

教职员工一次的借阅期限是 1 年，其间若有其他读者预约该书，借阅者将收到图书归还的通知。教师一次可借 500 本书，工作人员一次可借 300 本书，教师和员工借书超期通常不收取过期费，但图书馆鼓励及时归还图书。若到期日后 30 天内未归还，将自动归为丢失，并须缴纳 130 美元的赔偿金；若超期支付，每天的滞纳金是 2 美元。[①]

(二) 本科生借阅制度

本科生（大一、二、三年级）一次借阅期限是 4 个月，如果借阅的资料被另一位读者预约，借阅者将收到归还通知。本科生一次可以借阅 100 本，本科毕业生一次可借阅 150 本书。借书超期通常不会收取过期费用，但图书馆鼓励及时归还图书。若在到期日后 30 天内未归还将自动归为丢失，并须缴纳 130 美元的赔偿；如果超期支付，每天的滞纳金是 2 美元[②]。

(三) 研究生借阅制度

研究生一次的借阅期限是 1 年，其间若有其他读者预约该书，借阅者将收到图书归还的通知。研究生一次可借 225 本书。借书超期通常不收取过期费用，但图书馆鼓励及时归还图书。若到期日后 30 天内未归还，将自动归为丢失，并须缴纳 130 美元的赔偿；如果超期支付，每天的滞纳金是 2 美元。[③]

(四) 校友借阅制度

校友的借阅费标准是每 3 个月 45 美元或每年 150 美元，个人账户中在借图书不能超过 15 本。

借阅前校友必须亲自在斯特林纪念图书馆（SML）大厅的服务台注册，并提供可接受的注册标识形式：驾驶执照（来自美国或加拿大）、美国或外国护照、美国移民局颁发的永久登记卡等。

---

① AboutBorrow[EB/OL]. (2016-08-26)[2018-10-30]. https://guides.library.yale.edu/borrow/fac.

② Borrowing Guide：Faculty[EB/OL]. (2016-08-26)[2018-11-01]. https://guides.library.yale.edu/borrow/fac.

③ Borrowing Guide：Graduate Students[EB/OL]. (2016-08-26)[2018-11-01]. https://guides.library.yale.edu/borrow./grad.

(五) 其他附属机构人员借阅制度

耶鲁大学聘用的访问学者、研究人员和博士后可以免费获得图书馆借阅特权。这些特权根据身份不同而有所不同，但都有资格凭借耶鲁大学的相关证件来借阅图书资料和使用图书馆设施。

耶鲁大学聘请的访问学者、研究人员和博士后享有的图书馆特权包括：从任何图书馆借出资料，借阅时间为一年或聘期到期日，一次可以借阅 225 或 300 本书（取决于耶鲁大学的预约要求）；馆际互借和直接借阅。

拥有耶鲁大学奖学金的外部研究人员有资格获得以下图书馆特权：从任何图书馆中借出资料，借阅期限是两个月或到聘期到期日，以较短者为准，个人账户累计在借图书不能超过 50 本。①

(六) 退休教职员工借阅制度

耶鲁大学退休教师和工作人员有资格免费获得图书馆借阅特权。这些特权与受雇教职员工的特权大致相同，但有一些例外。他们使用图书馆的权限包括：从任何图书馆借出资料，借阅期限为一年或到期日期（需要定期更新特权）；个人账户中在借图书不超过 300 本；远程访问电子资源。②

(七) 配偶和国内合作伙伴借阅制度

耶鲁大学教职员工或学生的配偶，有资格申请耶鲁大学的相关证件和免费的图书馆访问权和资料借阅权。耶鲁大学教师、学生和员工的配偶有资格在图书馆免费借阅。其借阅特权包括：从任何图书馆中借阅文献资料，借阅期限为两个月或图书馆账户到期日，以较短者为准；个人账户中在借图书不超过 50 本；校友特权。

耶鲁大学教职员工或学生的长期合作伙伴，可通过耶鲁大学的教师、学生和工作人员的帮助，获取图书馆使用特权。合作伙伴必须亲自到位于斯特林纪念图书馆（SML）的服务台进行登记，且发起人和合伙人均需填写并签署登记表。合作伙伴需要提供政府颁发的 ID，如驾驶执照（来自美国或加拿大）、美国或外国护照、美国移民局颁发的永久居民卡等。耶鲁大学教职员工或学生

---

① Borrowing Guide：Yale Other[EB/OL].（2016-08-26）[2018-11-01]. https://guides.library.yale.edu/borrow/yale_researchers.

② Borrowing Guide：Retired Faculty and Staff[EB/OL].（2016-08-26）[2018-11-01]. https://guides.library.yale.edu/c.php?g=296155&p=1973851.

作为关联借阅人,每学期需要代合作伙伴支付 50 美元。①

六、读者的权利与义务

(一)借阅人责任

(1)禁止借阅者将其借书证借给他人。

(2)禁止借阅者为他人借用图书馆资料,如有特殊需求,须与特权办公室联系。

(3)耶鲁大学的学生、教师和员工得保证留在学校的联系信息与当前真实信息一致。

(4)非耶鲁大学的图书馆持卡人负责维护其账户中的当前联系信息准确。

(5)滥用图书馆借阅特权的借阅者可能会被整个耶鲁大学图书馆暂停其特权。滥用图书馆借阅特权的例子包括但不限于在规定的到期日前不归还资料、不支付超期账单、不响应召回通知,甚至在收到超期账单后归还的资料有残缺或损坏。

(6)对于迟交的资料,图书馆会定期评估罚款、更换费和加工费。

(二)罚款和冻结账户

(1)借阅人有责任在到期前归还或续借物品;

(2)图书馆持卡人可能会因规定中的要求被罚款,包括逾期归还图书;

(3)罚款的数量一旦达到最大值或未返回被召回的资料,图书馆可能会停止其借用权限。

(三)电子资源访问和使用

图书馆的大部分电子资源都有许可协议,仅限耶鲁大学校内用户使用。每个用户需确保仅将这些电子资源用于非商业、教育、学术或研究用途。允许的行为通常包括:下载、临时存储或打印资料的合理部分,用于个人研究、教学、学术、非商业用途。禁止的行为通常包括:共享密码,授权访问代码,系统下载或抓取资料的重要部分,大量复制和分发,在公共访问网站(包括社交媒体网站)上发布受版权保护的资料,商业利用,修改版权通知,擅自修改、

---

① Borrowing Guide:Spouse/Partner [EB/OL]. (2016-08-26) [2018-11-02]. https://guides.library.yale.edu/borrow/spouses.

创作衍生作品。①

（四）用户记录保密

图书馆会对图书馆用户的个人身份信息保密。这一原则反映在美国图书馆协会于 1981 年通过并于 1995 年修订的《道德准则》第三条中："我们保护每个图书馆用户所寻求或接收的信息资源的隐私权和保密权。"在任何情况下，工作人员均不得将借阅者、在图书馆使用计算机或使用过任何其他图书馆服务的读者的姓名公布。②

（五）图书馆空间的使用规定。

进入耶鲁大学图书馆大楼需携带有效的耶鲁大学相关证件。为保存、保护和管理图书馆藏品，图书馆制定了一系列规定，在尊重个人获取资料权利的同时，保护图书馆独特的、不可替代的资产。以下事件被视为违反图书馆藏书的安全规定：

（1）有意或企图盗窃图书馆资料，包括将图书馆资料藏在个人物品（如公文包、外套）或个人身上；

（2）为了避免在安全检查点被发现，从图书馆资料中移除安全设备或对资料进行其他切割；

（3）损毁图书馆资料、设备或财产；

（4）盗窃或持有从图书馆盗窃的资料；

（5）鼓励他人偷窃、损毁或损坏图书馆资料；

（6）出售被盗的图书馆资料，可能会受到图书馆、大学和当地执法部门的起诉；

（7）拒绝图书馆工作人员、图书馆保安、大学警察或保安以及当地执法部门出示大学或其他身份证明的要求；

（8）拒绝在离开图书馆前检查个人物品和书籍；

（9）在图书馆中隔离馆内资料以限制他人使用；

（10）关闭图书馆后仍留在馆中；

（11）未经授权进入非公共或图书馆工作人员区；

（12）在紧急情况或类似情况下拒绝服从图书馆工作人员的指示，包括违

---

① E-Resources Access and Use[EB/OL]. (2017-09-17)[2018-11-05]. https://guides.library.yale.edu/about/policies/e-resources-access-use.

② Publisher Take-Down Notices[EB/OL]. (2017-10-28)[2018-11-05]. https://guides.library.yale.edu/about/policies/takedown.

反安全规定等情况；

（13）将酒精饮料带入图书馆区域；

（14）将行李和包裹留在图书馆内；

（15）阻碍安全摄像头和其他安全设备正常工作；

（16）谎报紧急情况；

（17）在紧急情况以外使用紧急出口离开图书馆；

（18）扰乱其他读者或者影响图书馆学习环境的行为。

（六）优先访问权

耶鲁大学的教师、学生和工作人员可以随时使用电脑，但当需求超过供应量时，研究人员在使用这些共享资源时将受到合理的限制。在图书馆系统内的每个主要电脑集群中至少会提供一台轮椅以供有特殊需求的研究人员使用。

（七）适当使用

图书馆电脑的使用应遵守与耶鲁大学其他设施使用相同的规定，包括所有适用的州和联邦法律、版权限制和许可协议。严禁篡改电脑上的软件。

（八）手机使用

图书馆允许使用手机，但为了给研究和学习人员，以及图书馆工作人员提供一个良好的工作环境，应将手机调至静音。若需通话应尽可能缩短通话时间。若需拨打长途电话，应在不干扰他人的地方进行。

（九）儿童和年轻人

耶鲁大学的成员偶尔需要把他们的孩子带到图书馆，图书馆的寻呼和ELI服务可替家长代为照顾孩子。家长可以提前通过ORBIS提出请求，以便在预定的流通台等待领取阅读资料。带孩子去图书馆时，请注意以下几点：

（1）14岁以下的儿童应始终有成年人陪伴。

（2）14~17岁非耶鲁学生的青少年可以在没有其他成年人陪同的情况下，为教育目的（例如家教）与耶鲁大学的成人成员见面。青少年应携带高中身份证或介绍机构（如德怀特霍尔）的介绍信。

（3）父母和照顾者随时都要和孩子在一起。

（4）年轻人携带的任何袋子、背包、书籍等在离开图书馆时必须出示以供检查。

（5）部分图书馆或特别藏品（如手稿和档案）的规定请咨询各图书馆和部门。

（十）图书馆中的摄影或拍摄

耶鲁大学图书馆与耶鲁公共事务和通信办公室（OPAC）合作，处理图书馆内的拍摄和摄影的非商业要求。

出于商业目的在耶鲁大学的任何图书馆拍摄或摄影前，必须先得到图书馆和 OPAC 的允许。

非商业请求的拍摄如新闻报道、纪录片、视频等，首先要完成耶鲁大学的在线电影和摄影申请，之后申请者需要提供一份保险证明，证明耶鲁大学在当天为附加保险人。如果申请表获得批准，图书馆工作人员将直接与摄影师或电影制片人确定时间、地点和其他细节。

个人摄影只要不干扰图书馆用户或工作人员的工作就可以。

（十一）食物和饮料

耶鲁大学图书馆的饮食规定旨在保护图书馆资料、计算机设备和器具，并为读者和工作人员提供舒适的环境。

在图书馆可饮用非酒精饮料，但必须装在图书馆允许使用的容器内，现场另有规定的除外。

1. 图书馆允许使用的容器

（1）带安全盖和可关闭饮水孔的防溢杯；

（2）带有可关闭的饮水嘴的运动型瓶子；

（3）带盖的塑料水瓶。

2. 图书馆不允许使用的容器

（1）敞口的杯子；

（2）铝罐；

（3）玻璃瓶；

（4）任何纸杯或泡沫塑料杯。

3. 不遵守规定的处理

（1）不遵守这些规定的读者将被要求把食物或饮料带到指定食物区；

（2）"禁止食用"区域内无人看管的食品和饮料将被丢弃。

4. 图书馆规定的指定食物区

（1）巴斯图书馆内的任何地方；

（2）科学和社会科学信息中心。

第五节 特色服务及资源

一、特色服务

耶鲁大学图书馆提供的服务，除了日常的文献检索、各种类型的文献借阅、校外访问等，还有私人图书管理员、课程储备、数字化、空间预约、媒体设备外借等。

（一）服务项目

1. 空间预约

耶鲁大学为小组学习、会议、课堂和演讲提供各种空间。

通过检索发现，可提供学习空间的有艺术图书馆小组学习室、巴斯图书馆小组学习室、巴斯图书馆教学室、生物信息学工作站、CSSSI 小组学习室、斯特林纪念图书馆小组学习室，如图 8-1 所示。

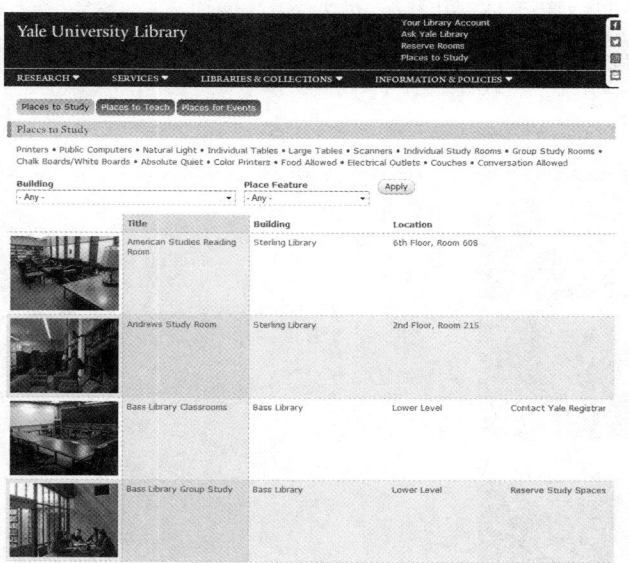

图 8-1 耶鲁大学可提供学习空间的地方（部分）

通过检索发现，可以用于教学的空间有斯特林纪念图书馆集团学习室、贝斯图书馆底层等，如图 8-2 所示。

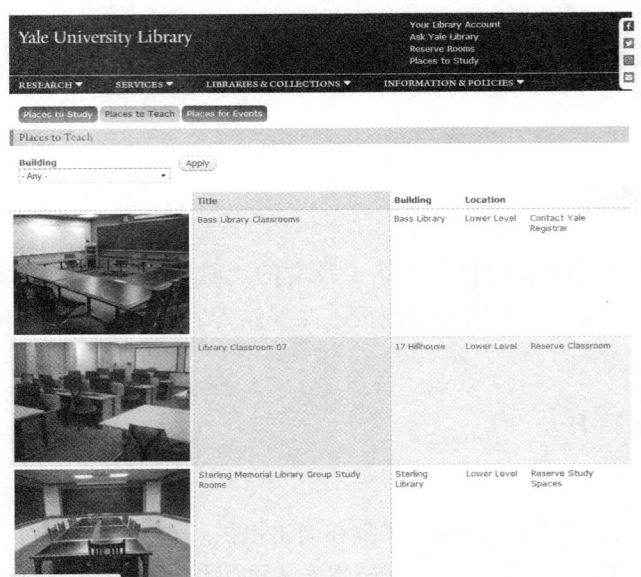

图 8-2 耶鲁大学可提供教学使用空间的地方（部分）

可以提供会议场所的有达宁图书馆报告厅和纪念室、林尼娅兄弟阅览室、中堂和塞林庭院的一楼等[①]，如图 8-3 所示。

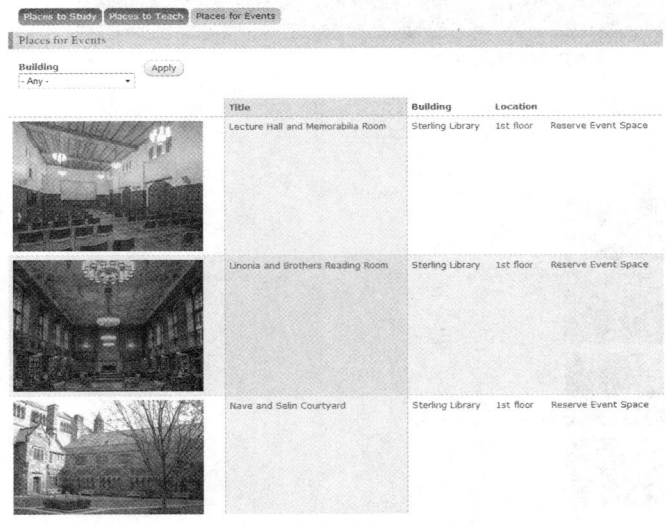

图 8-3 耶鲁大学可提供会议场所的空间（部分）

---

① Places to Study[EB/OL].（2017-05-29）[2018-10-28]. https：//web. library. yale. edu/places/to-stu-dy.

2. 私人图书管理员

耶鲁大学图书馆虽然资源非常丰富,但它规模过大且结构复杂。私人图书管理员可以帮助学生充分利用图书馆资源。每个耶鲁大学的本科生都有一个专门的图书馆员,他会发送有关资源库更新的电子邮件,回答关于图书馆使用方面的问题,帮助学生查找图书馆资源以及做科研方向的指导。

3. 课程储备

耶鲁大学课程所需的资料通常放在课程储备中。耶鲁大学的教师和学生可以利用 Canvas 提供的课程储备服务来获取课程资料。这些课程资料包括图书馆内的书籍、DVD 等,以及被数字化了的纸本资源。如果图书馆没有课程申请的资料,图书馆会考虑购买,或者教师可以将副本带到图书馆预订处进行数字化处理,以便学生可以在任何时候通过电子服务获取。

4. 数字化

Elischolator 是耶鲁大学图书馆提供的数字学术出版平台。平台上的研究项目和学术成果是由大学各部门和校园中心遴选和储存的。具体说来,图书馆可提供以下数字服务:三维打印与建模、CCAM 标识增强或虚拟现实、软盘数字保存图标、文件数字项目规划、扩音器与计算机芯片数字学术交流、计算机屏幕显示等。

5. 媒体设备外借

图书馆出借多种媒体设备,每天 35 美元,可以借 4 天,具体如图 8-4 所示。

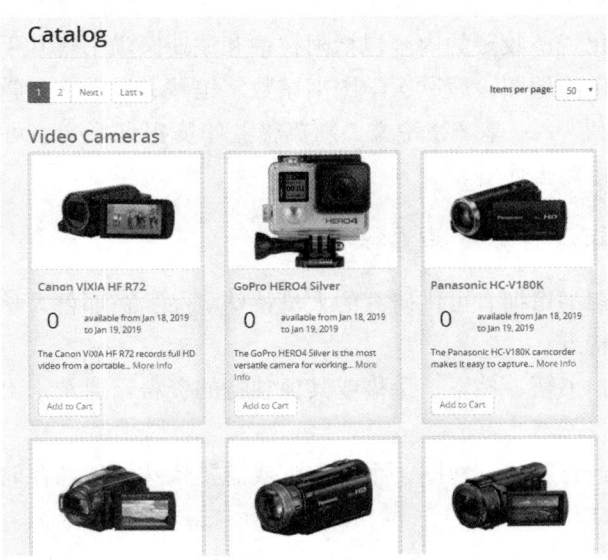

图 8-4　图书馆可出借的媒体设备

6. 残疾人用户服务

为了确保所有用户公平地访问图书馆的资源和利用图书馆的服务，图书馆为残疾人用户提供了一系列服务，使其能够充分利用图书馆的服务和资源。

图书馆为残疾人用户提供的服务：协助残疾人用户查找图书馆资料以及使用图书馆工具，帮助其从书架区域寻找书籍，协助确定耶鲁图书馆藏书和期刊的可用性，如必要将单独延长其借阅期限或修改其他借阅规则，协助复印有限数量的书籍和期刊页面等。

残疾人用户可以让指定的朋友或服务员代为借图书馆资料。

二、资源

（一）学科主题资源

学科主题资源导航系统针对耶鲁大学的59个学科主题分别进行了资源导览，其中包括非裔美国人研究、非洲研究、美国研究、人类学、考古、建筑、艺术与艺术史、天文学和天体物理学、生物、商业与管理、化学、引用、写作和出版、计算机科学、数据与统计、戏剧与戏剧研究、东亚研究、经济、工程与应用科学、英语、伦理学、政治学、经济学、电影研究、林业与环境研究等。

（二）特殊数字化资源

特殊数字化资源收藏的内容包括阿拉伯和波斯医学书籍和手稿、康涅狄格州桑伯恩火灾保险地图、库欣医学图书馆数字馆藏、波斯文献学文本、贝内克珍本手稿、亨利·A. 基辛格论文、新英格兰印度报纸系列、可视资源集合以及档案数字图像数据库等。[①]

（三）分馆及特殊藏品资源

耶鲁大学图书馆拥有可供研究的大量特殊藏品。在耶鲁大学，特殊藏品都有一些共同的特点。

（1）珍品：书籍、档案、手稿或其他独特的资料，通常未出版，很少或没有其他副本。

（2）类型：有照片、地图、手写文本或需要特殊处理和存储环境的物理制

---

① Digital-Collections[EB/OL]. (2018-09-28)[2018-10-23]. https://web.library.yale.edu/digital-collections.

品等各种类型的藏品。

（3）综合性：这些资料不一定是单独的或有独特价值的，但它们共同构成了一个关于特定主题的重要信息体。

在耶鲁，特别藏品可能包括（但不限于）以下类型的资料：手稿、珍本图书、视听资料、文物和艺术品、电子文件。在耶鲁大学，一些图书馆分馆和图书馆部门会举办特别的藏书会。①

（四）数字人文资源

耶鲁大学数字人文资源的根源至少可以追溯到1956年罗伯托·布萨神父访问耶鲁大学，以及耶鲁大学在1965年举办的由IBM公司资助的以人文学科和计算机为主题的会议②。

近年来，耶鲁大学的师生对数字人文学科的兴趣呈指数级增长，越来越多的高知名度教师开始研究数字人文学科项目，耶鲁大学图书馆积极应对此类变化，开始推动数字人文学科的发展。

2012—2013年，一支由教育技术人员、研究生、图书馆工作人员和教师组成的队伍举办了一个名为"数字奖学金的新方向"（New Directions for Digital Scholarship）的系列研讨会，通过数字人文领域校内项目展示与校外专家演讲的方式，揭示了大学对数字人文学科领域专业知识的需求。2013年，耶鲁大学图书馆雇用了一名全职"数字人文研究图书工作人员"。③

2015年，在Goizueta基金会300万美元的资助下，耶鲁大学图书馆数字人文实验室（Digital Humanities Laboratory，DHLab）在耶鲁大学最大的图书分馆——斯特林纪念图书馆（Sterling Memorial Library）成立，标志着耶鲁大学继续致力于人文科学的前沿研究和教学。④ 2018年夏天，数字人文实验室搬入了位于斯特林纪念图书馆的弗兰克家庭阅览室新空间⑤，该空间有大面积的协作工作空间、会议室及办公室。

---

① Special-Collections[EB/OL].（2018-08-15）[2018-10-23]. https://guides.library.yale.edu/specialcollections.

② About The Yale Digital Humanities Laboratory[EB/OL].（2018-02-26）[2018-11-06]. http://dhlab.yale.edu/about.html.

③ Katy Kavanagh Webb. Development of Creative Spaces in Academic Libraries[M]. Great Abington:Chandos Publishing,2018:145-151.

④ Library Receives $3 Million for Digital Humanities Lab[EB/OL].（2016-06-26）[2018-12-16]. https://yaledaily.news.com/.

⑤ Where to Find Us[EB/OL].（2016-06-26）[2018-12-17]. http://dhlab.yale.edu/contact.html.

第九章　普林斯顿大学图书馆

第一节　学校简介

普林斯顿大学（Princeton University），是世界著名的私立研究型大学，位于美国新泽西州的普林斯顿市，是美国大学协会的 14 个始创院校之一，也是著名的常春藤盟校成员之一。

普林斯顿大学培养了 2 位美国总统、12 位美国最高法院大法官和众多美国国会议员。同时，普林斯顿大学与附近的普林斯顿高等研究院（IAS）共同构成了世界著名的理论研究中心，对基础数学、理论物理学、经济学等学科的发展影响深远。截至 2018 年 10 月，共有 65 位诺贝尔奖获得者在普林斯顿大学工作或学习过。[①] 正如该大学的校训所言："她因上帝的名义而繁荣。"

2018—2019 年，普林斯顿大学在世界大学学术排名（ARWU）中位列世界第 6，在 QS 世界大学排名中位列第 13。另外，普林斯顿大学在 2018—2019 年 US News 美国大学本科排名中，蝉联全美大学第一。[②]

普林斯顿大学非常重视学生品格的培养，从 1893 年开始实行"诚信"制度。在这里，学生参与的所有书面考试都在诚信制度下进行，即没有老师监考，全凭学生自觉。这种制度是通过所拟订的遵守诚信誓约，使学生们保证对每次考试的结果负责。学校管理者会充分听取学生的意见，学校董事会中有 4 名学生代表，校方与学生相互信任。

普林斯顿大学的本科生享受着研究生的教育和科研资源，使得本科生有独立从事科研活动的能力，提高了从理论知识到科研成果的转化效率，这在美国乃至世界高等教育界都鲜有先例。普林斯顿大学每个学科的学术水平都位居美

[①] 各高校诺贝尔奖得主[EB/OL]. (2018-11-19)[2018-12-06]. https://www.wikipedia.org/.
[②] About Princeton[EB/OL]. (2018-05-15)[2018-12-06]. https://www.princeton.edu/.

国前列，它代表着严谨、庄重和纯正的学术气氛。普林斯顿大学学生人数不多，其中本科生约 4600 人，研究生约 1800 人。学校的学生来自全美 50 个州和 55 个国家，其中海外学生占 5%，他们主要来自加拿大、中国、新加坡、英国和德国，学校拥有教职员工约 6900 余人。

普林斯顿大学有工程和应用科学院、建筑和城市设计学院、威尔逊公共和国际事务学院以及 32 个学系，分别为人类学系、艺术与考古学系、天文学系、生物化学系、生物学系、化学系、古典文化系、比较文学系、东亚研究系、经济学系、英语系、地理学系、德国语言与文学系、历史系、数学系、分子生物学系、音乐系、近东系、物理系、哲学系、政治系、心理系、宗教系、罗马语系和语言与文学系、斯拉夫语系的语言与文学、社会学系、统计学系、化学工程系、民用工程系、计算机科学系、电机工程系和机械与航空系。

第二节　图书馆概况

一、图书馆的使命、愿景及发展战略

（一）使命

普林斯顿大学图书馆的使命是普林斯顿大学使命的一部分，即通过提供世界一流的图书馆服务和藏书，丰富学校的教学、学习和研究内容，以适应快速变化的学术环境。通过与具有类似使命的全球机构及社区合作，确保继续以多种形式探知世界多元知识及文化遗产。

（二）愿景

在全球学术界，普林斯顿大学图书馆渴望成为一个具有积极性和创造性的合作伙伴，提供知识管理，以支持不断变化的教学和研究。

（三）发展战略

在科学技术不断发展的环境下，获取、管理和提供特定的信息资源是普林斯顿大学图书馆的战略重点。普林斯顿大学图书馆希望与文化遗产社区广泛合作，积极开展有利于图书馆和大学的活动，促进信息民主化，将普林斯顿大学图书馆文化发展成为一种体现多样性、公平性和包容性的文化，并使每个人都

有责任通过图书馆的馆藏、项目和服务向读者推广这种文化，营造一个相互支持与尊重的工作环境。同时，普林斯顿大学图书馆鼓励员工发展，重视信息共享，支持创新和变革，以促进持续的协作与进步。①

二、图书馆概况

截至 2018 年，普林斯顿大学图书馆共有约 1100 万册藏书，其开架阅览书架总长度超过 112 公里。普林斯顿大学图书馆存书量在美国大学图书馆中排名第 18 位，其规模并不算大，但是经过近 3 个世纪的历史积累，该馆储藏了不少优秀的古籍和善本。有的图书十分珍贵，普林斯顿大学图书馆规定每周只对外开放 1 个小时，学生只有在这段极为有限的时间内才可以一饱眼福。②

普林斯顿大学图书馆秉承着这样一种看似悖论的理念：书籍当然应该被精心保护，但更应该被充分利用，如果达不到后者的要求，那么书籍就无异于一堆废纸。

图书馆的一切服务都是为了极大地满足读者的需求。普通开架图书和期刊合订本对本科生和大学工作人员的出借期为 8 周；而教师、研究生可以借整个学年；③ 图书馆没有收藏的研究资料，如读者需要，可以通过馆际互借系统从其他图书馆短期借阅。为了方便教师的研究和教学工作，图书馆针对教师提供了文献快递服务，缩短了教师获得文献的时间，并可提供电子期刊中的文章传递服务。2018 年 9 月，普林斯顿大学图书馆又加入了"馆际互借"协议，本科生、研究生、教师和普通工作人员都可以通过馆际互借系统直接向另外六所大学（哥伦比亚大学、耶鲁大学、宾州大学、布朗大学、康奈尔大学和达特茅斯学院）的图书馆提出借书申请。普林斯顿大学图书馆在普林斯顿大学的教学、科研等各个方面都起着不可估量的作用。④

从 Firestone 图书馆新翻修的阅览室到校园内许多隐藏的学习区（建筑学院图书馆、东亚图书馆、工程图书馆、刘易斯图书馆、马昆德艺术图书馆、门德尔音乐图书馆、穆德手稿图书馆和斯托克斯图书馆），普林斯顿大学图书馆为学生、教员和访问学者提供方便使用的特色空间，满足了读者对写作空间、

---

① Library[EB/OL]. (2017-06-13)[2018-12-07]. https://www.princeton.edu/academics/library.
② Library Collections[EB/OL]. (2018-10-18)[2018-12-15]. https://library.princeton.edu/collections.
③ libraryServices[EB/OL]. (2017-02-12)[2018-12-15]. https://library.princeton.edu/services.
④ Borrowdirect[EB/OL]. (2018-07-25)[2018-12-14]. https://library.princeton.edu/services/borrowdirect.

第九章　普林斯顿大学图书馆

阅读空间、团队工作空间以及灵感空间的各种需求。①

普林斯顿大学图书馆虽历经变革，但其目标始终如一。自 200 多年前建立图书馆起，普林斯顿大学图书馆系统已经从最初的只有 474 本藏书、只有拿骚大厅一间房子的规模发展成为今天拥有 15 座大楼、遍布整个校园的图书馆系统。现在，普林斯顿大学图书馆在校园内放置了网络计算机，通过这些计算机可以获得大量的电子资源，包括目录、索引、参考工具、数据库、数字地图和图像等。虽然经过了几个世纪，但图书馆一直坚持着同一目标：促进普林斯顿大学学习的发展。

为了节约空间，目前普林斯顿大学图书馆设有三个大型的闭架书库，它们分别是：Forrestal 书库（Forrestal Annex Library），收藏来自 Firestone 图书馆的使用率较低的人文社科类书籍，Fine Hall 书库（Fine Annex Library），主要收藏使用率较低的理科书，ReCAP（Research Collections and Preservation Consortium），2001 年在普林斯顿 Forrestal 校园落成，是由普林斯顿大学、哥伦比亚大学和纽约公共图书馆联合建立的大型密集书库，由普林斯顿大学图书馆负责管理，藏书来自三所图书馆中使用率较低的图书，计划在第一阶段（最初的 3 年时间）入藏 7500 万册图书。此大型密集书库为未来三所大学图书馆的藏书发展提供了一个广阔的空间。闭架库不对读者开放，但读者可以在校园中任何一所图书馆填写申请单，一般在 1~2 个工作日内即可拿到图书资料。②

普林斯顿大学图书馆共有工作人员 300 多人。其中 50% 参与公共服务（例如咨询和流通服务），45% 是技术服务人员（如采访、编目和计算机系统支持服务），5% 为行政人员。图书馆拥有 11 个部门：大学图书馆员办公室、数字人文中心、图书馆信息技术部、图像和元数据服务部、图书馆通信办公室、组织效能办公室、人力资源办公室、图书馆财务与管理部、学术收藏和研究服务部、研究收集和保护联盟部、珍本和特别收藏部。

普林斯顿大学图书馆在独特藏品收藏方面处于领先地位，有超过 1000 万册的印刷品、500 万本手稿、200 万个非印刷品和大量数字文本、数据、图像、音频、视频以及在线资源，且仍在此基础上不断发展。其藏书覆盖世界上 52 种语言之多，资料范围跨越多个学科领域。

---

① Princetolibrary[EB/OL]. (2018-09-15) [2018-12-15]. https://www.princeton.edu/academics/library.

② 普林斯顿大学[EB/OL]. (2018-11-13) [2018-12-17]. https://zh.wiki2.org/wiki/%E5%99%AE%E6%9E%97%E6%96%AF%E9%A1%BF%E5%A4%A7%E5%AD%A6.

普林斯顿大学图书馆收藏着具有文化、历史和艺术意义的特殊藏品。在这里，人们会找到一些特殊的物品，如公元前1250年左右的埃及《死亡之书》、《独立宣言》和古登堡圣经的原版印刷品，以及数千本伊斯兰法典、托尼·莫里森的论文、美国公民自由联盟的官方记录等。在普林斯顿大学的数字图书馆里，大量的珍宝已经被数字化，可以免费向需求者提供。[①]

许多普林斯顿的课程和研讨会都是围绕着这些著名资产的学术开展的。

第三节　图书馆分馆

普林斯顿大学图书馆以燧石图书馆为主馆，另有18个分馆分布在校园的15座建筑中。位于Nassau街和Washington街交界处的燧石图书馆，是普林斯顿大学最古老、最宏伟的建筑之一，其馆藏主要涉及人文、社会科学、地区研究等领域，馆藏除一般图书和期刊外，还有珍贵的善本书、手抄本以及缩微资料等。主要专业分馆包括体系结构库、数字人文中心、东亚图书馆、工程图书馆、燧石图书馆、刘易斯科学图书馆、马昆德艺术图书馆、门德尔音乐图书馆、穆德手稿图书馆、等离子体物理库、谢德图书馆、劳资关系图书馆、斯托克斯图书馆、珍本和特别藏书库、科特森儿童图书馆、大学档案馆。

一、专业分馆

（一）体系结构库

该图书馆支持建筑与设计、建筑历史与理论、专业实践、城市研究与规划、城市与环境设计以及城市历史等领域的教学与研究。

（二）数字人文中心

数字人文中心是普林斯顿大学图书馆的一个跨学科研究中心，使用数字技术为研究人类的过去和现在开辟了新的途径。

（三）东亚图书馆

东亚图书馆收集了几乎所有中文、日文和韩文科目的资料，以及有关中

[①] Collection-Development[EB/OL].(2018-11-13)[2018-12-17]. https://library.princeton.edu/collections-and-collection-development.

文、日文和韩文的语言学和西方语言文献方面的著作。

（四）工程图书馆

该图书馆服务于所有工程学科的教学和研究，包括能源和环境以及计算机科学。

（五）燧石图书馆

该图书馆是校园内的主要图书馆，承担着人文社会科学类图书馆藏和服务专业研究的主要责任。

（六）刘易斯科学图书馆

该图书馆服务于天体物理学、生物学、化学、地球科学、数学、神经科学、物理学和心理学的教学和研究，包括地图和地理空间信息中心。

（七）马昆德艺术图书馆

马昆德是美国最古老和最广为人知的艺术图书馆之一，有约50万册藏书，涵盖了从古代到现在的世界艺术方面的书籍，其中包括一些著名的珍本藏书。图书馆于2003年全面翻修，占地46000平方英尺①，位于麦考密克大厅的五层。马昆德艺术图书馆服务于普林斯顿大学社区和来自世界各地的学者，每年吸引超过15万名的游客。

（八）门德尔音乐图书馆

门德尔音乐图书馆藏有书籍、乐谱、缩微胶卷、录音和录像，重点是古典音乐、流行音乐、世界音乐、爵士乐和舞蹈方面的资料，并能为所有媒体格式提供播放和观看设备。

（九）穆德手稿图书馆

穆德手稿图书馆始建于1976年，用来存放普林斯顿大学的档案和20世纪备受推崇的公共政策文件。该馆拥有30000英尺②长的档案和手稿资料，收藏类型包括手稿、档案、信件、出版物、录音带、录像带、电影和照片等。

---

① 1平方米=10.7639104平方英尺。
② 1米=3.28英尺。

（十）等离子体物理库

该图书馆位于普林斯顿等离子体物理实验室旁，收藏了热核聚变、等离子体物理、聚变反应堆技术、光学和电离气体等方面的文献。

（十一）谢德图书馆

谢德图书馆由慈善家、校友威廉·H.谢德捐赠，收藏了大量手稿和圣经印刷品，中世纪手稿和教科书，旅行和探险方面书籍，约翰·塞巴斯蒂安·巴赫、贝多芬和莫扎特的音乐手稿等文献。

（十二）劳资关系图书馆

该图书馆服务于该校劳资关系科的教职员工和研究生。该馆的研究对象包括失业率、劳动力供给和退休经济学、最低工资、劳动力流动率和工作时间等。

（十三）斯托克斯图书馆

该馆位于华莱士大厅的下层，主要为师生提供虚拟现实支持、课堂教学、深入一对一的研究咨询等服务。同时，其也为人口研究办公室提供大量的人口信息资料。

（十四）珍本和特别藏书库

珍本和特别藏书库收藏有大量的印刷品、图纸、照片、地图、硬币和其他视觉资料。它的藏品跨越了五千年和五大洲。

（十五）科特森儿童图书馆

该馆是珍本和特别藏书库的其中一部分，收藏了10多万件物品，包括1480年至今的儿童画册、手稿、印刷品、图画和教育玩具，以及来自世界各地儿童的异想天开的作品。

（十六）大学档案馆

该馆位于MUDD图书馆中，收藏了许多会议记录、行政记录、大学照片、视听资料以及记录了普林斯顿大学历史的出版物。同时，大学档案馆也是普林斯顿大学硕士论文和博士论文的储藏室。

二、特色收藏

普林斯顿大学图书馆中的特色收藏一部分由专门的收藏室收藏,一部分是将以上众多分馆中的部分文献,依据特色主题、研究方向、特殊载体等其中的一个纬度进行整理后,集中收藏。

(一)康帕达数据档案馆

它是美国艺术和文化标准数据档案馆,是世界上第一个与标准相关的美国艺术和文化资源数据的交互式数字档案馆,也是普林斯顿大学燧石图书馆和普林斯顿艺术与文化标准研究中心的合作成果。

(二)狄克逊收藏馆

狄克逊收藏馆收藏有适合休闲阅读的最新小说和流行的非小说类书籍。图书可外借4周,并且可以续借。该馆是狄克逊基金(Dixon Fund)为纪念威廉·博尔顿·狄克逊而设立的。

(三)狄克逊电子书图书馆

该馆提供超过3000本电子书和有声图书,包含畅销书、获奖图书、科技图书、流行小说、传记等。读者可在自己的设备上下载、传输或在线阅读。

(四)政府文件

普林斯顿大学图书馆收藏了来自美国联邦政府(1884—)、联合国(1945—)、欧盟(1964—)和新泽西州(1950—)的部分重要政府文件。

(五)历史地图藏品

这些藏品包括1919年以前印刷的地图(活页、挂图、案例地图)、地图册和相关参考资料。该系列收藏内容丰富,其中有许多有关北美、西欧和中东的地图。目前,多数地图都已经被数字化了,存储在数字图书馆里。

(六)拉丁美洲特殊时期藏品

该系列藏品记录了该地区的众多政治和社会运动,以及各种重要的社会经济和文化发展历史。收集的资料类型包括小册子、传单、海报、文件、政府出版物等。

（七）地图和地理空间数据信息

刘易斯科学图书馆收藏了大量的地理方面的数据和信息,以及传统的纸质印刷地图。该图书馆还为使用地理信息系统（GIS）的用户提供培训服务。

（八）近东收藏品

近东收藏品包括阿拉伯语、波斯语、土耳其语和希伯来语的书籍和手稿。其中,来自伊斯兰的手稿和中世纪的阿拉伯物品是其收藏优势。

（九）钱币收藏品

此类收藏品包括从古代到现代的大约10万枚硬币代币、纸币和奖章。其中的特色收藏包括列文蒂尼海岸的希腊硬币、罗马共和国银币、美国殖民和革命时期的纸币以及与航空有关的奖章。

（十）普林斯顿大学的论文

这里收藏的论文分为两部分：一部分是普林斯顿大学的各种论文,另一部分是新泽西州普林斯顿镇历史期刊的集合。

（十一）人口研究信息库

在斯托克斯图书馆的人口研究信息库,是国家人口资料的首要信息来源之一。该信息库有4万多册出版物,其中包含技术报告、手稿、会议讨论文件等。收藏主题包括人口统计（生育、死亡率和移民）、人口制度、计划生育、流行病学、儿童和公共卫生以及家庭问题等。

（十二）公共政策文件

公共政策文件存放在穆德手稿图书馆,其中包括20世纪美国外交、法学、新闻等方面的公共政策,以及对国际发展领域有重要贡献的个人和组织的重要藏品。

（十三）西美洲系列藏品

该系列藏品记录了美国西部400多年的政治、经济和社会发展历史。此外,还有一些关于加拿大西部落基山脉的资料。

第四节 图书馆使用及管理规定

一、借阅规定

（一）图书借阅卡管理

所有图书馆用户必须出示有效的身份证件才能使用图书馆馆藏。普林斯顿大学的学生、教师和工作人员必须出示他们的大学身份证（Tigercard），并出示当前学年的有效证明，以便从图书馆借阅资料。校外读者需凭借有效身份证在门禁入口处的办公室办理借阅卡。除发给规定组织的卡外，所有卡均不可转让。借阅卡遗失或被盗后应立即向最近的流通柜台报告。

借阅卡持有者不能享受图书馆的某些服务，例如追查遗失的图书、使用储备资料、馆际互借以及检索已收到但尚未处理的图书，但可以在现场使用电子资源。

（二）借阅对象

所有普林斯顿大学的教职员工和学生以及他们的家属、普林斯顿神学院的教职员工和学生，以及高级研究所的员工都有资格从普林斯顿大学图书馆借阅书籍和其他资料。

（三）借阅责任

借阅的物品由借阅卡所有者负责。所有符合条件的借阅人都应该在图书馆登记通信地址和电子邮件。借阅人应始终对召回负责，即使离开当地，他们也应对召回做出响应，并立即将物品归还图书馆。收费的物品必须完好地归还，不得损坏物品等。

（四）借阅期限

不同图书馆依不同借阅人设定了不同的借阅期限。有些物品不能够借阅，如参考书、马昆德艺术图书馆的图书以及燧石研究生学习室的书。若图书馆有需要或其他借阅人有需求，所有文献资料均可被召回。

(五) 请求检索

如果读者在资料未借出的前提下找不到该资料,那么可通过在线"跟踪请求"来请求搜索,多数资料在 2 个工作日内会被找到,读者将收到跟踪结果的通知。如果资料已丢失,有权限的读者可通过直接借阅、快速借书、递送服务或馆际互借来申请。

(六) 关于召回

所有借阅者都有责任履行召回请求,如果拒不履行,则会受到召回罚款。如果某个图书馆的文献已借出,读者可以通过图书馆将其召回以供己使用。如果某个资料被召回,则会生成一份新的到期日通知,并发送给当前借阅人。当前借阅人有最多 10 天的时间从召回之日起返还被召回的资料。如未能在新的到期日前归,则每天的罚款为 1 美元,在归还资料之前,借阅人将无法再次借阅。

作为召回的替代方案,图书馆鼓励读者通过直接借阅或馆际互借申请借阅资料。

(七) 关于罚款

对于逾期未归还的资料,借阅者将被处以每天 0.25 美元的罚款,非储备项目除外。若读者有 20 美元及以上的罚款未缴纳,则会被暂停借阅特权。读者可通过信用卡、支票或学生账户在燧石图书馆流通台支付罚款。

如果超过归还日期太久或将图书损坏,图书馆将收取更换费用。在一些图书馆,可以用同一版本的新书替换丢失的图书,同时图书馆将收取 50 美元的加工处理费。如果读者丢失了物品,可咨询流通部主管。

(八) 保密性

普林斯顿大学图书馆对于用户使用图书馆及资源的记录是保密的。详细内容请阅读关于图书馆用户记录保密的规定的部分内容。

(九) 直接借阅

直接借阅是一个由普林斯顿大学图书馆和 12 个合作伙伴的图书馆(布朗大学、哥伦比亚大学、康奈尔大学、达特茅斯大学、杜克大学、哈佛大学、约翰霍普金斯大学、麻省理工学院、芝加哥大学、宾夕法尼亚大学、斯坦福大学和耶鲁大学）共同提供的快速借阅服务。

图书馆可随时召回被借阅资料，并指定新的到期日。逾期归还资料将被处以每天 1 美元的罚款，每件资料最高罚款不超过 90 美元。如果一本书未被召回，但逾期未还，将按每天 0.25 美元的标准收取滞纳金。

读者必须在到期日前将借阅的书籍归还普林斯顿大学图书馆（任一个借阅处即可）。对于损坏或丢失的书籍，图书馆将会评估罚款金额。

拥有良好信誉账户的读者，可以在任何有借阅业务的图书馆获取流通资料。读者在访问图书馆时，需要出示校园 ID 卡，并用图书馆账户登录，以显示当前状态；一旦验证成功，读者将获得一张图书馆卡。[①]

二、读者权责

持有有效的普林斯顿大学身份证（Tigercard）和照片的个人，享有图书馆资源有访问和借用特权。拥有家庭身份证的大学员工和学生的配偶及子女（23 岁以下）也享有图书馆特权。

图书馆还欢迎学者、独立研究人员以及其他人员或实体在特定条件下使用馆藏资源，但可能需要支付一定的费用。

（一）教职员工/专业人员

教职员工可要求研究助理代其向图书馆借书，但研究助理必须是大学社团的成员。教职员工和专业人员的借阅优惠期限因权限而异，家庭成员的借阅特权也与本校读者有所不同。不同图书分馆的借阅期限也会有所不同，从几小时到几个月不等。

（二）本科生

对本科生来说，图书馆特权的延续取决于其对图书馆规定和法规的遵守情况。根据学生入学状况的不同，学生借阅特权的期限会有所不同。

（三）研究生

对研究生来说，图书馆特权的延续也取决于其对图书馆规定和法规的遵守情况。希望借阅图书但未注册的普林斯顿大学研究生可以按 50% 借书费标准

---

① Borrow Direct［EB/OL］.（2018-10-25）［2018-12-14］. https://library.princeton.edu/services/borrowdirect.

的价格购买借书特权,借书费标准在每年7月确定。

(四)校友

校友可在图书馆门禁办公室申请门禁卡,五年内免费。希望借书的校友可按50%借书费标准的价格来购买借书特权,借书费标准在每年7月确定。校友可以从普林斯顿大学的任何图书馆获取普林斯顿大学图书馆的大部分电子资源,也可以远程访问选定的图书馆许可电子资源,供个人或非商业使用。校友借阅特权的期限因藏书而异。

(五)普通访问者

图书馆欢迎学者、独立研究人员以及其他与大学无关的个人或实体在特定条件下使用馆藏资料,但可能会收取访问或借用费用。访问者在燧石图书馆向门禁办公室的工作人员出示两种身份证明文件(其中一种必须包含照片)后,即可购买借阅特权并获取门禁卡或借阅卡。访问者最好在访问之前先与门禁办公室取得联系,因为门禁办公室的上班时间与图书馆开馆的时间不同。

普通访问者在获取了门禁卡后可在现场使用图书馆的馆藏资料,但不享受图书馆的某些服务,例如追踪丢失的图书,使用DVD、VHS录像带和储备资料,通过馆际互借申请借阅,检索已收到但尚未处理的图书。他们可以在现场使用大多数电子资源。门禁卡使用权限的延续取决于访问者对图书馆规定和法规的遵守情况。①

三、课程储备服务

(一)课程储备服务的利用

图书馆课程储备服务会向教师提供其系统中的书籍、电影或录音以用于课堂教学。普林斯顿大学的大多数图书分馆都提供课程储备服务。

学生可通过普林斯顿大学数字图书馆访问课程储备列表以及电子储备数据。在任一普林斯顿大学图书分馆储备的物理类资料的借阅时间都较短,如果延迟归还,将会面临重罚。

---

① Circulation-Policies[EB/OL].(2018-10-25)[2018-12-25]. https://library. princeton. edu/services/access/cir-culation-policies.

（二）储备

1. 实物储备

各种形式的实物书籍、音频 CD 和视频记录等被保存的教学资料均归普林斯顿大学图书馆所有，或由课程讲师借给图书馆；通过馆际互借或直接借取可获得的资料不能作为课程储备。

2. 电子储备

电子储备内容包括图书馆提供的单独的书籍章节、期刊和报纸文章、音频和视频剪辑等。这些服务的主要功能是确保学生和教师能够及时获得与课程相关的图书馆资源。

图书馆遵守版权法。以下标准适用于版权作品以电子形式保留在课程储备系统中的情况：

（1）将资料列入电子储备中，仅出于教员或其指定人员的要求且仅用于教育目的；

（2）图书馆必须拥有合法获得的，用作电子储备材料的副本；

（3）每一个电子储备都要包括原出版物的引用和版权声明；

（4）在每个学期结束时，将终止对电子储备的利用服务；

（5）图书馆储备工作人员将调查电子储备所需的资料是否可通过电子数据库获得，并在可能的情况下提供与此类信息的稳定链接；

（6）每学期结束时，图书馆工作人员将通过电子储备服务删除可用的资料；

（7）图书馆不会向学生收取使用电子储备资料的费用。

3. 储备借阅期及罚款制度

所有普林斯顿大学的教员、职员和学生及其家属都有资格借用储备资料。用户须出示大学身份证并经过验证，方可借阅物品。访客不得借用储备资料。

（1）本科课程。

读者可通过电话号码向服务台请求使用。隔夜借阅在交易台关闭前 3 小时开始，在第二天开放后 1 小时到期。24 小时借阅，应在第二天交易台关闭前办理服务。

（2）研究生课程。

研究生学习室可预订课程储备文献（仅限隔夜借阅），白天在校内使用；隔夜借阅在流通部门关闭前 3 小时开始。这些物品应在第二天交易台开放 1 小时后交付。

(3)过期储备项目罚款。
- 必读资料：1美元/小时，最多15美元/项。
- 选读资料：3美元/天，最多15美元/件。
- 笔记本电脑：6美元/小时，无最高限额。
- iPad：10美元/天，无最高限额。

另外，未退回的物品将收取更换和丢失物品处理费。10天内未归还的iPad将被视为丢失，图书馆将向借用人签发一份替换账单（599.00美元）和标准处理费（50.00美元）。设备借用人对其拥有的设备的损失或损坏负责，借阅期限和其他规定因图书馆分支机构的规定而异。①

第五节 特色服务及资源

一、文献检索服务

普林斯顿大学数字图书馆提供的文献检索服务界面如图9-1所示。

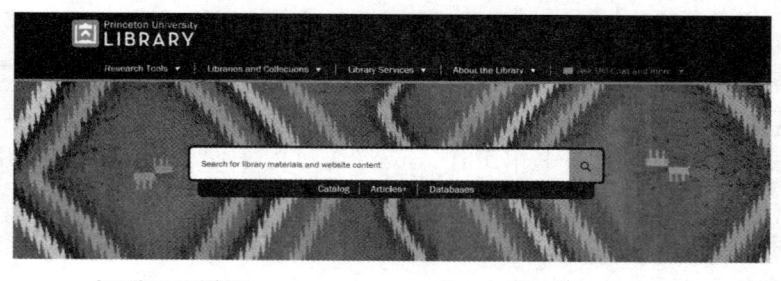

图9-1 普林斯顿大学数字图书馆提供的文献检索服务界面

---

① Reserves Services[EB/OL].(2018-09-17)[2018-12-26]. https://library.princeton.edu/services/reserves.

第九章　普林斯顿大学图书馆

（一）数据及统计服务

在普林斯顿大学数字图书馆网站上可通过主题、国家、地区、格式这几个选项查询相关数据统计资料。例如，以"国家"作为查询选项，以"中国"作为查询关键词，会查询到与中国相关的统计资料，如图9－2所示。[①]

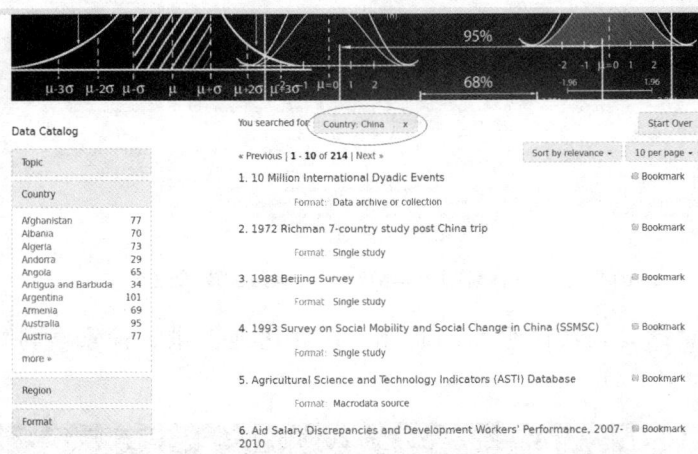

图 9－2　普林斯顿大学数字图书馆数据统计系统

（二）数据库检索系统

可通过数据库名称或名称中的关键词，以及主题查询这两种方式来寻找所需的数据库，如图9－3所示。

---

① Data and Statistical Servicess［EB/OL］.（2018-06-26）［2018-12-19］. https://dss.princeton.edu/.

16 所世界一流大学图书馆服务特色及创新概览

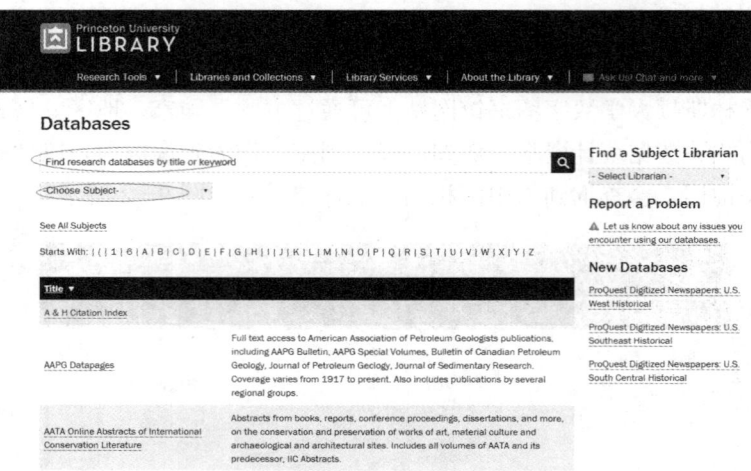

图 9-3　普林斯顿大学数字图书馆数据库检索系统

值得注意的是，在该页面的右侧，人性化地提供了检索学科馆员的功能[1]，如图 9-4 所示。

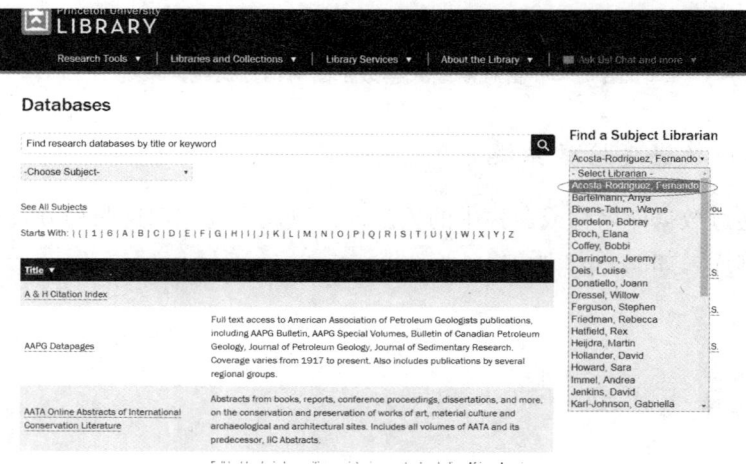

图 9-4　检索学科馆员的功能界面

---

① Databases[EB/OL].（2018-12-02）[2018-12-20]. https://library.princeton.edu/research/databases.

(三) 藏品检索工具

通过输入藏品的名称和大致的时期,就可以利用这个网站来探索普林斯顿大学图书馆所拥有的独特藏品,其中包括手稿、档案藏品、图片、短篇小说和一些独一无二的资源[①],如图9-5所示。

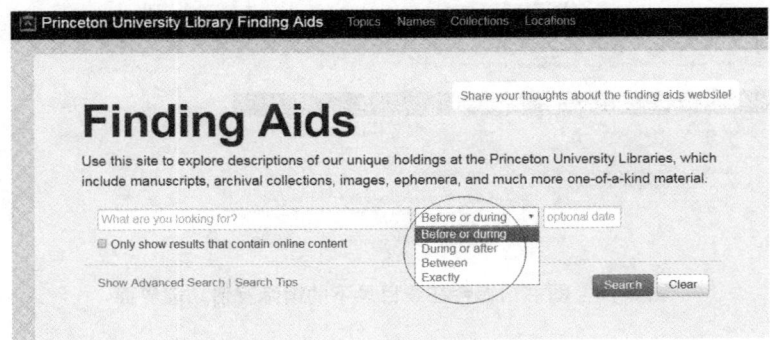

图9-5　普林斯顿大学图书馆藏品检索系统

(四) 书目数据库

图书馆的综合在线目录,列出了世界各地公共图书馆、学术图书馆、企业图书馆、学校图书馆和专业图书馆的书籍、期刊、地图、录音、电影、视频和其他资料的目录信息。若检索到的资料,不在普林斯顿大学图书馆,则可通过馆际互借申请借阅[②],如图9-6所示。

---

① Findingaids[EB/OL]. (2018-11-05)[2018-12-14]. https://findingaids.princeton.edu/.
② WorldCat[EB/OL]. (2018-02-23)[2018-12-22]. https://library.princeton.edu/resource/4165.

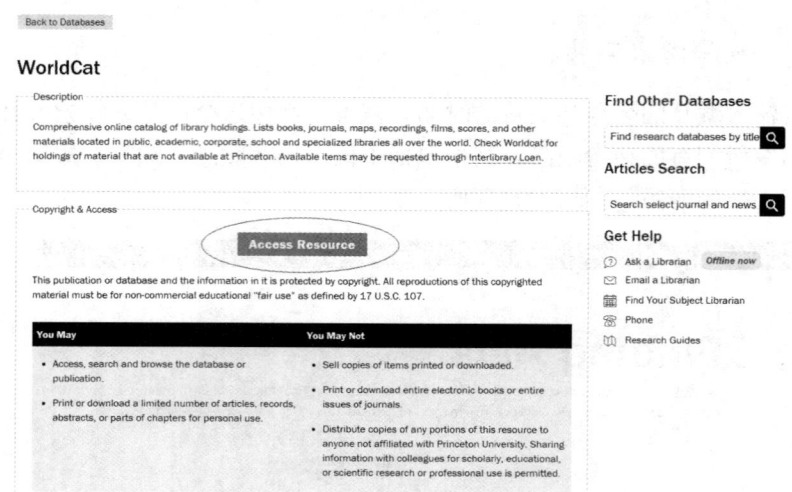

图9-6 图书馆综合在线目录下的馆际互借功能界面

（五）其他资源及服务

（1）直接借阅：通过直接借阅服务可搜索布朗大学、哥伦比亚大学、康奈尔大学、达特茅斯大学、杜克大学、哈佛大学、约翰霍普金斯大学、麻省理工学院、芝加哥大学、宾夕法尼亚大学、斯坦福大学和耶鲁大学的图书馆目录。

（2）课程储备：可查找放在课程储备中的图书馆资料。

（3）研究指南：按学科或课程列出推荐的研究资源。

（4）专业研究资源：包括索引、参考资源和专门数据库。

（5）数据与统计：读者可使用的数据文件门户。

（6）博硕士论文：可检索的论文索引和论文可追溯到1861年。

（7）政府文件：新泽西、美国和联合国文件来源研究指南。

（8）图像：精选的数字资源，包括数字化地图、艺术品、照片、手稿等。

（9）地图与地理信息系统：提供地理空间数据、数字地图和地理信息系统（GIS）的访问和使用指导。

（10）技术报告和灰色文献：一个研究门户，重点介绍社会科学、科学和技术学科报告、工作论文和预印本集的主要数据库和索引。

（11）数字地图和地理数据门户：可搜索可用的数字化地图和地理数据。

（12）电子期刊：用于识别和访问PUL电子期刊的搜索工具。

（13）高级论文目录：普林斯顿大学（1926年以后）毕业生撰写的论文列表。

（14）专门的PUL目录和收集数据库：补充图书馆目录和其他研究工具，

包括珍本和特别藏书部目录、手稿部目录和大学档案馆目录。

（15）引用查询：一种帮助根据特定引文信息定位特定电子期刊文章的工具。

（16）引文管理工具：引文和书目管理工具。图书馆会定期举办引文管理工具使用的培训班。

（17）引用来源：依据各种书目样式来格式化引文和参考列表的引用来源。

（18）哈希信托基金：它是学术和研究机构的合作伙伴，提供来自世界各地图书馆的数以百万计的数字化图书。

（19）本地、区域和全球图书馆目录：普林斯顿大学图书馆以外的图书馆的目录清单。①

二、校外读者访问服务

普林斯顿大学图书馆非常人性化地为来访者提供了较为详尽的参观信息，如图书馆位置、图书馆开放时间、访客停车信息、火车时刻表、校园地图、校园交通等，同时还贴心地在旁边附上了相关的求助途径，如向图书管理员咨询，给图书管理员发邮件，找主题图书管理员帮忙等，并附有相关电话号码。②

三、个人图书管理员项目

普林斯顿大学图书馆丰富的资源对于新生来说是一个挑战，因此在2017年秋季，该图书馆推出了一个"个人图书馆员"项目，让每一位新生都与一位友好的图书馆专家配对。专家作为私人图书管理员将帮助新生熟悉图书馆各类系统，助力学生的学习和科研，解答学生的疑问。③

四、各类活动和研讨会

普林斯顿大学图书馆定期举行阅读推广活动和学术研讨会，如：

（1）2018年10月1日，科特森儿童子图书馆举办纪念《哈利·波特与哲

---

① ArticleExpress[EB/OL].（2018-10-24）[2018-12-14]. https://library.princeton.edu/services/article-express.

② Visitors[EB/OL].（2018-11-20）[2018-12-26]. https://library.princeton.edu/visitors.

③ Personal-Librarian[EB/OL].（2018-09-10）[2018-12-26]. https://library.princeton.edu/personal-librarian.

学家之石》出版20周年的展览"儿童图书馆展览——'巫师101'",并向公众开放。

(2) 2018年10月4日,穆德手稿图书馆举办——"重新定义旧拿骚:妇女与现代普林斯顿的塑造"展览。本次展览旨在通过展出普林斯顿大学图书馆的馆藏,向普林斯顿妇女的成就和她们的故事致敬,同时也向人们展示了在过去的50年中,妇女是如何追求知识和相互支持的。

(3) 2019年1月28日——2月1日,普林斯顿大学图书馆、普林斯顿计算科学与工程学院以及OIT研究计算组织联合举办了为期五天的研究数据管理研讨会。会议向普林斯顿大学研究生开放,所涵盖的主题包括数据管理、数据处理和分析,以及数据的共享和归档研究的最佳实践。①

---

① Events[EB/OL].(2018-12-17)[2018-12-17]. https://library.princeton.edu/about/events-workshops.

第十章 康奈尔大学图书馆

第一节 学校简介

康奈尔大学（Cornell University）是一所位于美国纽约州伊萨卡市的世界顶级私立研究型大学（另有两所分校分别位于纽约市和卡塔尔教育城），是著名的常春藤盟校成员之一。康奈尔大学由埃兹拉·康奈尔和安德鲁·迪克森·怀特于1865年建立，是常春藤盟校中唯一创办于美国独立战争之后的新生力量大学，办学理念曾影响了整个美国高等教育，规模为当时全美高校之最。

康奈尔大学的立校之本是任何人都有获得教育的平等权利，是常春藤盟校中第一所实行性别平等的男女合校大学，也是最早在招生录取上实行不计贵族身份、不分信仰和种族的学校，并以创建学科齐全、包罗万象的新型综合性大学为建校宗旨，因而该校被誉为美国历史上第一所具有真正意义的全民大学。康奈尔大学是常春藤盟校中唯一采用公私合营办学模式的。

康奈尔大学最初以农工学院为特色而起家，其酒店管理学院、工业与劳工关系学院为全美首创，因此农业、兽医、工科、劳工关系、建筑、文理、教育、传媒、应用经济、酒店管理等相关学科一直为该校誉满全球的传统强项。康奈尔大学颁发了世界上第一个新闻学位，以及美国第一个兽医学位和第一个电气工程博士学位，也是美国最早开设美国研究和东亚语言专业的大学。所以，康奈尔大学对全球华人来说尤为特殊，因为它是全美第一所开设中文课程的大学。

康奈尔大学目前设立的学院：农业与生命科学学院（州立），兽医学院（州立），建筑、艺术和规划学院，文理学院，计算机与信息科学学院，工程学院，理工分校（纽约市校区），研究生学院，商学院，法学院，医学院（纽约市校区、卡塔尔校区），酒店管理学院，人类生态学院（州立），工业与劳动关系学院（州立）。继续教育学院则面向高中毕业生、专业人员及其他成人。其他独立的部门有公共事务教研所和作为美国陆海空军官教育基地的康奈尔军事科学学部。

第二节　图书馆概况

　　康奈尔大学图书馆是美国最大的学术研究型图书馆之一,以服务创新速度快、读者满意程度高而享有美誉,拥有20多个分馆,近500名馆员。其藏书700万册以上、缩微胶卷700万卷、电脑档案5000个,且有76000个声音记录(另加数码资源及大学档案馆的声音记录)。红楼梦抄本(甲戌本)现存于此。分馆尤里斯图书馆后面的钟楼每天都有学生表演敲钟演奏,每天太阳下山时他们也会在这里演奏校歌,参观者可以在钟楼中观看他们演奏。

　　康奈尔大学图书馆是校园内智能生活的中心。专家图书馆员会24小时在线帮助读者浏览世界级的藏书,并协助师生完成论文、考试准备和长期项目。①

　　最初,康奈尔大学图书馆是一个收藏了18000册书籍的莫里尔大厅。康奈尔大学的第一位图书管理员丹尼尔·威拉德·菲斯克去世后,将全部财产捐赠给了大学,安德鲁·迪克森·怀特总统也是如此。在菲斯克的指导下,康奈尔大学图书馆引入了许多创新,包括允许本科生浏览书籍。1885年,图书馆安装了电灯,每天开放12小时(而不是像美国大学的大多数图书馆那样,每周只开放几个小时),这使得学生可以把它当作参考书图书馆使用。

　　目前,康奈尔大学图书馆是由20多个分馆组成的系统,为康奈尔大学的教学、研究和服务目标提供资源和服务。图书馆执行小组对这20个多分馆进行管理和建设。② 图书馆作为学术部门,由大学教务长负责。

　　此外,康奈尔大学图书馆为员工提供丰富的服务和福利,帮助员工在职业生涯中取得进步,提高个人生活质量,例如员工健康计划、员工学位计划、研讨会、儿童保育和收养援助、育儿假和灵活的工作选择。①

---

　　① Library[EB/OL].(2018-12-31)[2019-01-20]. http://www.cornell.edu/academics/library.cfm.
　　② Library-Executive-Group[EB/OL].(2018-09-25)[2018-12-26]. https://www.library.cornell.edu/about/staff/library-executive-group.

第三节　图书馆分馆

康奈尔大学图书馆主要由以下分馆组成：安妮·卡里·德兰纪念替代图书馆、贝利礼堂图书馆、职业图书馆、CIIFAD资源中心、戈德法布纪念图书馆、麦考利图书馆、古生物学研究所图书馆、物理教育计算设备库、康奈尔妇女资源中心图书馆、玛丽·多伦霍尔图书馆、里斯里图书馆等。

一、安妮·卡里·德兰纪念替代图书馆

安妮·卡里·德兰纪念替代图书馆位于阿纳贝尔泰勒大厅。这个图书馆致力于提供免费和开放的资料，这些资料难以通过主流出版物和大众媒体来获取。

二、贝利礼堂图书馆

贝利礼堂图书馆是一个植物学书籍和期刊的集合馆，创始人是海德·贝利。此馆与康奈尔大学的旧韦根植物标本馆有紧密合作。

三、职业图书馆

职业图书馆的目标是帮助读者在尽可能短的时间内找到最佳的与职业相关的信息。

四、CIIFAD资源中心

CIIFAD资源中心是康奈尔大学食品、农业发展研究所的资源中心，收集特殊的教育资料，以支持可持续农业和农村的创新发展。

五、戈德法布纪念图书馆

戈德法布纪念图书馆位于阿纳贝尔·泰勒大厅一楼，藏有2000多本与犹太主题相关的书籍。其中包括美国犹太人的历史、律法评注、小说、传记资料以及有影响力的犹太人作家的诗歌集等。这些书籍向康奈尔大学师生和伊萨卡社区开放。

六、麦考利图书馆

麦考利图书馆位于康奈尔鸟类学实验室里,是世界上最大的动物声音和相关视频档案馆。

七、古生物学研究所图书馆

古生物学研究所图书馆位于伊萨卡市的普里地球博物馆里,藏书超过5万册,主要研究古生物学、地质学和自然历史。其中的威尔斯珍藏书室收藏了大量关于珊瑚、软体动物和有孔虫的书籍。除了图书,馆内还有大量的照片、幻灯片,以及来自很多著名科学家的纪念品。

八、物理教育计算设备库

物理教育计算设备库坐落在洛克菲勒大厅内,专注于收集先进的技术和编程文本。

九、康奈尔妇女资源中心图书馆

康奈尔妇女资源中心图书馆汇集了有关于约会、压力、健康和性骚扰的信息资源,部分资源的收藏获得了汤普金斯县等许多当地机构的支持。

十、玛丽·多伦霍尔图书馆

玛丽·多伦霍尔图书馆是一座不同寻常的后现代建筑,是一个小而安静的图书馆。

十一、里斯里图书馆

里斯里图书馆位于里斯里大厅,比起其他图书馆,它更像是一个安静的学习场所。这里收藏的浪漫小说数量仅次于康奈尔大学图书馆主馆。

第四节　图书馆使用及管理规定

一、使用办法

康奈尔大学图书馆拥有大量的藏书并与许多大学建立了合作关系，以帮助读者获得课堂和研究所需的资料。图书馆提供的资源包括书籍、期刊、连续剧、视听资料、缩微胶片等。

（一）在线书籍和期刊

读者可立即获取。

（二）显示在架的书和物品

读者可检索图书馆目录以确定图书馆是否拥有自己所需的资料或物品。如果该资料或物品在流通架上而未被取走，读者可立即到藏品库取阅。

（三）馆际文献传递

读者可通过 Summon 查找学术期刊文章、报纸文章和电子书。若本馆没有收藏，则可从其他学院、大学、研究中心和开放存取档案馆的数字存储库申请借阅。大概需要 12~48 小时。

（四）馆内文献传递

康奈尔大学图书馆间的文献传递是图书馆为读者提供的一项服务。用户可以要求将所需物从一个图书馆运送到他们选择的另一个图书馆，以便更方便地借阅。图书馆系统中的所有流通资料都可被要求传递至主馆。

（五）Scanit 软件扫描

它是康奈尔大学图书馆为学生、教职员工提供的一项服务，即对康奈尔大学图书馆保存的资料进行电子扫描。伊萨卡市和日内瓦校区的所有图书馆都提供这种服务。读者大概需要等待 3~5 天时间可以拿到扫描件。

（六）直接借阅

直接借阅是一种快速的图书请求和传送系统。它使康奈尔大学的教员、工作人员和学生能够搜索布朗大学、哥伦比亚大学、康奈尔大学、达特茅斯大学、哈佛大学、宾夕法尼亚大学、芝加哥大学、约翰·霍普金斯大学、麻省理工学院、杜克大学、普林斯顿大学、耶鲁大学和斯坦福大学的超过 6000 万册的图书馆目录，并可直接借阅。大概 2~14 天后读者就可拿到需要的文献资料。

（七）馆际互借

康奈尔大学没有，也不能通过直接借阅获得的资料可以通过馆际互借来申请。馆际互借可以让康奈尔图书馆的用户从其他大学图书馆借阅资料，并获得文章或书籍章节的扫描件。申请馆际互借后，最多 14 天读者就可获取所需的资料。

（八）召回

对某一已被借阅的资料进行召回前，图书馆会向借阅人发送一份通知，说明该书已被要求归还，且必须按新的到期日归还。新的到期日为召回之内 14 天起。[1]

二、借阅期限规定

（一）教师及职员

(1) 书籍借阅期：1 年。

(2) 期刊借阅期：1 年。

(3) 多媒体设备借阅期：1~6 周。

(4) 缩微胶片借阅期：1 周。

(5) 笔记本电脑和外围设备借阅期：3 小时或到次日开馆时间。

(6) 专用设备借阅期：1~3 天。

(7) 允许的签出数：不限。

(8) 课程储备资料借阅期：2 小时~3 天。

(9) 图书馆访问成本：不收费。

(10) 是否可以远程数据库访问：是。

---

[1] Borrow Direct, Interlibrary Loan(ILL) and Material Requests[EB/OL].(2018-09-27)[2018-12-26]. https://www.library.cornell.edu/services/request.

(11) 是否可以指定代理借阅人：是。

(12) 是否有康奈尔大学图书馆特权：是。

(13) 配偶、家庭伴侣是否有借阅特权：是。

说明：以上借阅规定适用于大部分分馆。

（二）研究生

(1) 书籍借阅期：6个月。

(2) 期刊借阅期：6个月。

(3) 多媒体设备借阅期：1~6周。

(4) 缩微胶片借阅期：1周。

(5) 笔记本电脑和外围设备借阅期：3小时或到次日开馆时间。

(6) 专用设备借阅期：1~3天。

(7) 允许的签出数：不限。

(8) 课程储备资料借阅期：2小时~3天。

(9) 图书馆访问成本：不收费。

(10) 是否可以远程数据库访问：是。

(11) 是否可以指定代理借阅人：否。

(12) 是否有康奈尔大学图书馆特权：是。

(13) 配偶、家庭伴侣是否有借阅特权：是。

说明：以上借阅规定适用于大部分分馆。

（三）本科生

(1) 书籍借阅期：8周。

(2) 期刊借阅期：8周。

(3) 多媒体设备借阅期：1~8周。

(4) 缩微胶片借阅期：1周。

(5) 笔记本电脑和外围设备借阅期：3小时或到次日开馆时间。

(6) 专用设备借阅期：1—3天。

(7) 允许的签出数：不限。

(8) 课程储备资料借阅期：2小时~3天。

(9) 图书馆访问成本：不收费。

(10) 是否可以远程数据库访问：是。

(11) 是否可以指定代理借阅人：否。

(12) 是否有康奈尔大学图书馆特权：是。

(13) 配偶、家庭伴侣是否有借阅特权：是。

说明：以上借阅规定适用于大部分分馆。

（四）校友

(1) 书籍借阅期：4 周。

(2) 期刊借阅期：4 周。

(3) 多媒体设备借阅期：1~4 周。

(4) 缩微胶片借阅期：1 周。

(5) 笔记本电脑和外围设备借阅期：3~4 小时。

(6) 专用设备借阅期：不适用。

(7) 允许的签出数：20。

(8) 课程储备资料借阅期：2 小时~3 天。

(9) 图书馆访问成本：每月 25 美元或每年 250 美元。

(10) 是否可以远程数据库访问：有限的。

(11) 是否可以指定代理借阅人：否。

(12) 是否有康奈尔大学图书馆特权：否。

(13) 配偶、家庭伴侣是否有借阅特权：否。

说明：以上借阅规定适用于大部分分馆。

（五）游客

(1) 任何人都可以访问图书馆并在现场使用文献资料、数据库和资源。

(2) 借阅权：欲申请借阅特权的参观者，可联络图书馆公共服务处。

(3) 阅览权：大多数图书馆都将资料放在开放的书架上，供参观者使用。在某些情况下，由于空间或安全考虑，访问者的访问可能受到限制。

(4) 数据库访问：访问者可以在图书馆的任何公共计算机终端访问图书馆内的大多数数据库。由于许可限制，康奈尔大学图书馆外的用户无法访问这些数据库。

(5) 无线互联网接入：访问者可以通过在访客网络注册，来使用自己的笔记本电脑或移动设备访问互联网。

(6) 设备使用：使用复印机、扫描仪、传真机、打印机等设备可能会收取少量费用或按页收费。大多数图书馆都接受现金、信用卡或复印卡等付款方式。①

第五节 特色服务与资源

一、特色服务

（一）私人学习和工作空间

康纳尔大学图书馆按照分馆（非洲图书馆、工程图书馆、工业和劳资关系图书馆、法律图书馆等）、空间类型（礼堂、咖啡馆、教室、电脑实验室、小组学习室、会议室等），以及使用对象（学生、教师等）分门别类地对学习和工作空间进行了推荐。②

（二）图书馆联络人

图书馆联络人是把你与图书馆的服务和资源联系起来的学科专家，他们建立了丰富的图书馆学科藏书体系，为教师和学生的研究、教学和学术交流提供支持。③

（三）残疾人用户特殊服务

康奈尔大学图书馆会尽量为残疾人用户提供住宿。鼓励寻求帮助的残疾人用户联系图书馆残疾服务协调员。他会在伊萨卡校区的康奈尔图书馆为残疾人用户安排住宿，使他们能够最有效地利用图书馆的设施、资料和服务。

1. 图书馆辅助技术

所有图书馆的公共计算机都装有一流的识字辅助软件，以及JAWS屏幕阅读软件。辅助技术工作站设在奥林图书馆和曼恩图书馆。除工作站之外，奥林图书馆还有一个能放大Merlin文本的LED屏幕，曼恩图书馆还拥有一台带

---

① Borrow,Renew,Return Policies［EB/OL］.（2018-10-17）［2018-12-26］. https://www.library.cornell.edu/services/borrow.
② Services Spaces［EB/OL］.（2018-06-26）［2018-12-26］. https://www.library.cornell.edu/services/spaces.
③ Library Liaison Program［EB/OL］.（2018-02-26）［2018-12-26］. https://www.library.cornell.edu/services/liaisons.

有配套软件的盲文打印机。

2. 获取资料

图书馆工作人员会为残疾人用户主动提供文献检索和查找资料的服务。

3. 可访问打印机

奥林图书馆打印机,在奥林图书馆的一楼,放在一个矮桌子上,以方便残疾人用户使用。

4. 直接借阅

如果康奈尔大学图书馆没有用户需要的资料,或者康奈尔大学图书馆的资料副本已借完,用户可以在"直接借阅"中搜索该资料。直接借阅是一个由12个合作机构组成的共享数据库,可以在56天的借阅期内将资料快速地相互运送以共享资料。借阅时间通常不超过1周。

5. 文档传递服务

根据用户需求,图书馆工作人员会将扫描好的书籍章节或期刊文章,通过电子邮件以PDF格式发送给用户,以便在其自己的计算机上查看。此项服务对暂时或永久残疾的顾客免费。

6. Hathitrust 公平准入

康奈尔大学图书馆与 Hathitrust 数字图书馆合作,为有打印障碍的用户提供访问 Hathitrust 数字图书馆资料的途径(http://www.hathitrust.org/)。用户可让代理人帮其完成申请。

(四)嵌入式教学

教学需要创新。康纳尔大学图书馆的工作人员常常开研讨会讨论如何更好地为教学和科研服务。他们的目标是将图书馆教学巧妙、无缝地嵌入学院教师的课程计划中。图书馆的工作人员与学院的教师合作,尽可能创建最好和最有效的教学课程。其中,重点关注学生的信息素养培养,以及图书馆资源使用方法、研究方法和先进工具的使用。

康奈尔大学图书馆的嵌入式教学特色如下。

1. 有效的基础教育

增强学生寻找和使用信息源的相关技能。通过图书馆的教学,让学生学会如何发现和评估学术资源,并能够完成信息更丰富的作业。

2. 定制和协作

图书馆馆员与教师一起设计适合其特定课程目标和学生的课程内容。图书馆员可以帮助教师从课程规划的早期阶段开始,设计图书馆信息素养教学方法。

3. 创新

图书馆馆员们以有效的教学模式、恰当的教学工具进行教学,同时引入学科所需的学术资源和最新的数据管理工具,并将教育奖学金纳入激励机制,以吸引学生并促进其学习,最大限度地提高学生的学习成果。

4. 共同教授写作课程

图书馆助教汤尼·科斯格雷夫与高级讲师达莲娜·伊万斯共同教授1420号文书,通过合作授课开辟教学新世界。在课堂上,Tony向学生介绍研究策略、学术来源的批判性评估和信息的伦理使用,启发学生们写作详尽、深入的研究性论文和注释书目。

"这门课程很独特,是第一次合作的写作研讨会,它不仅向学生介绍学术研究和写作,而且使任何学科的学生都能具有重要的信息分析技能,这甚至可以支撑学生们在大学及之后的时期里从事最复杂的研究工作。"

——高级讲师达莲娜·伊万斯

5. 教学生鉴别文献资源的来源

柯利·帕西诺是一名生命科学的本科生图书管理员,她与苏姗·亨利教授合作,为人类遗传学与社会(一个非专业的课程)的学生提供课程作业、一对一咨询和实践练习,指导学生找到优质资源。课堂上讨论的问题涉及复杂的科学、法律和隐私问题,她要求学生确定文献资料的来源是可靠的。

"Kelee Pacion通过曼恩图书馆为学生提供了学科信息资源和信息工具,指导了学生们如何去选择相关主题、访问相关文献并评估相关文献资源的科学有效性,这是本课程的主要要求。"

——分子生物学和遗传学教授苏姗·亨利

6. 通过实验性合作增强学生的学习能力

图书馆馆员维吉尼亚·科尔与爱德华·巴普蒂斯特教授合作开设了一门新的数字历史本科课程,这是康奈尔大学开设的第一门此类课程。维吉尼亚是一名嵌入式图书馆员,他在课堂上指导学生如何使用适当的数字资源和工具,并回答了有关图书馆资源使用的问题。

"作为一名讲师,与嵌入式图书管理员合作是一次美妙的经历。由于她的帮助,我们能够立即获得资源并获得充分的信息。维吉尼亚可以帮助解释概念、提供建议,是图书管理员中的榜样。"

——历史学教授爱德华·巴普蒂斯特

7. 教师反馈

"这学期,我请了两名图书馆馆员来帮助学生学习使用谷歌地图和维基百科编辑。两位图书馆馆员参观了我的班级,并在图书馆举办了一场维基百科的实践课程。为了帮助学生,他们准备了一份课程学习指南,列出了一些我认为非常有用的资源。我希望图书馆今后能继续开展这项服务。"

——某教师

"每当我请求约翰逊图书馆的工作人员帮助我开展研究生的教学工作时,他们总是积极响应。我非常依赖他们。"

——文理学院教师约翰逊[①]

(五)学科服务

美国康奈尔大学图书馆的学科服务除资源建设、参考咨询、用户培训和院系联系外,也扩展到了学术出版与传播、数字工具开发、科研数据管理、资源发现与管理以及基金管理等更为宽广的领域。目前图书馆有学科馆员50余名,分别隶属于主馆和各个专业分馆。康奈尔大学图书馆的学科馆员工作可以从传统服务和创新服务两个方面来论述。

1. 传统服务

从资源建设方面来说,学科馆员负责自己学科的馆藏资源建设。他们每年有一定额度的资源采购经费,根据经费额度,他们决定自己对口服务学科所需要购买的书刊。学科馆员也被称作选书馆员(Book Selector)。

在教学培训方面,康奈尔大学图书馆的学科馆员主要采用的教学培训模式如下:

(1)与教师合作授课。

学科馆员与教师合作授课的这种嵌入课程的教育形式已成为康奈尔大学用户的主流教育方式。

(2)讲座活动。

讲座内容多为实用软件的使用方法,如Office软件、个人文献管理工具、图像处理软件等。分馆开展的讲座往往专业性更强。

---

① Instruction and Workshops[EB/OL]. (2018-11-25)[2018-12-26]. https://www.library.cornell.edu/services/instruction.

(3)迎新活动。

图书馆每年都会组织新入校的本科生、研究生和教工参观图书馆。活动形式包括讲座、午餐会、欢迎会等。

在参考咨询工作方面，康奈尔大学图书馆学科馆员都会参与参考咨询服务，咨询方式包括当面咨询、电话咨询、实时咨询以及 E-mail 咨询等。读者可利用网站下拉式菜单选择与问题内容最相关的专业分馆，提交需要咨询的问题，而专业性比较强的提问通常会转给对口学科的馆员来回答或处理。如有需要，分馆之间会充分发挥各自专业特长来联手为读者提供高质量的咨询服务。

在院系联系工作方面，康奈尔大学图书馆的学科服务理念，一是积极和读者接触，努力将资源与服务送出门去；二是深入对方的空间，包括网络空间和物理空间。具体联络方式有参加院系会议、参加教师午餐会、将学科网页挂到院系网站上等。

2. 创新服务

康奈尔大学图书馆明确提出学科馆员必须融入科研活动的全过程，学科馆员应对师生的每个科研阶段提供支持与服务，见表10-1。

表10-1 学科馆员对师生的科研各阶段提供的支持与服务

科研阶段	图书馆提供的服务	案例
科研筹备阶段	促进跨学科、跨机构的研究	VIVO
	基金项目申请咨询与支持	制定数据管理规划、数据库检索
科研进行阶段	深层次学科文献咨询服务	文献计量、数据管理
	科研工具的应用介绍	VIVO、GIS、在线研究指南等
成果产出阶段	学术出版与传播服务	投稿、版权、参考文献格式等的咨询，在线出版
	数字化服务	元数据处理、数字化加工、可视资源管理
研究结束之后	研究数据的存储与监管介绍	/

康奈尔大学图书馆的学科服务创新体现在如下几方面：

(1) 应用VIVO，促进科研交流与合作。

VIVO是基于开源语义和本体结构的发现工具，是一种具有开放性的、脸谱网风格的专业社交系统。VIVO平台能够显示科研人员的研究兴趣以及研究内容，揭示跨校区、跨学科的研究者信息，从学校的管理系统抓取信息，包括基金、项目、学术活动、出版物、实验室与研究条件等。这方便了科研人员之间相互寻求合作。VIVO 项目于 2003 年由康奈尔大学计算机专家和图书馆发起,在 2009 年得到美国国家卫生研究院的资助金额 1200 万美元,康奈尔大学、华盛顿大学、印第安纳大学等 7 所大学联合将其发展为全美跨学科科学家网络。①

(2) 研发在线出版平台,引领数字出版与开放获取的潮流。

为了促进学术研究成果的传播与开放获取,抵制商业出版物的价格上涨,康奈尔大学图书馆涉足学术出版与传播领域,倡导建立基于开放存取的新学术交流体系。有以下代表性项目:

• ArXiv.Org 是免费的电子预印本文库,学科包含数学、物理、天文计算机科学等,具有较大的影响力。

• Projiect Euclid 是康奈尔大学图书馆在 2000 年建立的一个公益性质的在线出版物平台。目的是加强统计学和数学学科的学术交流,大力支持独立出版商和专业学会期刊的低成本网上出版,是一种学术交流的新模式。

• eCommons@ cornell,是康奈尔大学创建的机构知识库,包括技术报告、会议文献、研究数据、科研论文等方面的数字资料,致力于为本校科研人员提供数字研究成果的长期保存及共享服务。

(3) 科研数据监管工作,为科研提供数据保障。

2010 年,图书馆作为康奈尔大学研究数据管理与服务组机构之一,提供存储备份、数据分析、元数据加工、数据发布等服务。近几年,康奈尔大学图书馆建立了数据仓储库,保存生态系统和农业学科的研究数据。学科馆员提供数据监管服务,研究数据的咨询服务,并帮助研究人员根据科研要求来规划研究数据的管理,包括参与数据保存标准的制定和数字仓储的建设等工作。

(4) 以合作理念发展学科服务。

2009 年,康奈尔大学图书馆和哥伦比亚大学图书馆开展了一系列深度合作,即著名的 2CUL(两馆英文缩写相同,因此简称 2CUL)。合作领域覆盖了基础设施、资源建设与技术服务。合作内容包括共享人员、共享资源、共享技能、共享机会、共享品牌优势等。2CUL 的成功合作成为美国图书馆领域馆与馆之间合作的楷模。两馆已在拉美研究、东业研究等领域合作提供学科服务。②

---

① CornelUniversity[EB/OL].(2018-12-02)[2018-12-03]. https://www.cornell.edu/.
② 李力. 国外研究型图书馆学科服务的发展态势及启示——以康奈尔大学为例 [J]. 图书馆学研究,2013(14):82-85.

二、特色资源

（一）康奈尔图书馆的数字馆藏

它是历史文献的在线收藏。特色藏品包括非裔美国诗歌藏品、历史数学书籍藏品、塞缪尔·梅反奴隶制藏品、巫术藏品和多诺万·纽伦堡审判藏品。

（二）珍藏手稿

珍藏手稿收藏部门位于卡尔·A. 克罗奇图书馆。这里有亚伯拉罕·林肯1863年在葛底斯堡演说的唯一一份属于私人所有的手稿副本，该手稿同时附有林肯的原封信，信封上有林肯的地址。此外，还有巫术审判记录以及法国大革命期间制作的数千本小册子，杰斐逊和拉斐特之间的通信，一本被认为是世界上最昂贵的书——《美洲的鸟》，达尔文的《物种起源》（1859年），简·奥斯汀的《傲慢与偏见》（1813年）的初版。[①]

（三）新媒体艺术档案

罗斯·戈尔森新媒体艺术档案馆主要收藏罗斯·戈尔森新媒体艺术档案，是一个研究新媒体艺术的宝库。它由人文学会理事蒂莫西·默里（Timothy Murray）于2002年创立，以纪念已故的康奈尔大学社会学教授罗斯·戈尔森。罗斯·戈尔森新媒体艺术档案馆的档案资料，记录了多年来新媒体艺术在技术研究和发展方面发生的变化。

档案馆的藏品中还有一些是多媒体艺术作品、未出版的手稿、一些表演的数字化收藏及短剧视频等。[②]

（四）特别收藏活动

除了一般的收藏品外，罗斯·戈尔森新媒体艺术档案馆还举办了许多特别的收藏品的联谊活动。洛克菲勒基金会从2002年起资助康奈尔大学新媒体艺

---

① World's Most Expensive Book, Birds of America, Set to Fetch $10m[EB/OL].（2018-11-25）[2018-12-26]. https://www.theguardian.com/books/2012/jan/06/most-expensive-book-birds-of-america-10mX.

② Rose Goldsen Archive of New Media Art. Cornell University Library[EB/OL].（2017-07-05）[2018-11-27]. https://www.sogou.com/link?url=MRoBrhLn5VMYBrSVNPkYx7yAa4Wxs-xWPZc5CUBAfi9Bw3RHn9FTQQ.

术的年度比赛，2003年至2008年的竞赛相关材料（如策划、幻灯片、艺术家作品集、其他支持材料等）的数字化副本都储存在罗斯·戈尔森新媒体艺术档案馆。

康奈尔大学图书馆和北京东台艺术学院合作建设的中国前卫艺术普林档案馆和查尔斯·W. 瓦森东亚收藏馆，收藏了360个小时的录像带，记录了中国当代艺术的发展。1985—2002年展出过下列人员的作品：崔健、杜振军、冯梦波、李先亭、林毅林、卢胜忠、牟森、宋栋、宋永平、徐兵、余晓福、张大理、周少波、陈凌阳等①。

（五）ETC：实验电视中心档案馆②

这是一个拥有3000多个艺术作品的录像带和DVD的收藏中心。它包含当代和第一代视频艺术的艺术家的作品。罗斯·戈尔森新媒体艺术档案馆自2011年以来一直收藏着实验电视中心（1969—2011）藏品。

由于艺术品的脆弱性和复杂性，大多数艺术作品都做了数字化，其中许多作品是交互式的。罗斯·戈尔森新媒体艺术档案馆是致力于保存文献策略的国际数字艺术档案馆之一。罗斯·戈尔森新媒体艺术档案馆已经完成了一项由国家基金会人文基金资助的保护计划，旨在使人们能够更简单、更可靠地接触到复杂的交互式的数字媒体艺术作品，且能在现代计算机上观看这些艺术作品。

---

① Chinese Avant-garde ArtArchive[EB/OL]. (2018-09-26)[2018-11-29]. http://goldsen.library.cornell.edu/wen/bibliography.php.

② Video Library and Archives of the Experimental Television Center(ETC)[EB/OL]. (2018-10-26)[2018-11-29]. http://www.vdb.org/titles/etc-experimental-television-center-1969%E2%80%932009.

第十一章　芝加哥大学图书馆

第一节　学校简介

芝加哥大学（The University of Chicago）位于美国国际金融中心芝加哥，是世界著名私立研究型大学，常年位列各个大学排行榜前十，是世界经济学、法学、社会学等学科最重要的研究教学中心之一。截至 2018 年，共有 98 位诺贝尔奖得主在芝加哥大学工作或学习过。芝加哥大学现有本科生 6286 人，硕士和博士研究生 10159 人，校友 182000 人，专职教师 2887 名，工作人员 8800 多名，医学中心 8431 个，国家级实验室 4749 个。自成立以来，芝加哥大学鼓励学者和学生提出学术问题，打破学科的界限，挑战传统思维，促进各个学科的发展。

第二节　图书馆概况

芝加哥大学图书馆作为一个智力研究中心，目标是成为世界上最具活力的研究和学习环境，芝加哥大学致力于科学、社会科学、人文科学和学生的研究和教学，并利用其资源解决问题。

在保障图书馆建立和保存的同时，芝加哥大学图书馆还承担对芝加哥大学的研究、创新和学习至关重要的新角色。为此，图书馆利用工作人员的深厚专业知识，开发支持新研究途径的服务，并以促进大学社区目标和下一代学者需求的方式扩大学术资源的获取和保存。

一、图书馆的使命、愿景和价值观

芝加哥大学图书馆的文化由图书馆使命、图书馆愿景和图书馆的价值观组成。①

(一) 图书馆的使命

芝加哥大学图书馆的使命宣言是一句拉丁语：Crescat scientia，vita excolatur（让知识从多到更多，使人类的生活更丰富）。图书馆的使命是提供全面的资源和服务，以支持学校师生的研究、教学和学习。为了完成这一使命，图书馆承诺：

(1) 了解读者的研究、教学和学习需求；
(2) 丰富馆藏并创建工具来支持研究、教学和学习；
(3) 提供并促进本地和外部信息资源的发现和使用；
(4) 确保图书馆馆藏资源的保存和长期可用；
(5) 为学习、教学和研究创造良好的馆舍环境和网络环境；
(6) 与其他大学合作，丰富研究和学习群体；
(7) 推进本地、国家间和国际馆藏资源的流动；
(8) 提倡、鼓励、支持馆员形成专业、熟练、奉献、创新的精神。

(二) 图书馆的愿景

作为活跃的知识调查中心，芝加哥大学图书馆与芝加哥大学有共同的目标，即成为世界上最具活力的学习环境。

在这个目标的激励下，芝加哥大学图书馆承诺将确保其藏品保持前瞻性、多样性、开放性及举世闻名。通过宣传推广，图书馆让读者了解他们能获得的资源，并通过创新使人们更容易获取这些资源。图书馆创造了一个完整的无缝信息网络，并进一步简化访问程序。为了服务未来的读者，图书馆保存所有格式的信息并确保存储和传送系统的有效性。根据图书馆读者习惯的变化，图书馆还会不断调整馆舍环境及网络环境，以丰富读者的校园经历及追求探索的方式。图书馆不断扩大合作，为读者争取统一访问权限，扩大资源范围及提供更好的服务。

---

① Chicago Library Mission，Vision，and Values[EB/OL]. (2018-6-20)[2018-07-25]. https://www.lib.uchicago.edu/about/thelibrary/mission.

第十一章　芝加哥大学图书馆

（三）图书馆的价值观

在与读者的交流中，图书馆都以以下观点为服务理念。

1. 知识

（1）促进对学习和精神生活的追求；

（2）通过讨论和调查来寻求真理；

（3）为学术研究做出贡献；

（4）将馆舍打造成一个真实和虚拟并存的课堂；

（5）为自己是知识记录的收藏家和保管人而自豪。

2. 服务

（1）提供支持创造和协作的环境；

（2）相信图书馆的每个读者都是独特而重要的；

（3）不断发展以满足图书馆及读者不断变化的要求；

（4）为学习、研究、工作、思考和互动提供舒适、友好、安全的场所。

3. 品质

（1）致力于追求卓越；

（2）寻找最好的工作人员和资源来完成图书馆的工作；

（3）支持个人成长和组织发展；

（4）孜孜不倦地努力满足读者的期望。

4. 公正

（1）以诚待人；

（2）坚持公平公正；

（3）用行业的最高标准使读者公开公正地获取信息；

（4）具备较高的职业道德，对图书馆的行为负责，遵守图书馆的承诺并履行图书馆的诺言。

5. 尊重

（1）平等礼貌地对待每一个人；

（2）鼓励在视角、意见和观点上保持不同见解；

（3）照顾到他人的需求；

（4）提供包容性和多样化的环境。

6. 交流

（1）在多方面进行真诚地沟通；

（2）看重图书馆参与的重要性；

(3) 尽可能地与所有读者进行交流；
(4) 分享信息，征求能使图书馆走向成功的意见。

二、组织结构

（一）组织结构图（见图11-1）

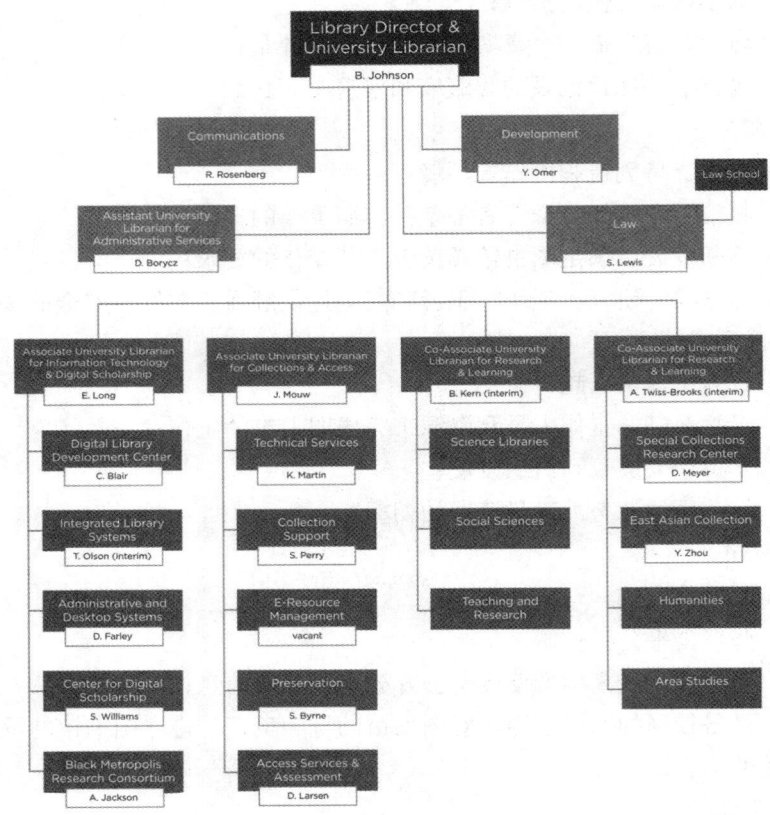

图11-1 芝加哥大学图书馆组织结构图①

---

① The University of Chicago Library Organizational Structure[EB/OL].(2018-6-20)[2018-07-27]. https://www.lib.uchicago.edu/media/documents/orgchart.pdf.

第三节　图书馆分馆

芝加哥大学图书馆有 6 个分馆，分别是收藏医学、物理等资源的 The John Crerar 图书馆，D'Angelo 法律图书馆，Eckhart 数学图书馆，2011 年开放的 The Joe and Rika Mansueto 图书馆，The Joseph Regenstein 图书馆，特藏中心以及 Social Service Administration 图书馆。

一、The John Crerar 图书馆

The John Crerar 图书馆以 John Crerar 的名字命名，于 1984 年开放。该图书馆的座右铭是"Non est mortuus qui scientiam vivificavit"（为知识而活的人并没有死）。该图书馆是一栋由地上三层加上地下一层组成的建筑，阅览桌椅都是浅橡木色的。一个铝材与手工水晶结合的庞大雕塑从中庭天窗悬挂下来，这个名叫"Crystara"的雕塑由芝加哥大学艺术家 John David Mooney 创作。该图书馆是芝加哥大学的科学图书馆，收藏有生物学、医学和物理科学等方面的资源，面积是 160836 平方英尺，有 650 个阅览座位，还有 3 个特色空间，分别是 CSIL（计算机科学教学实验室）、Kathleen A. Zar 数据可视化实验室及 PSD Graphic Arts 印刷和设计服务中心。

二、D'Angelo 法律图书馆

D'Angelo 法律图书馆于 1960 年投入使用，1987 年以校友 Dion D'Angelo 的名字命名，现有面积 67000 平方英尺，有近 500 个阅览座位和需要预约的 7 间会议室。D'Angelo 图书馆有很长的书架，布置在馆舍中心，四周是工作人员办公室。D'Angelo 图书馆有 11 名专业图书馆工作人员，其中 7 人具有图书馆学硕士学位，另有 11 名管理人员和工作人员。D'Angelo 图书馆馆藏超过 70 万册，其中包括了超过 25 种语言的来自世界各国和国际组织的法律方面的资料和超过 700 个数据库。D'Angelo 图书馆是美国国会指定的政府文件保管机构。

三、Eckhart 数学图书馆

Eckhart 数学图书馆位于数学学院所在的 Eckhart Hall 的二楼。Eckhart 数学图书馆拥有大约 13000 册数学、计算机科学和统计学方面的馆藏，且越来

越多的期刊仅以电子形式收藏。Eckhart 数学图书馆为读者提供长桌子和舒适的座位，它还有两个公共计算机工作站。

四、The Joe and Rika Mansueto 图书馆

The Joe and Rika Mansueto 图书馆于 2011 年开放使用，是一个有着高耸的椭圆形玻璃圆顶的建筑。该图书馆有最先进的数字化实验室以及一个高密度自动化储存和检索系统。位于玻璃穹顶南侧的 Grand 阅览室有 8000 平方英尺，可容纳 180 位读者，专为安静的学习和阅读而设计。Grand 阅览室周围有 15 个 4 人桌，这些桌子配备了工作照明灯和电源插座。Grand 阅览室主要部分包含长排阅读桌，这些桌子配有荧光灯具、金属条，读者可以使用他们的笔记本电脑、电源插座和进行数据连接。Grand 阅览室还在流通中心的两边设了 3 个玻璃研讨室。工作人员会将其中的 2 间分配给需要在几天内使用大量书籍的读者。另外一间配有播放机等，供图书馆音像制品馆藏的读者使用。图书馆的高密度自动化存储和检索系统只需要七分之一的常规馆藏空间，当读者提交申请时，具有机器人检索功能的紧凑书架和箱柜系统会在 15 分钟内将馆藏送到读者手中。

五、The Joseph Regenstein 图书馆

The Joseph Regenstein 图书馆于 1970 年完成修建，以工业家 Joseph Regenstein 的名字命名，是一个 7 层的建筑。馆舍位于校园的南北轴线上，建筑面积约 577085 平方英尺，有超过 450 万册的纸制藏品，主要着重于人文和社会科学以及商业、神学和地区研究方面。该图书馆的一楼阅览室在秋季、冬季和春季从星期天早上 10 点到星期五晚上 11 点，向师生开放。该图书馆东侧的研究中心有 220 间研究室，规模从 55 平方英尺到 110 平方英尺。这些研究室仅供符合条件的教职员工租用。此外，该图书馆还设有一间母婴室，供哺乳期母亲和寻求祷告空间的女性使用。

六、特藏中心

特藏中心成立于 1953 年，是芝加哥大学图书馆的珍本书籍、手稿和档案收藏中心。藏品包括从 15 世纪西欧开始到现在的约 34 万本珍本书籍、3505 米长的手稿收藏品（包括写在纸莎草纸上的手稿）和大学档案馆的 15484 米长的芝加哥大学的官方行政记录，以及教职员工、校友的论文和记录校园学生组

织的资料。该中心为读者提供藏品研究使用的拷贝件，这些拷贝件是根据美国版权法提供的，所有拷贝的请求均须经馆长批准。查阅的档案和手稿或获得的此类资料的复印件均不能以任何方式向外传播或出版，除非有著作权人和作为资料拥有者的图书馆的共同许可。

七、The Social Service Administration 图书馆

The Social Service Administration 图书馆的馆藏约有 39000 件，涵盖社会服务、社会福利和社会工作等方面，包括儿童福利、公共福利、心理健康和城市规定等资料。除书籍和期刊外，该馆还收藏有缩微胶卷、胶片和宣传册等类型的资料。

第四节　图书馆使用及管理规定

一、电子资源使用规定

芝加哥大学图书馆的电子资源可用于芝加哥大学的研究和教学，但禁止以下用法：
（1）未获授权的读者访问资源；
（2）下载整个在线期刊或电子书的主要部分；
（3）下载文本以创建概要文集；
（4）使用软件或其他自动化工具系统地下载许可内容；
（5）未经许可将资源用于商业用途。

二、维护学术环境

（一）图书馆读者和工作人员的责任

1. 规范行为
（1）在所有学习区域按规定保持安静；
（2）只在图书馆指定的区域进行小组学习和小声地讨论；
（3）禁止大声喧哗；
（4）在馆内将手机、笔记本电脑及电子设备设置为静音；
（5）在指定区域打电话，避免打扰他人；

(6) 遵守图书馆在食物和饮料方面的规定；

(7) 不在馆藏资源上乱涂乱画。

2. 帮助维持图书馆的物理空间

(1) 不在馆内及图书馆建筑入口 15 英尺范围内吸烟（包括电子烟等）；

(2) 不得将动物带入图书馆，服务类动物除外；

(3) 将自行车停在图书馆指定区域；

(4) 不得在图书馆内或入口附近使用滑板车、滑板、直排轮及轮滑等交通工具；

(5) 根据图书馆宣传活动规定，不得在指定地点或特别许可地以外的地方张贴标志、通知及其他资料。

3. 创建舒适的环境

(1) 穿正装入馆，如衬衫和鞋子；

(2) 不得传播色情或淫秽图像。

4. 确保安全和有序的环境

(1) 在需要时提供身份证明；

(2) 在闭馆时离开图书馆；

(3) 未经许可不得进入图书馆工作区域；

(4) 密切关注自己带到图书馆的儿童；

(5) 未经他人及图书馆管理部门许可，不得拍摄个人或团体的照片，或以商业为目的给图书馆空间拍照；

(6) 未经图书馆批准，不得进行征集或调查等活动；

(7) 根据学校规定，不得在图书馆开展政治筹款或党派政治活动。

(二) 图书馆禁止的行为

(1) 从事犯罪活动，包括盗窃、殴打和袭击他人；

(2) 破坏或损坏图书馆资料、设备、藏品、家具或设施；

(3) 跟踪、骚扰等行为；

(4) 从事性行为；

(5) 违反大学关于骚扰、歧视和性行为的规定，因种族、肤色、宗教、性别、性取向、民族或民族血统、年龄、身体残疾、退伍军人身份等诋毁他人；

(6) 将任何类型的枪支、爆炸物或其他危险物品等带入图书馆；

(7) 违反大学的药物和酒精规定；

(8) 违反大学信息技术使用和获取规定，以及关于可接受使用电子资源的规定。

三、创建和维护学术环境的权利和责任

（一）创造和维持学术环境

1. 责任

图书馆读者和工作人员应共同承担创建和维护学术环境的责任：

（1）人人都有责任尊重他人；

（2）人人都应避免干扰他人，不得侵犯他人使用图书馆进行研究的权利，不能以任何方式破坏学术环境；

（3）人人有责任了解并遵守图书馆有关维护学术环境的规定。

2. 读者权力

（1）有权要求其他人结束谈话、小声交谈；

（2）有权寻求图书馆工作人员的帮助；

（3）在解决问题时，有权要求图书馆工作人员采取慎重的态度。

（二）恢复学术环境议定书

如果读者违反图书馆关于学术环境的相关规定，图书馆工作人员可能会要求查看ID（按照大学的规定），发出口头或书面警告，或者要求读者离开图书馆。如果读者隶属于大学，工作人员也可能与大学管理人员合作解决问题。在任何情况下，图书馆工作人员都会尊重读者在恢复学术环境方面的权利。

如果读者的行为是严重违法行为，或者读者行为危及环境、人员安全，或者图书馆工作人员的恢复学术环境的措施失败，图书馆工作人员都将向大学警察寻求帮助。严重违纪的人，可能丧失使用大学图书馆的权限，受校规处分（如果其附属于大学），也许还会因损坏资料或设备而被起诉。

四、关于读者留言的规定

如果读者的留言违反大学规定或美国法律，或造成其他恶劣影响的，图书馆将删除该读者留言。如果留言的主要目的是推广一个与主题无关的网站，那么该留言会被删除。

五、房间使用规定

(一)小组学习室使用规定(表 11-1)

表 11-1　小组学习室使用规定

1. 使用须满足的条件 • 小组学习室只能由 2 个或 2 个以上读者使用 • 小组学习室仅供芝加哥大学学生及教职员工使用 • 没有预约的读者可以按先到先得的原则使用房间,但已预约的房间不可使用 2. 预约规定 • 可以提前 7 天预约,30 分钟为一个时间段,最长预约 3 小时 • 不得同时预约两个房间 • 可以预约连续的空白时间段,但连续预订时间不能超过 3 小时 • 预约须提前 30 分钟 • 可以在预约时间开始前取消预约,但预约开始后,就不能再取消 • 超过 3 小时预约会被取消 • 图书馆保留在必要时修改或取消预约的权力 3. 使用要求 • 凭确认预约邮件使用小组学习室 • 预约有 10 分钟宽限期,若宽限期内有 2 个或 2 个以上成员未到场,则预约无效 • 不得将私人物品放入小组学习室 • 不得随意增加或减少学习室家具,学习室使用者有义务向图书馆工作人员报告家具缺失等情况 4. 读者义务 • 所有读者都应遵守图书馆维护学术环境的规定 • 不恰当地使用小组学习室可能导致被要求腾出房间 • 学习室不是隔音的,请小声说话,以免打扰别人

(二)教室使用规定(表 11-2)

表 11-2　图书馆教室使用规定

1. 教室使用规定 • 图书馆的教室服务于图书馆的工作人员和大学教师的特别课程教学 • 在正常的教学时间内,当教室没有预留给教学课程时,以先到先得的方式使用图书馆的教室 • 大多数的教学安排会贴在教室的门上,使用者至少应在教学开始前 10 分钟离开教室 • 如果教学需要使用教室,无论是否提前张贴安排,使用者都会被要求离开 2. 教室预定 • 使用者只能在正常的教学时间以外预约图书馆教室 周一至周五:晚上 10 点至闭馆;周六至周日:在图书馆开放时间 • 所有适用于小组学习室的预约规定都适用于预约图书馆教室 • 图书馆的教室,每天最多可预约使用 3 小时

（三）违反房间使用规定

违反上述规定的读者可能被要求离开房间。重复或严重的违规行为可能导致临时或永久禁止预约房间。

六、隐私规定

芝加哥大学图书馆致力于保护读者的隐私，图书馆的隐私和保密规定符合美国图书馆协会的道德规范、伊利诺伊州图书馆记录保密法以及所有相关的法律和规定。

图书馆会对接触到的个人信息保密。读者在使用图书馆网络时，必须使用CNetID登录，临时登录仅限于没有CNetID的个人。系统自动收集到的读者访问信息，仅用于图书馆内部技术故障排除，监测使用行为是否符合图书馆关于电子资源的使用规定。图书馆不会与任何私人组织分享读者提交给图书馆的信息，更不会将其用于商业目的。图书馆将努力保护个人信息，但无法保证读者向图书馆网页提交的信息、储存在图书馆服务器上的内容以及在图书馆服务器上传输的内容都绝对安全。

七、食物和饮料规定

芝加哥大学致力于创建和维护良好的学术环境，因此，图书馆大部分区域都允许读者吃零食及饮用饮料。同时，图书馆要求读者在离开时处理所有的食物垃圾，并仅在小部分区域允许读者用餐或吃有强烈味道的食物。具体规定如下：

（1）图书馆所有区域都允许使用有盖容器携带非酒精饮料，特别收藏研究中心及展览馆除外。

（2）图书馆所有区域均允许吃零食，但下列区域除外：
- Crerar 密集架区的下层西部；
- 曼索托图书馆；
- 雷根斯坦书店；
- 雷根斯坦艺术阅览室（420 房间）；
- 特别收藏中心及展览馆；
- SSA 西侧靠墙的座位区。

（3）允许在下列区域用餐：

- Crerar 休息室的下层东部；
- 法学分馆绿廊一楼；
- 雷根斯坦咖啡馆；
- 雷根斯坦 A Level 阅览室。

提前得到图书馆允许的活动，可以不受以上规定约束。不遵守以上规定的读者将会被强制要求到指定区域或离开图书馆。

八、宣传推广规定

芝加哥大学图书馆的宣传推广活动旨在提高读者对图书馆的认识，因此仅允许经过图书馆同意的宣传推广活动在有限区域进行。除 D'Angelo 分馆外，在提交宣传活动申请表后，可获得在其他分馆内进行宣传的许可，具体规定如下：

（1）传单、海报、LOGO 及展示牌的放置需提前提交申请，并在指定地点进行，任何未经批准的宣传品都会被图书馆工作人员移除；

（2）非芝加哥大学的部门或单位，不得在图书馆开展促销活动；

（3）非图书馆工作人员在图书馆举办招聘活动及调查研究等，须获得评估指导委员会的批准；

（4）除非特别邀请，否则个人、团体或组织不得在图书馆出售任何物品或提供服务。

第五节　流通借还及罚款规定

一、到期日和借阅期限

（一）一般规定

（1）到期日和借阅期限：因借阅人身份而异。

（2）逾期罚款：不罚款，除非是被召回的资料。

（3）丢失赔偿：如果没有续借或归还，则在截止日期后第 21 天开始收费。

（二）召回物品

当借阅的资料因课程储备需要而被召回或当其他读者要借阅资料但不能通

过馆际互借快速获得时：

(1) 截止日期：召回后第 7 天。

(2) 续借：不能续借，被召回的物品无法续借。

(3) 逾期罚款：每天 5 美元（最高 100 美元）。

(4) 丢失赔偿：如果没有归还，则在到期日后第 14 天开始收费。

（三）馆际互借

(1) 截止日期：各不相同，具体情况可查看"我的图书馆账户"。

(2) 续借：各不相同，并非所有资料都能续借。

(3) 逾期罚款：每天 5 美元（最高 100 美元）。

(4) 丢失赔偿：如果没有续借或归还，则在到期日后第 14 天开始收费。

（四）课程储备资料

课程储备资料具有特定的到期时间，到期后应立即归还。

(1) 借阅期限：通常为 24 小时。

(2) 截止日期：各不相同，具体情况可查看"我的图书馆账户"。

(3) 续借：不能续借。

(4) 逾期罚款：每小时 3 美元（最高 100 美元）。

(5) 丢失赔偿：如果没有归还，则在到期日后第 14 天开始收费。

(6) 借阅限制：每次仅能借出 2 件。

(7) 除非有相同的副本，否则读者必须在归回资料 20 分钟后才能再次借用。

（五）短期借阅

(1) 借阅期限：通常为 7 天或 14 天。

(2) 截止日期：各不相同，具体情况可查看"我的图书馆账户"。

(3) 续借：不允许。

(4) 逾期罚款：每天 5 美元（最高 100 美元）。

(5) 丢失赔偿：如果没有归还，则在截止日期后第 14 天开始收费。

(6) 短期借阅资料包括 D'Angelo 法律图书馆的 DVD（可借阅 14 元）和 Mansueto 的选定资料（可借阅 7 天）。

（六）视频游戏

（1）借阅限制：一次只能借 3 个。
（2）借阅期限：与一般借阅相同。
（3）截止日期：因借阅人而异。
（4）续借：因借阅人而异。
（5）逾期罚款：无，除非被召回。
（6）丢失赔偿：如果没有归还，则在到期日后第 21 天开始收费。
（7）图书馆不提供玩视频游戏的设备。
（8）读者可以从 Logan 媒体中心借用游戏机。

（七）其他规定

出于礼貌，图书馆将定期向借阅人发送有关召回物品、截止日期、逾期物品、罚款情况和遗失物品的电子邮件通知。

借阅人有责任及时归还所借资料，无论是否收到归还通知，都有责任支付因未采取此类行为而产生的罚款。

二、续借和归还

（一）续借资料

（1）大多数图书馆读者可以在线续借图书馆资料三次。达到续借次数限制后，读者必须将物品带回流通台再次借用。
（2）季度借阅可以在季度结束后的周二开始续借。
（3）年度借阅可以从下一年的 4 月 1 日起续借。
（4）许多馆际互借资料可以续借一次，为期一至三周。
（5）保留物品、短期借阅资料、被召回资料和一些馆际互借资料不适用续借条件。
（6）已经结算丢失的物品可能无法续借，丢失物品后必须到流通台办理登记手续。
（7）教师和博士/JSD 学生可以无限次续借。

为何限制续借？旨在鼓励用户积极归还借阅的资料。这使得图书馆有更多书籍可以供其他用户浏览和研究，并且还可以保护图书馆的馆藏免遭损坏和丢失。

（二）归还

（1）除课程储备资料和 TechBar 资料，所有资料均可在任一校园图书馆归还。

（2）预约资料必须归还到借出时的校园图书馆。如果将储备物品归还到错误的地方，读者可能面临逾期罚款。

（3）归还馆际互借资料时，须将附带的包装一起归还，否则会被认定为未归还。

（4）TechBar 物品（笔记本电脑、电源适配器等）应归还到 Regenstein 一楼的 TechBar。当 TechBar 关闭时，可将物品交给 Regenstein Circulation 的员工。

（5）有些资料有多个组成部分（例如附袋中装有地图的书籍，或带有多个光盘、小册子或说明手册的 CD，电影或视频游戏），读者必须归还与该资料相关联的所有物品。

（6）CD、耳机等易碎物品和超大物品应交给流通管理人员，而不能放在回收槽中。

（7）当读者亲自归还资料时，可以向 Circulation 工作人员索取归还收据，但请在交易开始时就提出要求。

（8）在非开馆时间，可以通过按响门铃来将物品交给入口控制服务员，其会将物品返回到 Regenstein。如果读者无法亲自归还资料，图书馆接受通过美国邮政、联邦快递和 UPS 发送的方式。读者可以用支票支付罚款或通过邮件提供替换副本。

（9）归还具有截止日期的资料时，应考虑送货时间。

（10）图书馆强烈建议读者选择一种运输方式，以便跟踪和确认包裹递送情况。

（11）读者还应考虑为自己的包裹投保，因为读者对运输过程中丢失或损坏的资料负责。

用户应对归还所借图书时运输期间产生的逾期罚款负责。

（三）罚款和丢失物品

要查看自己的罚款和费用，可以登录"个人图书馆"账户并选择罚款菜单。

读者有责任支付所有未付的罚款和其他费用。

1. 支付罚款

（1）读者可以在 Regenstein 和 D'Angelo 图书馆的流通服务台或 ID&Privileges 办公室使用 Visa 卡或 Master 卡付款；Regenstein 的流通服务台也接受 NFC 支付，如 Apple Pay。

（2）读者也可以通过现金支付。

（3）目前，Eckhart 图书馆和 Mansueto 图书馆不能缴纳罚款。

（4）用支票支付时应支付给芝加哥大学图书馆，如果由于资金不足或银行停止付款而无法通过支票付款，则原始费用将被恢复，并且读者的账户会被增加 50 美元的归还支票费用。

（5）通过邮件方式付款时，请将支票寄到图书馆的邮寄地址。

2. 逾期罚款

（1）除非是被召回资料，否则芝加哥大学图书馆的标准借阅资料不会产生逾期罚款。

（2）其他资料，包括来自其他机构的馆际互借资料，逾期归还将按相关规定罚款，最高罚款 100 美元。

（3）逾期罚款将在归还物品时收取。

3. 损坏的物品费

（1）损坏物品的罚款额度由图书馆工作人员确定，具体情况取决于损坏程度。

（2）损坏馆际互借资料的罚款额度由借出图书馆决定，而非芝加哥大学图书馆的工作人员。

4. 丢失物品费

（1）长期未还的物品将被视为丢失。

（2）丢失物品费：每件最低 150 美元。

（3）如果物品价值超过 150 美元，图书馆工作人员可自行决定是否增加丢失物品费。

（4）归还丢失的物品后会免去丢失物品费；但是，其间产生的逾期罚款仍将存在。

（5）支付丢失物品费后，图书馆工作人员将从读者的账户中删除该物品。

（6）对丢失物品不会收取逾期罚款。

（7）图书馆接受读者为丢失或损坏的物品提供的替换副本，但每件物品将收取 35 美元的处理费。

（8）替换副本必须是新的或保存得非常好（干净、无标记、脊柱和绑定牢固)。

(9) 如果读者丢失的是馆际互借资料并希望提供替换副本，请联系馆际互借管理部，以确定是否可以。

(10) 替换的副本应交给流通部门主管或寄给图书馆。

(11) 将替换副本邮寄至图书馆时，应提供读者的姓名和联系信息，并且写明是什么物品的替代品，以便图书馆工作人员正确处理该物品并记入读者的账户。

如果读者在支付丢失物品费用后一年内又找到并归还了该物品，请联系流通部工作人员退还丢失物品费。

如果在读者提供替换副本或图书馆重新购买了丢失物品后，读者又找到并归还了该物品，则由图书馆自行决定保留哪一个，但更换复制处理费不予退还。

5．申诉

如果读者对罚款、丢失物品的处理等有异议，可以提出申诉，图书馆工作人员将根据实际情况（包括读者的整体图书馆记录）审核读者的申诉。

6．账户暂停

读者图书馆账户上若有 50 美元或以上的未结余额，将被暂时中止借阅和续借权限；另外，大学注册处也会做出如下限制：

(1) 本季度第六周星期一欠图书馆 100 美元或以上的现任和前任学生将受到大学注册处的限制，导致无法入学和获得其他大学服务，直到支付这些费用为止。

(2) 在毕业学年第六周的星期一欠图书馆 100 美元或以上的毕业生，除非支付这些费用，否则无法获得文凭，但可以参加毕业典礼。

(3) 在毕业学年第六周的星期一欠图书馆 250 美元或以上的毕业生，无法获得文凭，也不能参加毕业演习，直到支付这些费用为止。

(4) 以上限制将在图书馆收到费用后的一个工作日内解除；如果读者需要在不到一个工作日内取消限制，请联系相关管理部门。

第六节　特色项目及资源

一、课程储备

课程储备是指为特定课程分配的高需求资源。课程储备按储存形式分为三种类型：电子储备、物理储备和永久储备。其中电子储备是为学术提供的扫描副本或在线文件，大多数都是 PDF 格式。不能放在电子储备中的书籍、电影和其他物品都存放在不同校区图书馆的流通部门，并制定相应规定确保课程中的所有学术资料都能被获取。图书馆常年保留着一些没有被要求加入课程的书籍或其他印刷品。芝加哥大学图书馆工作人员根据版权和合理利用的规定，将课程所需书籍或文章章节扫描后进行电子储备，并建立在线馆藏的链接，以方便使用者下载。其他无法在线获取的内容可通过借阅方式取得。如果图书馆没有使用者需要的资料，在某些情况下，图书馆会根据读者需求情况专门购买。

二、图书馆讲座

图书馆举办的讲座可以帮助学生提高他们的研究技能和论文撰写水平。图书馆工作人员会分享他们的信息技术知识，帮助学生追溯信息来源。图书馆工作人员还非常注意对学生学术诚信的培养。此外，图书馆讲座为学生提供了与图书馆工作人员面对面交流的机会。

三、定制教学

芝加哥大学图书馆可以提供定制的教学服务，以协助学生完成研究任务和达到课程学习目标。这些服务将学生与最合适的研究资料联系起来，有助于促进学生研究技能的发展。

（1）为学生提供研究指导课程：芝加哥大学图书馆工作人员热诚为学生的课程提供定制的研究指导课程，精心准备相关的资源。

（2）为教师课程定制图书馆研究指南：图书馆可以为教师的课程创建定制的研究指南，标记相关的印刷和在线资源。

（3）为学生提供个人研究咨询：学生可以与图书管理员预约，请其帮助查找特定主题的资料。

（4）作业设计咨询：图书馆工作人员会为学生提供作业设计咨询。

（5）基于 Web 的教程：此教程可以帮助学生发展研究技能，并学会如何使用图书馆资源。

四、特色收藏及展品

作为北美十大学术图书馆之一，芝加哥大学图书馆馆藏丰富，范围涵盖文化研究、艺术、生物科学、商业、人文等 12 个主题，藏品形式有手稿、音频、图片、缩微胶片等11种格式。

艺术方面的藏品，有芝加哥爵士乐档案馆、肖邦早期作品、格里高利圣咏手稿集、罗马胜景等。

生物科学方面的藏品，有美国环境照片（由芝加哥大学植物学系教师和学生于1891年至1936年间创作的美国环境照片）、陆军医学疟疾研究项目材料（1940年到1960年芝加哥大学研究人员的疟疾项目研究成果）、牧山医生手稿（牧山医生用日语手写的关于治疗麻疹的特殊方法的木刻）等。

第七节 研究导航

芝加哥大学图书馆的研究导航按学科，可分为地区与文化研究、人文、科学物理、法学、社会科学、艺术等13个板块；按资源的使用类别，可分为政府文件、国际文件、法律资料、新闻、评论、课程资料等18个板块；用户也可按照课程名及所需资源名字的字母顺序进行查找。下面仅介绍比较有代表性的中国研究和计算机科学2个板块。

一、中国研究

按学科导航分类，以地区与文化研究下的"中国研究"为例进行说明。

在"中国研究"的主界面，芝加哥大学图书馆做了说明，认为该部分的作用是介绍芝加哥大学的中文资料，以及如何获取资源以支持与中国相关的研究和教学。该部分可帮助用户：

（1）查找与研究主题相关的资料（包括书籍、期刊文章、报纸、统计数据、音频和视觉资料等）；

（2）查找在文学、历史、电影等领域的重要研究资料。

负责中国研究方面资料的学科馆员的联系方式也在醒目位置展现给读者。

（一）书籍和论文类

1. 芝加哥大学图书馆重点推荐的7个中文电子数据库

（1）CHANT：Chinese Ancient Texts——包括中国早期不同朝代的6个古汉语文献数据库，是一个综合性的全文数据库。

（2）Database of Chinese Popular Literature——一个综合性的全文数据库，包含2000多种不同形式和体裁的中国文学作品，包括小说、戏剧和民间文学等。

（3）Database for Collective Works of Chinese Individual Authors——该数据库由北京博学公司制作，包含明代以前的 2000 多名中国作家的作品。

（4）Scripta Sinica——该数据库包含一系列从古代到现代的中国学术出版物和文本资料。

（5）CNKI：China Yearbooks Full-Text Database——记事年鉴数据库，从政治、经济、科技、文化、教育等各个方面记录一个国家、一个特定行业、一个特定领域或一个特定地区的发展情况、统计数据、活动等。

（6）Database of Chinese Classic Ancient Books——由北京博学公司制作，该数据库有 1 万本精选的书籍，这些书籍几乎涵盖了中国传统学术关注的每一个主题。

（7）Database of Dunhuang Manuscripts——由北京博学公司制作的一个综合性全文数据库，包括英国、法国、俄罗斯和日本图书馆持有的 3000 多份敦煌手稿、文件。

2. 芝加哥大学图书馆重点推荐的 6 个学位论文数据库

（1）China Doctoral Dissertations Full-Text Database——中文博士论文全文数据库。

（2）China Master's Dissertations Full-Text Database——该数据库提供了 2000 年至今中国 300 多个高校的博士研究生的论文。

（3）ProQuest Dissertations & Theses——世界上最具权威的学位论文数据库，可检索 1997 年至今的论文全文数据，如果没有全文，则提供有关订购的信息。

（4）Foreign Dissertations at the Center for Research Libraries——台湾电子专业论文数据库。

（5）Taiwan Electronic Theses and Dissertations——一个组合内容的数据库。

（6）Wanfang Data：Dissertations of China（DOC）——该数据库包括 200 多万篇论文，是目前最大的中文博士论文和硕士论文商业数据库。

（二）文章类

芝加哥大学图书馆推荐了 6 个索引数据库。

（1）Bibliography of Asian Studies——1971 年至今全球出版的有关东亚、东南亚和南亚的所有学科（特别是人文科学和社会科学）的外文期刊的文章、专著、会议论文集和选集。

（2）Duxiu：Content Search for Chinese Publications——可搜索全文，但由于版权方面的问题，用户只能访问给定项目。如果需要全文阅读，读者可以从图书馆或通过馆际互借来查找出版物。

（3）Catalogue and Bibliographic Index Database of Ming Dynasty Literary Collections——是明人文集联合目录与篇名索引资料库，包括1756位作者的作品和3620本相关图书。

（4）National Index to Chinese Newspapers and Periodicals——中国报刊索引，是一个超级索引数据库，涵盖1833年至今的一个半世纪的中国报刊。它列出了在中国出版的约18000种报纸和期刊。该数据库有超过3000万条条目，每年更新350万条。

（5）Oxford Bibliographies Online——牛津研究文献索引数据库，该数据库结合了参考书目和百科全书两者的优点，可指导研究人员如何获得奖学金。

（6）PerioPath Index to Taiwan Periodical Literature System——主要为台湾出版物，以及香港、澳门的一些学术期刊文章提供索引。

（三）期刊类

芝加哥大学图书馆推荐了10个常用的中文期刊数据库。

（1）China Academic Journals——提供1994年至今在中国出版的1800种人文和社会科学中文学术期刊的访问权限。涵盖的主题包括文学、历史、哲学、经济学、政治、法律、教育、社会科学。

（2）Century Journals Project——是中国期刊全文数据库（世纪期刊），其将1993年以来的所有期刊都数字化，以扩大中国学术期刊全文数据库。

（3）Dachengdata Chinese Pre-1949 Periodicals——1949年前部分期刊的文章和索引。

（4）The Late Qing Dynasty Periodical Database 1833—1911——晚清中文期刊全文数据库，该数据库由上海图书馆制作，包含了1833年至1911年出版的300多种中文期刊。

（5）China Proceedings of Conferences Full-Text Database——该数据库包括自1999年以来，中国学术机构、政府机构和国际机构在社会科学和人文学科领域的会议记录。

（6）National Social Science Database（Beijing）——国家哲学社会科学学术期刊数据库，是一个全文数据库，涵盖来自中国的800多种期刊数据，可以用中文搜索。

（7）Taiwan Electronic Periodicals Service（TEPS）——台湾电子期刊服务，是一个在线数据库，包含700多种不同科目的台湾期刊。

（8）Wanfang Data：Academic Conferences in China（ACIC）——该数据库提供了大约50万条中国法律、政府法规、规定，及相关解释的访问权限。这些信息不仅包括中国中央政府颁发的文件，还包括各省级和地方政府颁发的文件。

（9）Wanfang Data：China Online Journals（COJ）——万方期刊数据库，是一个全文可搜索的数据库，提供了大量在中文期刊上发表的期刊全文。与中国学术期刊数据库相比，该数据库还包含中文科技期刊，但在人文科学和社会科学领域，中国学术期刊数据库涵盖了更多的期刊以及更长的年限。

（10）Chinese Periodicals Database for the Republican Period 1911—1949——民国时期的期刊的全文数据库。

（四）报纸

芝加哥大学图书馆推荐了Apabi Newspaper Database、China Daily、China Times、ProQuest Historical Newspapers：Chinese Newspapers Collection（1832—1953）、上海图书馆电子报纸导读等10个常用的报纸数据库。

二、计算机科学

下面以科学物理分类下的计算机科学为例进行介绍。

在计算机科学导航主页，详细地列出了计算机科学的学科馆员联系方式，还为读者介绍了图书馆所能提供的服务、图书馆的计算机科学资源、芝加哥大学的计算机科学学院、校外访问方式以及能提供计算机使用的实验室。

芝加哥大学的计算机科学馆藏位于Crerar分馆和Mansueto分馆内。最新和最常用的专著在Crerar分馆；其他专著和所有计算机科学期刊都在Mansueto分馆，包括理论计算机科学的研究专论和期刊，现在越来越多的期刊仅以电子形式提供。

（一）文章和期刊

1. 文章数据库

芝加哥大学图书馆推荐了4个常用计算机科学文章数据库：

（1）ACM Digital Library——提供来自计算机协会（ACM）的期刊和通

讯文章的引文和文章全文，以及会议论文集。ACM 是被广泛认可的计算专业人士的会员组织。

（2）IEEE Xplore——有索引功能，并提供从 1988 年到现在的所有 IEEE 计算机科学期刊和会议记录的链接。

（3）Lecture Notes in Computer Science——提供计算机科学学科讲座的全文。

（4）MathSciNet——可以索引纯数学、应用数学、数学统计和一些计算机科学的期刊文章、书籍和会议记录。

2. 期刊查询

芝加哥大学图书馆拥有大量计算机科学期刊，包括电子版和印刷版。所有计算机科学的印刷期刊都可以在 Crerar 分馆或 Mansueto 分馆中找到。

3. 学术搜索引擎

芝加哥大学图书馆推荐了 3 个计算机科学方面的学术搜索引擎。

（1）CiteseerX——为 150 万份文档和超过 3000 万次引用编制索引，重点关注计算机和信息科学。

（2）Google Scholar——可以查询学术资料，如会议论文集和期刊文章，并提供广泛的跨学科报道。

（3）DBLP——此搜索引擎为计算机科学中的 130 多万个会议论文集、文章和书籍编制了索引。

4. 学术管理软件

芝加哥大学图书馆重点向读者推荐了 2 个学术管理软件：EndNote 和 Zotero。它们都是研究管理工具，可帮助读者收集、组织图书馆数据库和目录中的引文。图书馆为这两个软件分别制作了使用说明，并提供培训服务，帮助读者高效地使用这些工具。

（二）图书

读者可使用芝加哥大学图书馆系统检索馆藏资源，包括纸质书籍及各种电子资源。图书馆推荐了 7 个电子书数据库。

（1）IBM Redbooks——IBM 的这套技术书籍旨在为 IBM 技术专业人员、业务合作伙伴、客户提供技能、技术方面的支持；

（2）IEEE Xplore——覆盖了 IEEE 和工程技术学会的文献资料，收录了超过 200 万份文献；

（3）Morgan and Claypool Synthesis Digital Library of Engineering and

Computer Science——包括 50~100 页的电子书籍，由专家撰写，综合了计算机科学和工程领域的重要研究或发展主题；

（4）Numerical Recipes——电子版的《数字秘诀》（第 3 版，2007 年）；

（5）The Online Books Page——该数据库有丰富的免费在线图书；

（6）Springer Link——允许对 Springer-Verlag 电子资源进行全文搜索，包括各种主题的数千本电子书、2005 年出版的大部分书籍和 1997 年出版的部分书籍。

（三）参考资料

芝加哥大学图书馆为读者提供了一些计算机科学方面的综合手册及在线计算器，还提供了 6 个计算机科学方面的词典。

值得一提的是，芝加哥大学图书馆还在该导航下推荐了 4 个传记类的数据库，帮助感兴趣的读者更好地了解计算机先驱及其发明，以及计算机行业的重要人物。

（四）读者有可能感兴趣的网站

芝加哥大学图书馆将与计算机科学息息相关的研究部门、专业社团和组织的网址链接在该页面下，读者直接点击快捷方式即可访问，方便读者对该学科有更全面直观的认识和了解。

第十二章　新加坡国立大学图书馆

第一节　学校简介

新加坡国立大学（National University of Singapore）于 1905 年由 Tan Jiak Kim 创校，最初是一所医学院，只有 23 名学生，1980 年由新加坡大学和南洋大学合并成立新加坡国立大学。历经 100 多年的发展后，现有院系 17 个，3 大校区，有超过 70 项与世界顶尖大学合办的双学位、联合学位和并行学位课程，另有 12 所海外学院遍及世界各主要城市，与 40 多个国家的 300 多所大学合作，为学生提供交流机会。

新加坡国立大学的主校区是占地 150 公顷的肯特岭校区。肯特岭校区拥有该大学的大部分学术、研究和行政设施。这里也是学生生活的中心，有学生公寓、体育设施和艺术文化活动场所。大学城（UTown）是肯特岭校区的延伸，提供独特的寄宿型大学体验，以及一系列用于互动、同伴学习和个人发展的教育和娱乐空间。UTown 也是耶鲁大学—新加坡国立大学学院（Yale-Nus College）的所在地，这是新加坡第一所拥有完整寄宿计划的文科学院。

第二节　图书馆概况

一、愿景

新加坡国立大学图书馆的愿景是成为一流的知识服务中心，以支持学校实现成为世界一流大学的目标。

（1）新加坡国立大学图书馆渴望成为新加坡国立大学校园寻求信息的第一站；

（2）新加坡国立大学图书馆努力满足新加坡国立大学不同学院的信息需求，以支持师生的学习和研究；

（3）新加坡国立大学图书馆帮助师生增强信息寻求技能，以促进师生的学习、研究和学术交流。

二、使命

新加坡国立大学图书馆的使命是通过创新的图书馆服务，积极参与新加坡国立大学校园活动并进行合作，推动创新和科研服务。

三、战略

新加坡国立大学图书馆的4大战略核心是员工、服务、收藏和卓越的管理。同时，他们致力于创造一个舒适的学术环境。

四、服务承诺

（1）保证在门户网站上发布的图书馆开放时间；

（2）在99%的时间内保证对图书馆门户和LINC访问的通畅；

（3）在99%的时间内保证对订阅的电子资源访问的通畅；

（4）在95%的时间内在30秒内接听服务电话；

（5）在95%的时间在3分钟内参加面对面的咨询；

（6）在1~3天内解决简单明了的查询问题并反馈；

（7）在5~7天内完成复杂的查询问题并反馈；

（8）所有在Loans Desk退回的书籍将在30分钟内重新上架。

第三节 图书馆分馆

新加坡国立大学图书馆由7个图书馆组成，其中6个位于肯特岭校区，另一个许春裕法学图书馆位于武吉知马。

一、许春裕法学图书馆

许春裕法学图书馆是7个新加坡国立大学图书馆之一。此馆最初成立于1957年9月，主要面向法学院提供服务，当时是前莱佛士学院的一部分。

1980 年 3 月，该馆迁至肯特岭校区，占据了新法学院大楼的两层楼。后来于 2001 年 1 月 1 日更名为许春裕法学图书馆，以纪念已故的许春裕先生，他为图书馆及收藏品的升级捐赠了超过 500 万新加坡元。新加坡政府于 2005 年 5 月 28 日将位于武吉知马的馆舍重新分配给了新加坡国立大学，该馆于 2006 年 8 月重新回到了原址。2009 年 11 月 11 日，许春裕法学图书馆大楼被评为国家级文物。

（一）开放时间

（1）周一至周五：上午 8：00 至晚上 10：00。
（2）周六：上午 10：00 至下午 5：00。
（3）周日及节假日：闭馆。

（二）资源

许春裕法学图书馆的优势在于其拥有全面的新加坡法律资源，以及来自澳大利亚、加拿大、印度、马来西亚、英国和美国的大量法律资源。图书馆还拥有关于国际比较法、国际贸易法以及欧洲共同体法律方面的值得称道的收藏品。截至 2017 年 6 月，法律图书馆的书籍数量为 138161 册。法律数据库是该馆馆藏的重要组成部分。

二、中央图书馆

中央图书馆是一个综合性的图书馆，主要为该校人文及社会科学院、设计与环境学院、工程学院等单位的教学和科研工作服务。

（一）开放时间

（1）周一至周五：学期内是上午 8：00 点至晚上 10：00 点，假期是上午 8：30 至下午 6：00 点；
（2）周六：上午 10：00 点至下午 5：00 点；
（3）周日及公众假期：闭馆。

（二）资源

1. 中央图书馆馆藏（截至 2017 年 6 月）
（1）883695 本特藏书籍；
（2）1619227 册一般书籍；

(3) 34696 种期刊；

(4) 23360 种视听书籍；

(5) 1305 种光盘资料。

2. 特别收藏品

(1) 新加坡和马来西亚的特别收藏品；

(2) 珍本书籍；

(3) 新加坡国立大学出版物。

(三) 楼层分布

3 楼有安静的阅读区、笔记本电脑充电区、手机接听室及单人学习间。4 楼有接待处、借还及读者服务台、资料自助服务处、多媒体室、研讨室、缩微胶卷观看室、复印服务室及校友作品展示室。5 楼有信息咨询服务部、文献传递服务部、新加坡—马来西亚馆藏部、资产管理部、一般阅读区、手机接听室。6 楼有一般阅读区、研讨室、手机接听室、笔记本电脑充电区、培训室。

三、中文图书馆

中文图书馆为新加坡国立大学特种图书馆之一，坐落于总图书馆大楼北侧，分上下两层。其创设宗旨是支援该校中文系的教学与研究，以文、史、哲、语文、华侨华人研究方面的收藏最为丰富。中文图书馆馆藏的中文书刊价值极高。其中，以典藏线装古籍、"四库"系列丛书、海外中文报章、南洋研究资料、民国以来期刊等最具特色。

自 2002 年 10 月 1 日起，中文图书馆与总馆日文资料室合并为一个部门，故中文图书馆亦兼收日文资料，并服务于日文研究学科部的教学与研究。日文馆藏以日本文学、历史、社会研究为主，兼收中国研究资料，亦酌量收集东南亚资料。

根据 2017 年 6 月的数据，中文图书馆现藏品中，中、日文资料逾 70 万册，其规模为本区同类图书馆之冠。单就中文图书而言，该馆就逾 61 万册。

现藏日文书逾 3 万种，约 6 万册，是东南亚地区图书馆里较具规模的日文藏书地之一。在日文藏书中较具特色的为"第二次世界大战"前编撰出版的东南亚日文资料，其中值得一提的有《火焰树》（1944）、《食用野生动植物》《シンガポール概要》（1923）、《南洋杂记》（1926 年）及《赤道を行く》（1939）等，皆是新加坡出版的珍稀资料。

四、韩瑞生纪念图书馆

韩瑞生纪念图书馆是新加坡国立大学图书馆内的一个特别图书馆,是为了纪念已故的新加坡财政部部长韩瑞生先生,他也是哈夫洛克选区议会议员。

图书馆馆藏丰富的管理、商业和金融类的书籍、期刊、视听资料和数字资源。图书馆会为读者提供信息服务、教育计划,并开展参观图书馆等活动。

(一)资源

韩瑞生纪念图书馆藏包括印刷书籍、现有期刊、装订期刊和电子资源(电子书和电子期刊)。对于电子资源,该馆订阅了相关的数据库,如 Factiva, LexisNexis, Frost 和 Sullivan 等。

(二)提供的服务

(1)信息素养提升计划(ILP);
(2)一对一咨询服务;
(3)学院迎新简报;
(4)馆际互借(适用于研究人员、行政人员、专业人员);
(5)内部借阅(适用于研究人员、行政人员、专业人员)。

(三)楼层分布

韩瑞生纪念图书馆共有4层,布局如下:

地下室是学生休息室,读者可以在这里放松和聊天,阅读每日当地报纸,还可以在自动售货机购买冷饮和小吃。1楼有借还台、咨询台、资料及自助服务处、景观活动室及办公室等办公区域。2楼为阅览区域,特别设有安静阅读区及单人学习间,韩瑞生展览室也设置在该楼层。3楼有阅读教室、培训教室及11间研讨室,有关中国的收藏也放置在该楼层。

五、医学图书馆

医学图书馆是新加坡国立大学图书馆的重要组成部分。它是该校最古老的图书馆。除了大学的学生和工作人员外,医院医生、保健服务人员、全科医生、武装部队医务人员以及各政府部门、官方机构和科学组织的人员也可以使用该馆。

（一）资源

医学图书馆收藏了超过 53000 本书籍和 2800 多种期刊，其中超过 930 种期刊是该馆订阅（截至 2011 年 6 月）的。图书馆馆藏涵盖了与医学、牙科、药学、护理和健康相关的广泛的生物医学科目。2002 年 6 月世界卫生组织新加坡办事处关闭后，新加坡国立大学医学图书馆被指定为新加坡世界卫生组织资源库。

（二）服务

(1) 信息素养提升计划（ILP）内容；
(2) 一对一的咨询服务；
(3) 学院迎新简报；
(4) 文件传递服务（DDS）；
(5) 通过 IVLE 进行电子储备；
(6) 预约书籍或读物（RBR）。

六、音乐图书馆

音乐图书馆位于音乐学院大楼的一层，是该校所有图书馆中最现代的。它于 2006 年 7 月开馆。音乐图书馆馆藏专注于西方艺术音乐传统，截至 2017 年 6 月，有超过 8200 本书籍，30679 个乐谱，15575 张 CD，1200 部 DVD 影片和 100 种期刊。该馆有最先进的收听设备和多媒体观察站。

为了方便音乐学院的学生和研究人员，图书馆里还有一台小型的电子钢琴。该馆的开放时间为周一到周五的上午 8：30 至下午 6：00，节假日关闭。

七、科学图书馆

科学图书馆于 1986 年 5 月 19 日开馆，是该校的特别图书馆之一。它位于生物科学中心，主要服务对象是科学学院及其研究生部门的教师和学生。

（一）资源

科学图书馆藏 5000 多种期刊和 28 万册书籍，多为生物和生命科学、化学、数学、统计和应用概率、材料科学和物理等学科方面的文献。

（二）楼层分布

科学图书馆位于生物科学中心，占据大楼的 4 楼、5 楼和 6 楼。其中 4 楼有新书展示区、问讯处、借还处、研讨室、自助服务处。5楼有电脑室、复印室、单人学习间等。6楼有培训室及网络打印机。

第四节 图书馆使用及管理规定

一、新加坡国立大学图书馆使用规定

（一）常规管理办法[①]

（1）严禁任何损害图书馆的行为。

（2）图书馆内不允许吸烟及饮食。

（3）在图书馆购买的食品和饮料必须在 Perk Point 内饮用。

（4）在图书馆内请保持安静。在进入图书馆之前，须将手机、传呼机和钟表调为静音状态。

（5）用户穿着必须适当。

（6）不得保留座位。

（7）除非已向图书馆职员或通过自助借书机登录借出，图书馆的一切资料不准擅自带出馆外。

（8）若有必要，用户必须在图书馆出口处向本馆职员出示所有书籍及个人携带物品。

（9）不得使用电子扫描器扫描图书馆资料。

（10）用户不得转让图书馆会员证。用户须出示图书馆会员证以便进入图书馆。本馆职员有权随时要求用户出示图书馆会员证。请善加保管您的图书馆会员证，严禁用户转借图书馆会员证给他人使用。

（11）若遗失图书馆会员证，须马上亲自到图书馆或通过电话报失。在登记遗失之前，若借书证遗失发生冒用图书证借书导致本馆蒙受损失，原持证人须自行负责相关赔偿。

（12）校外会员若要求补发临时会员证，第一次收费二十五新加坡元，第二次收费五十新加坡元，第三次收费一百新加坡元（皆不退还）。会员必须承

[①] Libraryrules[EB/OL].（2018-10-20）[2019-03-07]. https://libportal. nus. edu. sg/media/lib_ch/chi_libraryrules_july2013_rev.pdf.

担在会员证报失前通过该证借出图书的责任。若遗失或被窃的会员证在补发后失而复得,请勿使用旧会员证,并立即将旧会员证呈交图书馆。

(13) 会员须确保所借出的资料在规定还书日期当日或之前归还或续借。图书馆会寄出逾期通知书,但没收到通知书的会员不能以此为由要求豁免罚款或其他处罚。

(14) 会员如更换住址或电邮地址,须立即通知图书馆借阅与会员服务处。

(15) 损坏或偷窃图书馆书籍财物的行为将受到法律处分。触犯图书馆条规的学生或职员,将同时受到大学校规的纪律处分。被定罪的学生将有可能被终止学籍。

(16) 任何违反本馆规定的用户将受到罚款、终止或吊销会员资格的惩罚。经常逾时归还或遗失指定参考资料者将被终止借阅指定参考资料权益两个月。

(17) 用户须在指定的期限内通过图书馆或财务处缴清所有图书馆欠款。

(18) 用户若在馆内遗失个人物件,图书馆不负责。图书馆职员具有以下权力:

①要求穿着不适当或在图书馆内有任何骚扰行为的用户离开图书馆。

②移走留在阅览桌上的书本、文件夹、书包、食物或个人携带品。

③要求非会员离开图书馆。

(19) 不准携带动物进入本馆建筑范围内。

(20) 无须通知,图书馆也拥有取消预约、借阅、申请,以及限制或撤销用户的权力。

(二) 图书外借规定[①]

1. 借阅

(1) 会员在借阅时必须出示有效的图书馆会员证。会员必须亲自办理借阅手续。在离开图书馆之前,会员必须确保所借出的图书已经正确登录。

(2) 会员必须对所借图书负责。若通过自助借书机登录,会员须保留借出收条作为证据。

(3) 会员不得使用已失效的会员证或他人的图书馆会员证借阅图收或享受其他图书馆服务。

(4) 会员不得将所借阅图书转借予他人。

---

① Libraryrules[EB/OL]. (2018-10-20)[2019-03-07]. https://libportal.nus.edu.sg/media/lib_ch/chi_libraryrules_july2013_rev.pdf

（5）归还图书时，若发现图书有任何损坏，会员必须承担责任。会员在借阅图书之前，须事先检查图书，若发现损坏现象则须告知值班人员。

（6）会员必须立即归还已到期或被征调的图书馆资料。

（7）图书馆闭馆期间，会员可将图书投入图书馆的图书箱（指定参考资料、馆际互借图书、磁碟、视听资料及接合器除外）。

（8）逾期并有人预约的图书必须马上归还。违规者的借书、预约及续借权利将立即被终止，直至逾期图书被归还为止。

（9）借阅的图书若在图书馆规定的最后期限仍未归还，则该书将被视为遗失。本馆将按遗失条例，要求用户赔偿。

（10）借阅图书若没有办妥正确的归还手续将被视为会员仍拥有该书。

（11）会员若遗失图书，需立即向图书馆借阅与会员服务处报失。报失后，图书馆将根据罚款规定向会员征收罚款，罚款从该书到期日开始计算，至该书报失日期为止；若随后该书失而复得，则计算至该书归还之日为止。

（12）会员报失的图书是根据现有的书价计算赔偿金，另加行政及手续费。

（13）限于规定，校外会员无权使用部分数据及媒体资料。

（14）会员不得将所借阅图书带出国。

2. 续借

（1）国大大学部、荣誉学位及高级学位的学生可通过线上图书馆综合目录系统续借图书3次。

（2）教职员工可通过线上图书馆综合目录系统续借图书5次，及续借闭架书库的期刊合订本一次。

（3）其他会员可在线上图书馆综合目录系统续借图书（法学图书馆的图书除外）2次。

（4）在下列情况下，图书馆综合目录系统将不执行续借手续：

· 资料已被其他用户预约

· 已逾期并遭罚款

· 已超越线上续借权限

· 部分期刊或指定参考书

· 资料已被征调回馆

（5）电话续借概不受理。

（6）会员在续借图书之前必须先查阅图书馆综合目录。在有别人预约的情况下，即使所借阅图书尚未到期，也不允许续借。

3. 预约

（1）可以预约的图书资料包括以下几种：已被借出的图书，闭架书库资料，馆藏"状况"为加工、装订及订购的图书。

（2）会员可通过图书馆综合目录系统的线上预约（Request）按钮预约图书。

（3）会员须定期查阅图书馆综合目录系统（LINC）查看所预约的图书是否已在借阅柜台待提取。图书馆将通过电邮发出提取通知书，图书馆也将会通过邮寄方式寄出提取通知书予无电邮地址者。

（4）教职员工与学生在收到提取通知单后，须在5天内办理借阅手续；校外会员则须在7天内办理借阅手续。若用户没有如期办理借阅手续，则该书的预约将被取消。

（5）每位会员预约图书的最高限额根据会员的借阅权限确定。

（6）所有预约的图书须亲自借出。

（7）电话预约图书概不受理。

（8）若有关资料被列为指定参考书，图书馆保留取消该资料之前的预约的权力。

4. 指定参考资料的隔夜外借

（1）指定参考资料的外借手续需在图书馆闭馆前2小时内办理。

（2）隔夜借阅的指定参考资料须在图书馆重新开馆后一个小时内归还。

（三）借阅期限

研究生和教职员工可使用单人学习小间。馆藏资料外借期限因分馆而异。对于封闭式书库中的期刊，教职员工可以在线续借一次（见表12-1）。

表12-1　图书借阅规定

分类	学生		教职员工		校外人员	
	本科生	研究生	研究人员、行政人员和专业人员	教辅岗位员工	个人读者	公司读者
借阅册次	20本	30本	80本	10本	6本或10本*	6本或10本*
续借次数	3次	3次	5次	2次	2次（许春裕法学图书馆的书籍只能续约一次）	2次（许春裕法学图书馆的书籍只能续约一次）
借阅期限						

续表12-1

分类	学生		教职员工		校外人员	
	本科生	研究生	研究人员、行政人员和专业人员	教辅岗位员工	个人读者	公司读者
普通图书	14天	28天	28天	14天	14天（不适用于许春裕法学图书馆）	28天（不适用于许春裕法学图书馆）
随书光盘	14天	28天	28天	14天	14天（不适用于许春裕法学图书馆）	28天（不适用于许春裕法学图书馆）
短期借阅图书	7天	7天	7天	7天	7天（不适用于许春裕法学图书馆，见注♯）	7天（不适用于许春裕法学图书馆，见注♯）
RBR书籍（一次2本）	2小时至第二天早上开馆	2小时至第二天早上开馆	2小时至第二天早上开馆	无权限	无权限	无权限
特殊资料	1天（不适用于许春裕法学图书馆和医学图书馆）	1天（不适用于许春裕法学图书馆和医学图书馆）	在许春裕法学图书馆和医学图书馆允许"7天+1次"在线续订	在许春裕法学图书馆和医学图书馆允许"7天+1次"在线续订	无权限	无权限

注：1. ＊代表借阅权限因用户级别和分馆而有所不同。
2. ♯代表不能借阅短期借阅图书。

（四）逾期罚款规定（见图12-3）

5. 逾期图书
   a. 逾期之图书将被罚款。图书馆闭馆期间逾期图书将不计算罚款。
   b. 逾期图书未归还或未续借者，其会员的借书、续借及预订权益将被暂时取消。
   c. 逾期借用馆际互借资料，会员将须承担缴付有关图书馆所开出的罚款数额。

6. 罚款征收表

	学生	学术人员	非学术人员	A*机构职员	校外个人会员	校外团体会员
一般书籍	每天五角钱，罚款将从到期后的第四天开始计算	每天一元，罚款将从到期后的第十五天开始计算	每天五角钱，罚款将从到期后的第十五天开始计算	每天一元，罚款将从到期后的第四天开始计算	每天一元，罚款将从到期后的第四天开始计算	每天两元，罚款将从到期后的第四天开始计算
指定参考书	每小时一元，罚款将从到期后开始计算	到期后借阅权暂停	无借阅权	无借阅权	无借阅权	无借阅权
借期七天的书籍	每天五角钱	每天一元	每天一元	每天一元	每天一元	每天一元
期刊合订本	每天一元，罚款将从到期后开始计算	每天三元，罚款将从到期后开始计算	每天三元，罚款将从到期后开始计算	每天一元，罚款将从到期后开始计算	无借阅权	无借阅权

a. 罚款未缴足的会员，其图书馆的权益（借书，续借，预约）将被暂时中止直到罚款缴清。
b. 应届毕业生必须在毕业典礼前一个月缴清罚款。
c. 图书的罚款从到期后开始计算。
d. 指定参考书的罚款从到期后开始计算。
e. 个人温书间（Study Carrels）罚款费用：由于个别图书馆有不同的罚款收费，请向有关图书馆查询。

图12-3 逾期罚款规定[①]

二、学术练习和论文

存放在图书馆的精选学术练习仅供参考，可在图书馆翻阅，但不得外借。经图书馆馆长或最初提交学术练习的系主任许可，可外借学术练习的副本。副本外借申请必须以书面形式提交。

保存在图书馆的新加坡国立大学硕士学位论文精选文仅供参考，可在图书馆查阅，但不得外借。经图书馆馆长许可，可外借论文的副本。副本外借申请必须以书面形式提交。

---

① Libraryrules[EB/OL]．（2018-10-20）[2019-03-07]．https://libportal.nus.edu.sg/media/lib_ch/chi_libraryrules_july2013_rev.pdf．

读者不得擅自引用查阅的学术练习或论文。

需要复印学术练习或论文的读者，必须填写复印申请表并获得图书馆工作人员的复印授权。

三、馆际互借

新加坡国立大学的教职员工和研究生如需图书馆没有的资料，可要求图书馆向其他校外图书馆借取，以供研究和教学之用。申请此类馆际互借时，必须在相应图书馆的借阅台出示有效的新加坡国立大学图书馆馆际互借卡。申请时必须填写馆际互借（ILL）表格，并交至各分馆借阅处。

新加坡国立大学图书馆发行的 ILL 卡只能用于 ILL，不应用于 ILL 以外的任何目的。

以下资料不适用馆际互借：

（1）现刊、精装及未装订的期刊和报纸；

（2）参考资料；

（3）RBR 材料；

（4）新加坡－马来西亚收藏品；

（5）缩微胶片；

（6）多媒体资料；

（7）光盘（随书光盘除外）；

（8）电脑磁盘（随书磁盘除外）；

（9）许春裕法学图书馆藏书。

新加坡国立大学图书馆保留不外借馆藏资料的权利。

四、兼职员工的外借权限

（1）兼职员工，如讲师，享有与全职学术人员类似的外借权限；

（2）兼职导师可以获得与研究生类似的外借权限；

（3）非全日制教师可申请外借和享受读者服务，外借权限与校外个人读者相同。

五、企业读者的收费服务（DDS）

仅向新加坡国立大学的研究机构及企业图书馆会员提供此项服务，即在图书馆馆藏内无法找到的期刊、图书等的递送服务。

（一）DDS 能做什么

通过 DDS，读者可以获取新加坡国立大学图书馆没有的期刊、书籍章节或会议论文等的复印件。

（二）这些文章是如何交付的

（1）要求标准服务的资料是通过邮寄方式递送的；
（2）要求快速服务的资料是通过传真发送的。

（三）如何申请 DDS

（1）提交资料文件递送申请表；
（2）验证该资料是否可从图书馆馆藏中获得；
（3）填写申请表上所需的所有详细信息；
（4）在提交申请之前，应去信表明授权签字人是否同意。图书馆在核实签名相符后办理申请。

六、不能外借的资料

（1）现刊；
（2）参考资料，包括参考书、剪报、标准、光盘、论文和学术练习；
（3）新加坡—马来西亚收藏品；
（4）缩微胶片；
（5）多媒体素材。
某些分馆的资料和设施只供本校的学生和工作人员使用。

七、图书馆资料复印指南

（一）谁可以复印

（1）新加坡国立大学的工作人员、学生、校友和其他授权的图书馆用户。
（2）图书馆可因以下情况对资料进行复印：
- 馆际互借申请；
- 应新加坡国立大学附属国家研究所、中心的要求复印。

（二）复印条件

（1）用户如需影印，或要求图书馆复印或以其他方式复制馆藏资料，用户必须确保：
- 用户是自行复印的；
- 图书馆对用户制作的复制品不承担任何责任或义务；
- 用户全权为复印资料及其后续使用负责。

（2）用户需注意，复印资料必须是为了以下目的：
- 研究或学习；
- 批评或审查（充分肯定工作）；
- 写时事报告或司法程序报告；
- 向律师等寻求专业建议。

（3）新加坡国立大学附属国家研究机构、中心的申请人，如需在期刊上发表文章或图书馆工作的副本，必须提供：
- 向图书馆工作人员提供要求复制资料的书面请求；
- 以规定的形式签署声明，表明授权用户复印资料是用于研究或学习，不会将其用于任何其他目的，并且以前没有从图书馆获得过相同的副本或者丢失、毁坏了之前有过的任何副本；
- 支付图书馆规定的费用。

（三）复印限制

为研究而复制的任何资料，必须严格遵守下列限制：

（1）纸质资料。
- 出版的书籍（至少10页）：总页数不超过一章或总页数的10%；
- 期刊：不能复印一本期刊的全部文章，除非这些文章与同一主题有关。

（2）电子资料。
- 不能超过文章总字节总数的10%；
- 不能超过作品总字数的10%，在无法使用字数来衡量时，不能超过作品内容的10%；
- 不超过文章的一个章节。

如果复印不是为了研究或学习，而是为了批评、审查、写时事报道或司法程序报告，或者是寻求专业建议，用户有责任确保在任何情况下合理处理复印资料。

（四）图书馆的权利

图书馆有权拒绝为获授权人士复制馆藏内的任何作品，并有权禁止这些人士复制其认为合适的作品。

八、权利管理信息与技术规避

严禁删除或更改与作品有关的管理信息（RMI），严禁采取任何行动或使用任何设备、产品或组件，以规避对作品访问设置的控制技术措施。

九、版权规定

除遵守本指引外，授权用户还须遵守任何形式的有关作品的适用版权法例，不论该作品是否来自本馆藏。本准则与适用的著作权法相抵触时，以著作权法优先。

十、修订

新加坡国立大学图书馆保留随时修改或取消这些规则的权利。

十一、保留权利

新加坡国立大学图书馆保留对违反任一规则的会员采取一切适当行动的权利。

十二、图书馆读者卡

（1）大学颁发的学生卡作为学生的图书馆读者卡；

（2）大学颁发的员工卡作为新加坡国立大学工作人员的图书馆读者卡；

（3）兼职学术人员可以联系其部门的管理人员，申请访问新加坡国立大学图书馆；

（4）校外个人读者卡和企业读者卡由新加坡国立大学图书馆发给经批准的申请人。

第五节　馆藏特色及学科服务

新加坡国立大学图书馆馆藏涵盖商业、环境学、计算机科学、人文、法学、医学、音乐、社会科学等多个学科。截至 2019 年 1 月 30 日，馆藏中纸质书刊 300 多万册，数据库 336 个。

一、特色馆藏

新加坡国立大学图书馆收藏了有关新加坡历史的珍本书籍和报纸，包括第二次世界大战前的新加坡华人报纸、第二次世界大战前的东南亚日本出版物，以及李光前自然历史博物馆开放获取资源中的东南亚生物多样性方面的馆藏。

二、学科服务

新加坡国立大学图书馆有较为成熟的学科导航与学科馆员服务。目前，其按主题、来源及类型等为各个学科提供了学科导航。

学科导航与学科馆员服务通常包括两个方面的内容：一是设置了学科馆员。新加坡国立大学图书馆在图书馆主页上公布了学科馆员的相关联系方式，以及学科馆员能提供的专业性服务。二是设置了学科资源导航。在学科导航的页面上，关于该学科的数据库、期刊、论文、互联网资源、行业准则、协会、行业相关年度报告等都被归类列出，方便用户查找。

我们在这里选择两个学科进行分析和介绍。

（一）商业学科

新加坡国立大学图书馆将与商业学科相关的会计、金融、法学、营销、房地产等 12 种主题分别罗列，并在该学科的学科导航主页上列出了该学科的学科馆员。新加坡国立大学图书馆在每一种主题的主页上都强调，这不是一个全面的学科指南，而是一个选择性的资源列表，有利于在相关主题中查找信息。同时，新加坡国立大学图书馆为每一种主题都设置了单独的页面，将与其相关的数据库、期刊、论文、互联网资源、协会以及图书馆使用指导列了出来，方便读者查找。

接下来我们以商业学科下的金融主页为例进行分析和介绍。

1. 数据库

在金融主题页面中,新加坡国立大学图书馆将相关的五个重要数据库列了出来:

(1) Business Source Premier:一个全文数据库,包含超过 8800 种期刊、市场报告、国家报告和公司的 SWOT 分析。

(2) Factiva:一个全文数据库,包含来自报纸、新闻、杂志和公司简介的 8000 多篇全文文章,每日更新。报纸包括《商业时报》《海峡时报》《亚洲华尔街日报》等。

(3) Lexis Nexis:该数据库提供了近 6000 种新闻、商业和法律信息的标题,其中许多都是全文的。

(4) SCOPUS:摘要数据库,包含经过同行评审的学术期刊、会议记录、贸易出版物和开放获取出版物。

(5) Science Direct:经社会科学和人文科学的同行评审的期刊数据库。

新加坡国立大学图书馆在醒目位置将应用最广泛的 Business Source Premier 数据库单独列出并简单介绍,同时给出了由商业机构或联合国、世界贸易组织、世界银行等国际机构维护的 20 多个免费或付费的数据库链接。在金融主题页面最下端,给出了新加坡国立大学的知识机构库 ScholarBank @ NUS 的快捷搜索方式。

2. 论文

新加坡国立大学图书馆将金融论文页面分为新加坡国立大学论文、国外论文及知识机构库 3 个部分。

此页面详细介绍了怎么查找新加坡国立大学和非新加坡国立大学的学术资料和论文,并将论文分为了打印版及电子格式。如果读者找不到想要的论文,可以通过在线推荐购买国外的论文。特别值得一提的是,新加坡国立大学图书馆还收藏了中文论文,主要包括该校及其前身新加坡大学中文系的荣誉学士、硕士及博士的论文。除此之外,也收录了南洋大学毕业生所撰写的学位论文。论文存放于中文图书馆底层,读者可通过查询系统查询。

3. 协会

新加坡国立大学图书馆将金融协会页面分为新加坡、本校、国际及其他国家 4 个板块,将 20 个相关协会分类陈列,并设置了快捷方式,用户只需点击相关协会名字即可转入该协会主页。

4. 图书馆使用指导

在图书馆使用指导页面,主要介绍的是搜索工具 FindMore。FindMore @

NUSL 对几乎所有新加坡国立大学图书馆资源来说,都是最简单快捷的搜索方法。该工具允许读者直接从浏览器的工具栏搜索新加坡国立大学图书馆,并详细展示怎么从 Google 学术搜索中检索并访问全文。

(二)工程与计算机科学

新加坡国立大学图书馆的工程与计算机科学学科导航页面与商业学科导航页面类似,将相关的生物医学工程、化学与生物分子工程、土木工程、计算机科学、环境工程等 14 种主题都罗列了出来,该学科下的计算机科学主题的资源与耶鲁—新加坡国立大学学院(Yale-NUS College)共享。

接下来我们以工程与计算机科学的生物医学工程主题主页为例进行分析和介绍。

1. 简介

在生物医学工程简介界面,对该学科做了简单的介绍。联系该学科馆员,可以获得以下帮助:

(1)新加坡国立大学图书馆的服务、资源和设施信息;
(2)图书馆导向和信息搜索技能培训;
(3)关于个人或团体的深入研究的咨询。

在简介界面下面,列出了即将开始的图书馆培训以及生物医学工程领域新到的图书。

2. 期刊和数据库

生物医学工程常用数据库有以下 6 种:

(1)Biosis Previews:对生命科学和生物医学研究进行了索引,包括临床前和实验研究、方法和仪器、动物研究等。可搜索的项目是期刊、会议、专利和书籍。

(2)Engineering Village:这是期刊、会议论文集、专利、电子书等工程文献的重要研究数据库。在单个界面中,读者可以同时搜索 4 个数据库,即 Compendex,Inspec,NTIS 和 GeoBase。

(3)PubMed:这是一个免费资源,提供来自 MEDLINE、生命科学期刊、在线书籍、报纸文章、法律案例、临床试验等的超过 2800 万种生物医学文献的引用。其引文和摘要还包括生物医学和健康、生命科学、行为科学、化学科学和生物工程等主题。查询结果可能包括指向相关资源的链接,或 PubMed Central 和其他人发布的全文内容。

(4)SciFinder Scholar:由 Chemical Abstracts Service(CAS)制作,可

以索引期刊文章、专利和其他文档类型，以及化学物质和反应。读者可以根据名称或 CAS 登记号按主题、作者、物质进行搜索，或使用编辑器绘制化学结构、子结构或反应进行搜索。

（5）Scopus：文献涵盖科学、工程、技术、医学、社会科学、艺术和人文学科领域，收录来自全球 5000 多家发布商超过 6000 万条的记录。它涵盖了同行评审的期刊、从贸易期刊中选择的文章、系列书、非连续书籍（专著、编辑卷、主要参考书和研究生级教科书），以及几乎全球性活动的会议论文、5 个专利局的专利等，每日都会更新。Scopus 会进行引文跟踪，可以查询出特定文章被引用的次数。

（6）Web of Science：最大的多学科索引之一，涵盖科学、社会科学、艺术和人文科学方面的文献资源，为学术期刊、书籍、会议录和专利编制索引，并提供了查找热门和高被引论文的选项。

3. 论文、标准和专利

生物医学工程的论文包含新加坡国立大学的论文及国际论文。新加坡国立大学论文包含从新加坡国立大学生物工程系、工程学院收到的精选论文和学术练习。国际论文可通过 ProQuest Dissertations & Theses Global 数据库检索，如果处于可用状态，数据库提供 24 页预览以及所选文档的全文。

标准和专利都可通过点击快捷方式，直接转到相关内容主页。

4. 参考书目

新加坡国立大学图书馆将生物医学工程常用的字典、百科全书和指南等都罗列了出来，并给出了每本参考资料的索引号及 ISBN 号。

5. 网站

新加坡国立大学图书馆将生物医学工程常用的互联网资源归在该页面下，例如生物医学工程学会、谷歌学术、美国医学与生物工程研究所等。

6. 研究与引用

新加坡国立大学图书馆在醒目位置写明了引用的作用以及怎样引用，避免读者抄袭。同时，给出了各学会惯用的引文样式，并告知读者怎样使用 Web of Science 或 Scopus 查找引用时间及被引频次。新加坡国立大学图书馆还在该页面下详细介绍了两种参考书目管理软件：

（1）EndNote 书目管理软件：

• 存储和组织从许多来源发现的引用；

• 可将引用插入 Word 文档；

• 根据预定义的引用样式自动格式化引用。

(2) Mendeley 书目管理软件:
- 收集和组织从许多来源发现的引用;
- 可将引用插入文档和格式参考书目中;
- 允许读者将 PDF 拖放到库中并提取元数据以创建库;
- 允许读者突出显示和注释 PDF 并与他人共享。

7. 图书馆资料

新加坡国立大学图书馆按学生类型,为生物医学工程的学生制作了 PDF 文件和视频等,引导学生如何更好地使用图书馆拥有的各项资源。

新加坡国立大学图书馆还按照课程、用途、学科等为各项资源分类导航,虽然有细微的差别,但大致与上述两个学科资源导航类似,这里就不一一赘述了。

第十三章　帝国理工学院图书馆

第一节　学校简介

帝国理工学院（Imperial College London）的历史最早可追溯至1823年的查林十字医院（Charing Cross Hospital Medical School）。当时为了支持医疗事业、培训医疗人才，本杰明·戈尔丁（Benjamin Golding）提议建立一个医疗慈善机构并培训医疗人才，为此建立了查林十字医院。

1907年，皇家科学院（Royal College of Science）、皇家矿业学院（the Royal School of Mines）以及城市公会学院（City & Guilds College）合并，成立了帝国理工学院。在随后几十年的发展里，帝国理工学院不断与时俱进，成为一所世界顶尖的研究型大学。

作为一所创立于1907年的公立研究型大学，帝国理工学院在2017—2018学年有17054名学生，包括9767名本科生、3812名教学型硕士（Taught Postgraduate，硕士）和3475名研究型硕士（Research Postgraduate，博士）。帝国理工学院男生的比例较高。在2017—2018学年，共有10420名男生和6634名女生。[1]

作为一所世界知名的大学，其吸引了来自世界各地的学生。来自英国的本土学生只占了36％，欧盟的学生占了另外的36％，欧洲（不包括欧盟）、亚洲（不包括中国）、中国、美洲（大洋洲）以及非洲的学生各占了2％、7％、7％、7％和4％。

2014—2018年，帝国理工学院在各个地区持续扩招，学生总数增加了18.3％。其中本科生、教学型硕士和研究型硕士的人数分别增加10.6％、

---

[1] About[EB/OL].(2017-11-20)[2019-03-25]. http://www.imperial.ac.uk/about.

40.4%以及21.3%。从这个数据可以看出，帝国理工学院增加了对教学型硕士和研究型硕士的录取名额，特别是教学型硕士的比例，增加了40%。此外，为了缓解男女比例失调问题，帝国理工学院增加了女生的录取比例，女生在过去5年增加了53.3%，而男生只增加了30.5%。

第二节 图书馆概况

帝国理工学院图书馆的使命是通过将学校的学习者和研究人员与信息和专业知识联系起来，激励他们。图书馆一直致力于改变图书馆的空间，使它们为学习者和研究人员提供更好的支持，并适应他们不断变化的需求。图书馆持续为师生及校友提供资源、培训和建议服务，努力使每位研究人员的科研成果从产生到发表。图书馆还鼓励所有读者积极与图书管理员会面，图书馆将为各个阶段的教学提供优质服务。

帝国理工学院图书馆设有图书馆服务部、图书馆行政与运营部及图书馆理事会，其中读者服务部主要负责用户服务、图书馆联络、学术交流等工作，行政与运营部负责人力资源及财务设备管理等工作。

帝国理工学院图书馆共计7个分馆，分别是South Kensington（整个大学图书馆的主馆）、Charing Cross分馆、Chelsea and Westminster分馆、Hammersmith Campus分馆、Royal Brompton分馆、St Mary's分馆以及Silwood Park分馆。

一、楼层介绍

South Kensington图书主馆主要分布在South Kensington校区，这里集中了大部分的本科生和研究生。South Kensington主馆一共分为五个区域，并将每个楼层都设计成三个区域：小组讨论区（Group Study）、安静区（Quiet Study）以及无声区（Silent Study）[1]。每个楼层的区域设置如下：

一楼：小组讨论区以及安静区；
二楼：无声区，并配备可调节的桌子；
三楼：无声区，并配备可调节的桌子；

---

[1] Central Library[EB/OL].（2017-11-20）[2019-03-25]. http://www.imperial.ac.uk/admin-services/library/use-the-library/our-libraries/central-library.

四楼:安静区;

五楼:安静区。

从这个区域设置可以看出,帝国理工学院图书馆的区域设计是值得学习的。尤其是其根据楼层的不同,将整个区域分成小组讨论区(Group Study)、安静区(Quiet Study)以及无声区(Silent Study),从而满足了不同用户的需求。此外,在其二楼和三楼设置了可调节的桌椅,方便了不同用户因身体特殊情况对桌椅的需求,是人性化的体现。

此外,图书馆还在一到三楼设立了电话接听区域(Phone Friendly Areas),分别在一楼的咖啡厅、小组讨论区、洗手间旁的走廊、培训室的电话区域,二楼、三楼的洗手间的外面。

二、设备配备情况

除三楼以外,South Kensington 图书主馆都配备了台式电脑和复印打印机。为方便用户使用图书馆资源,South Kensington 主馆还为用户提供 iPad 和笔记本电脑借阅服务。

图书馆一共为用户提供了 36 台笔记本电脑,每次最长借阅时间为 4 个小时。为此,图书馆还设置了专门的自助借阅箱,见图 13-1,用户只需要输入自己的账号和密码就可以使用该笔记本电脑。为保护好笔记本电脑,图书馆设置了严厉的处罚措施,如果用户没有按期归还,将会被处以 900 英镑的罚款以及 30 英镑的管理费,这笔费用将被记到该用户在学校的财务信息上。

图 13-1 笔记本自助借阅箱①

South Kensington 图书主馆为用户提供了 30 台 iPad。每台 iPad 帝国理工

---

① Central Library[EB/OL].(2017-11-20)[2019-04-03]. http://www. imperial. ac. uk/admin-services/library/use-the-library/borrowing-a-laptop-or-ipad.

学院的学生可以借 14 天。具体操作流程为，在咨询台需要填写一个借阅表格以及一个借阅承诺，然后方可借走。如果没有按期归还，会被处以 370 英镑的罚款以及 30 镑的管理费。

图书馆这种提供 iPad 或者笔记本电脑的借阅服务是一种方便用户的行为。因为有些用户来图书馆时可能由于各种原因没有带电脑，但是当他们在使用图书馆资源的过程中需要电脑时，就可以向图书馆借阅。这提高了用户对资源的利用效率。

三、小组讨论室

图书馆设立了 8 间小组讨论室。每个用户每周可以预约两次，每次预约时间每天不能超过 2 小时。用户迟到 15 分钟后，该研讨室的预约将被自动视为无效。小组讨论室分布在图书馆的一楼至三楼，具体分布及设备如下。

（一）一楼

小组研讨室 1A：可容纳 6 人，提供电脑、投影仪及智能白板。
小组研讨室 1B：可容纳 6 人，提供电脑、投影仪及智能白板。
小组研讨室 1C：可容纳 6 人，提供电脑、投影仪及智能白板。
小组研讨室 1D：可容纳 6 人，提供电脑设备。

（二）二楼

小组研讨室 2A：可容纳 16 人，提供电脑、投影仪及普通白板。
小组研讨室 2B：可容纳 10 人，提供电脑和投影仪；
小组研讨室 2C：可容纳 6 人，提供电脑和投影仪。

（三）三楼

小组研讨室 3A：可容纳 16 人，提供电脑和投影仪。

四、失物招领服务

为方便读者，图书馆读者提供失物招领服务。读者拾到失物时，可以交到图书馆的咨询台。普通的失物会被咨询台保留三个星期。但是对于拾到的学校一卡通，会被转移到学校的保卫部。用户只能在周一到周五的 9：30 到 18：30 来领取失物。对于容易辨认失主的用户，图书馆老师会主动给失主打电话。此外，为了避免纠纷,帝国理工学院图书馆还声明,图书馆不对任何失物负责。

帝国理工学院图书馆这种失物招领模式有他人性化的一面。最值得学习的一点是他们会主动联系能轻易辨认失主的用户。这种主动服务的精神值得学习。另一个值得学习的一点是其会将拾到的学校一卡通做特殊处理,交给学校保卫处,体现了对于涉及个人敏感信息的保护精神。

五、定期调研读者

帝国理工学院图书馆还定期开展调研,研究用户的阅读习惯和偏好。比如在2014年,其做了一个用户空间喜好及使用的调查。

在2014年的调查中,其共收到了1216份有效问卷,包括944名本科生、165名教学型研究生、78名研究型研究生以及29名其他类用户的问卷。其中,商学院、工程学科、医学科以及自然科学学科的调查人员分别为103名、589名、164名以及348名。为了解用户的空间使用偏好,他们设置了如表13-1中的问题。

表13-1　帝国理工学院图书馆读者空间偏好及使用调查问卷[①]

1. 当你需要来图书馆时,经常采用的方式是? 一个人 一个来,但与朋友在一起学习 一群人过来 以上3种都有可能 2. 你最喜欢图书馆的哪种学习环境? 安静区,允许一定噪音 无声区,不允许噪音 小组讨论区,与朋友一起交流 咖啡厅 以上都有 3. 当选择学习环境时,你认为最重要的参考因素,按重要程度依次排序为? 学习环境 空间大小 固定的PC数量 舒适感 个人桌椅 插头 书籍获取 靠窗座椅 共享桌椅

---

① Central Library Space Survey February 2014[EB/OL]. (2017-11-20)[2019-04-07]. http://www.imperial.ac.uk/admin-services/library/use-the-library/our-libraries/central-library/space-survey-2014.

续表 13-1

4. 当你在图书馆工作或学习时,有哪些你觉得重要但是图书馆没有提供的东西?
5. 如果在使用图书馆时你需要帮助,你最喜欢用什么方式给我们联系? 向咨询台老师咨询 向学科馆员咨询 邮件 通过网络向图书馆提问 通过图书馆主页查找 通过社交网络咨询 其他
6. 写一个你觉得对于提高图书馆最需要改进的地方? 建议提高图书馆温度控制水平 提供更多的电脑,方便借阅 需要更多的学习空间

通过这些问题我们可以看出,帝国理工学院图书馆的问卷调查相对比较简洁,但是这些问题都十分具有针对性。因此,调研的数据结果能很好地帮助图书馆做出合理决策。比如对于"你最喜欢图书馆的哪种学习环境"这一小题,问卷的答案直接清晰的显示出大家最喜欢安静区,即允许图书馆有一定噪音的存在,同时也有一部分用户喜欢无声区,这样图书馆就可以清晰地了解用户需求。

六、24 小时开馆服务

除周五晚上 11 点闭馆至周六早上 10 点,其余时间 South Kensington 主馆都实行 24 小时开放,但是某些服务并不是 24 小时提供。比如,面向学生的服务咨询台,周一至周五开放时间为 8:30 到 21:00,周六开放时间为 10:00 到 18:00,周日开放时间为 11:00 到 19:00,但在暑假期间,咨询台提供服务的时间周一至周五为 9:00 到 19:00,周六为 10:00 到 18:00,周日不提供服务。

七、Study Break Card 服务

Study Break Card(学习休息卡)是考虑到学生休息而设计的一种临时性的保留图书馆座位权利的方式。South Kensington 主馆专为学生设计了纸质的学习休息卡。每张纸质的卡片有 4 次填写机会。当读者需要休息且休息时间不超过 30 分钟时,读者可到咨询台领取该卡片,并填写该卡片,然后将卡片放置在桌椅上,提醒其他读者在该时间段内其仍保留对该座位的权利。图 13-2 即为学习休息卡。从该图中我们可看到,卡片上写着"我正在休息时间,如果在 30 分钟

以内还没有回来,你可以将我的物品移到一边,并可自由地使用该桌子"。

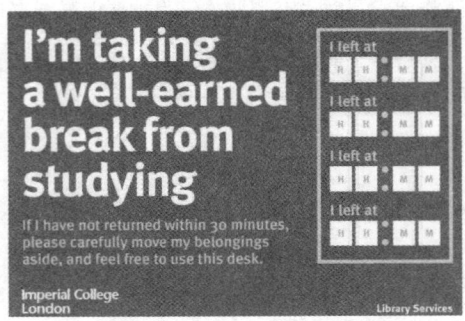

图 13-2 学习休息卡[1]

学习休息卡是国内图书馆值得借鉴的座位管理方式,可以礼貌地提醒学生在公众场所,不应过度地占用空间资源。国内图书馆普遍的做法是提醒读者请勿占座,做文明读者,但是对于座位的真正管理并没有什么效果。这种学习休息卡的发放则是一种很好的管理制度,值得国内图书馆学习。

第三节 图书馆分馆

一、Charing Cross 分馆

Charing Cross 图书馆是帝国理工学院图书馆的一个分馆。相对于 South Kensington 主馆来说,其实际大小只有一个楼层,位于学校雷诺兹楼(Reynolds Building)的二楼。该分馆主要收藏医学、护理类书籍和期刊资料。除此之外,Charing Cross 分馆还收藏了许多 1990 年以前的期刊。该分馆还提供了 3 个小组讨论房间,每次最长预约时间为两小时。与 South Kensington 主馆开放时间不同的是,Charing Cross 分馆周一到周五的开放时间为 9:00 到 21:00,周六至周日,其开放时间为 10:00 到 21:00。

二、Chelsea and Westminster 分馆

Chelsea and Westminster 分馆主要是为支持切尔西及西敏医院(Chelsea

---

[1] Study Break Cards[EB/OL].(2017-11-20)[2019-04-11]. http://www.imperial.ac.uk/admin-services/library/use-the-library/our-libraries/central-library/study-break-cards.

and Westminster Hospital）而设立的。因此，其收藏的书籍主要涉及医学、护理等职业书籍。该分馆配备了 17 个医学专用电脑、11 台图书馆电脑以及 3 个小组研讨（培训）空间（见图 13-3）。

图 13-3　Chelsea and Westminster 分馆①

此外，对于 Hammersmith Campus 分馆、Royal Brompton 分馆、St Mary's 分馆以及 Silwood Park 分馆，帝国理工学院图书馆均设置了相应的研讨室，方便读者讨论。而在 White City 校区，由于暂时没有图书馆，帝国理工学院图书馆专门设置了一个服务点，在每周星期二的时候派图书馆老师过去，指导学生如何使用图书馆。②

第四节　图书馆使用及管理规定

一、流通规定

帝国理工学院图书馆并没有对不同类型的学生制订不同的借书规定。从表 13-2 中我们可以看到，本科生、研究生和博士生的最大借阅量都是 40 本，且每本书的借阅周期均为 1 周。对于借期为 24 小时的书籍，他们的最大借书量都是 4 本。即便是对于教师，其最大借阅量也是 40 本。

---

① Chelsea and Westminster Campus Library [EB/OL]. (2017-11-20) [2019-04-13]. http://www.imperial.ac.uk/admin-services/library/use-the-library/our-libraries/chelsea-and-westminster-campus-library.

② White City Campus [EB/OL]. (2017-11-20) [2019-04-13]. http://www.imperial.ac.uk/admin-services/library/use-the-library/our-libraries/white-city-campus.

表 13-2　不同读者类型的借阅权限[1]

读者类型	最大借阅量	借阅周期	24小时借期的书籍的最大借书量
本科生	40本	1周	4本
研究生	40本	1周	4本
博士生	40本	1周	4本
教师	40本	3周	4本
校友/兼职员工	5本	1周	0本

二、超期罚款规定

帝国理工学院图书馆会对读者收取超期罚款，具体情形如下：

（1）被预约的书籍超期，收取50便士/天的费用，1天的超期宽限期，每本书能产生的最大罚款额度为10镑；

（2）借期为24小时的书籍超期，收取50便士/天的费用，15分钟的超期宽限期，每本书能产生的最大罚款额度为10镑。

此外，为及时告知读者，超期一周时，读者会第一次收到超期邮件提醒。当超期三周时，读者会第二次收到超期邮件提醒，并且其图书馆的账户将被停用，读者借、还、预约等服务将被停止，同时无法进入图书馆。当超期六周时，读者会第三次收到超期邮件提醒，超期书籍会被自动视为遗失处理，读者会被征收额外的赔偿费用。[2]

第五节　特色服务与资源

一、残障人用户特色服务

帝国理工学院图书馆很注重残疾人用户的感受，并且为他们提供很多特别的服务。

---

[1] Membership and Borrowing[EB/OL]. (2017-11-20)[2019-04-13]. http://www.imperial.ac.uk/admin-services/library/use-the-library/membership-and-borrowing.

[2] Overdue Items[EB/OL].（2017-11-20）[2019-04-14]. http://www.imperial.ac.uk/admin-services/library/use-the-library/overdue-items.

在图书借书服务方面，帝国理工学院图书馆与学校的残疾人帮助中心（College Disability Advisory Service）紧密合作。读者需要填写一个残疾支持申请（Disability Support Application），然后学校的残疾人帮助中心就会通知图书馆，并为其提供以下服务：

(1) 更长的书籍借阅期限，可以将期限延期1到3周；
(2) 帮助读者到书架上取书；
(3) 查找需要的课程教材；
(4) 安排合适的学习空间；
(5) 帮助残疾人用户找到合适的电脑。

在软件程序方面，帝国理工学院图书馆在学校电脑上安装了残疾人用户专用软件。一个是ClaroRead，该软件能帮助诵读困难的读者实现正常的阅读[1]；另一个用得较多的软件是Mindview。除此之外，图书馆还在电脑上安装了其他辅助类软件：

(1) Inspirations：思维导图软件，将读者的各种想法串联起来。
(2) Dragon：语音识别软件，帮助残疾人用户找到需要的文件资料。
(3) Audio NoteTaker：一款记录声音、文字和图片的便签记事软件。
(4) EverNote：帮助残疾人用户整合便笺的软件。
(5) Global AutoCorrect：一款语音拼读错误纠正软件。
(6) Read and Write：一款诵读困难支持软件。

二、校友服务

校友可免费获取部分图书馆的资源也是帝国理工学院图书馆的一大特色。为此，帝国理工学院图书馆设置了一个专门的网络校友管理平台 Imperial Plexus。作为校友，需要在该平台上注册登录后方可以使用图书馆购买的部分网络资源。事实上，由于国内版权的限制，这种允许校友免费获取部分图书馆资源的情况在国内少见。

三、培训讲座

帝国理工学院图书馆提供培训讲座（Workshop）服务。培训讲座分为两

---

[1] ClaroRead For PC［EB/OL］.（2017-11-20）［2019-04-14］. https://www.clarosoftware.com/portfolio/claroread.

种：一种主要面向学生，尤其是本科生，即午间讲座（Lunchtime Workshop）；另一种是与研究生院合作开设的深度的研究技能培训讲座。

（一）午间讲座培训

午间讲座（Lunchtime Workshop）一般是在中午的 12 点到 13 点进行，持续时间一个小时。这类培训讲座分为四种类型：

（1）数字信息技能培训；

（2）学术技能培训；

（3）参考文献技能；

（4）医学研究相关培训。

为让大家更清楚地了解帝国理工学院图书馆的午间讲座（Lunchtime Workshop），我们对其开设的部分讲座介绍如下，见表 13-3。

表 13-3 午间讲座（Lunchtime Workshop）[①]

培训名称	类型
如何从可靠信息中找到可信度高的资源	数字信息技能培训
App Slam——提高科研效率的应用程序介绍	
如何找到公司、财务或产业信息，包括各类公司介绍、财务报表、股价、报告等	
高质量学术数据库和搜索工具使用介绍	
思辨能力的基础方法介绍——从事实、统计数据等内容中寻找思辨线索	
Overleaf 软件使用介绍	
个人数字使用记录追踪介绍	
学术写作要点分享	学术研究技能
文献综述写作技巧	
个人阅读与笔记方法介绍	
期末考试复习技巧介绍	
Mendeley 引文管理工具介绍	参考文献技能
LaTeX 引文管理工具介绍	
RefWorks 引文管理工具介绍	

---

① Lunchtime Workshops [EB/OL]．（2017-11-20）[2019-04-18]．http://www.imperial.ac.uk/admin-services/library/learning-support/workshops/lunchtime-workshops．

续表13-3

培训名称	类型
Medline（Ovid）医学数据库介绍	医学研究相关培训
PubMed 医学数据库介绍	

（二）研究技能培训

深度研究技能培训项目主要与研究生院合作实现。这种培训课程与午间讲座（Lunchtime Workshop）的不同在于其提供更深化的知识和技能培训。由于学习的知识较为深入，这种培训一般分为几场进行。

这些课程总共分成三个等级（Level）。等级一（Level 1）是最基础的课程；等级二（Level 2）培训的课程和级别稍高，包括一些深度的主题或学科内容分析；等级三（Level 3）是更高级的课程培训，在参加这个等级的培训时，甚至需要预先学习其他课程的知识。[①]

这一类课程比较复杂，同时也十分系统。因此，帝国理工学院图书馆与研究生院合作，共同开发了以下几大类培训课程，每一类均设置多门课程。这几大类培训课程分别是：

（1）Research Communication（研究交流）：培训因为研究需要而涉及的知识。

（2）Research Impaction（研究影响）：提供个人研究成果的影响力。

（3）Research Capacity（研究能力）：提升研究者的个人研究能力。

（4）Research Effectiveness（研究效率）：提升个人的研究管理能力。

（5）Professional Progression（研究职业发展）：介绍研究的职业发展。

（6）Professional Business Skills（研究商业技能）：向研究人员介绍研究成果的商业化。

（7）Graduate Teaching Assistant（教学助理技能）：提升研究教学助理技的个人技能。

（8）Digital Literacy & Research Integrity（信息素养学术道德与规范）：培训研究人员的学术技能。

同样地，为让大家更清楚了解帝国理工学院图书馆的培训讲座，在此将其

---

① CourseLevels［EB/OL］.（2017-11-20）［2019-04-18］. http://www.imperial.ac.uk/study/pg/graduate-school/students/course-levels.

开设的部分讲座介绍如下,见表13-4。

表13-4 研究技能培训项目介绍①

培训名称	类型
著作权介绍	信息素养学术道德与规范
科学研究规范	
Web of Science 数据库介绍	
最新研究追踪	
Web 2.0 工具和技术在研究中的应用	
研究数据管理计划	
知识、真理与科学研究探讨	
研究影响的方法介绍	
论文写作要点	研究交流
论文申请书的写作要点	
研究成果海报设计	
Bash Shell Scripting 编程介绍	研究能力
LaTeX 语言介绍	
社会科学与医学的研究设计	
统计思想介绍	
回归模型介绍分析	
SPSS 统计软件介绍	

从以上介绍我们可以看到,帝国理工学院图书馆的培训讲座比较多,而且内容丰富。尤其是很多讲座不拘泥于一个小时或者一个半小时的时间限制。为了让同学学到更多的知识,他们将一个讲座内容分成几节课,每节课大概一个到一个半小时,有的讲座甚至需要学生来五次课才能完成这个讲座的知识学习。这一点很值得我们国内同行的学习。

---

① CourseLevels[EB/OL].(2017-11-20)[2019-04-20]. http://www.imperial.ac.uk/study/pg/graduate-school/students/doctoral/professional-development.

第六节　学科导航与学科咨询

帝国理工学院图书馆也有较为成熟的学科导航与咨询。目前，其至少为 20 个学科提供了学科导航。这些学科包括商科、化工、化学、计算机、地球科学、教育学、语言学、数学、材料、物理、医学等。

学科导航与咨询通常包括几个内容：一是设置学科导航老师。帝国理工学院图书馆会在主页上公布学科导航老师的相关联系方式，并提供各类学科导航服务。二是学科资源导航，在图书馆的对应学科导航的主页上，关于该学科的重要的检索工具、电子期刊、电子数据库等会被归类列出来，方便读者查找。三是其他类服务，如让读者在网上推荐相关的书籍、预定讲座等。四是快速指导（Quick Guide）指南，帝国理工学院图书馆制作了一些简短的资料和视频，指导读者快速使用图书馆。

我们在这里选择部分学科，将其学科导航与咨询进行详细的介绍，方便国内同行学习。

一、商科学科导航

帝国理工学院图书馆为商科设置了学科导航。图书馆的商科学科导航设置了以下几个内容：一是学科咨询邮箱，商科学科咨询的专用邮箱为 libbpd@imperial.ac.uk。二是学科馆员，商科设置了三位学科馆员，并留下了电话和邮箱方便读者咨询。三是理顺学科导航的如下服务内容：

（1）查找各类信息；
（2）帮助同学评估各类他们个人查找到的资料；
（3）电子期刊、数据库或电子书籍查找服务；
（4）参考文献管理软件服务；
（5）图书馆使用咨询；
（6）开放存取资料服务。

帝国理工学院图书馆商科的学科导航服务做得十分细致。其收集调研了读者需要的各类学科信息，并整理成不同的板块，对每一类信息都进行了详细的指引。我们在这里介绍搜索工具（Search Tools）和重要的网络资源（Key online resources）两个板块。

（一）搜索工具（Search Tools）

商科的搜索工具提供 10 类细致的服务。

(1) 图书馆搜索服务：其将图书馆的电子搜索链接列出来，方便读者查找。

(2) 商业新闻：列出了商科需要的各类新闻网站和网址，如 The Economist，Factiva，FT.com，Science Business 等。

(3) 案例分析：列出了能找到商业案例的各类数据库和资源，如 Harvard Business Review，Business Case Studies，EBSCOhost Business Source Ultimate，Emerald，Financial Times，MarketLine Advantage，The New York Times Case Studies 等。

(4) 公司及财务信息：列出了有各类公司财务信息的数据库网站，如 Amadeus，Bloomberg，Compustat，Center for Research in Security Prices，Ebscohost Business Source Ultimate，ETF Global，Macrobond，Option Metrics（Ivy DB US），Thomson One 等。

(5) 经济类信息（Economic Information）：列出了各类与经济相关的网站、数据库等，如 Bloomberg，EBSCO Mobile，Oecd iLibrary，A Dictionary of Economics 等。

(6) 健康管理（Health Management）：列出了各类与健康、医药相关的网站及信息，如 Gartner IT strategy resources，PubMed，Medline，Science Business 等。

(7) 法律信息（Law）：列出了各类与法律相关的信息、数据库、网站等，如 Practical Law，LexisNexis Butterworths Academic Tax Library，Bailii：British and Irish Legal Information Institute，EUR-Lex，PsycINFO，Factiva，Medical Law：A Very Short ntroduction 等。

(8) 市场产业类信息（Market and Industry Information）：列出了各类与市场、产业发展相关的数据信息源，如 Business Green，MarketLine Advantage，Mintel，Science Business 等。

(9) 社会科学信息（Social Science）：列出了各类与社会统计相关的信息，如 European Social Survey，Psycarticles，UK Data Service，Social Sciences Research Network（SSRN）e-library，Ebscohost Business Source Ultimate 等。

(10) 学术期刊和工作论文（Academic Journals and Working Papers）：列出了各类期刊及工作论文数据源，如 ArXiv、EconLit，EconPapers（RePEc），

HighWire，Zetoc，Bath Working Papers，CBR Working Papers，Iser Working Papers，Niesr Discussion Papers 等。

从上述的内容可以看出，帝国理工学院图书馆的工作做得十分细致。其一方面把商科的内容进行细分，从而方便对商科感觉兴趣的用户找到各类信息；二是对于每一类细分的商科信息，都做了细致的介绍，并链接了对应的网址，比如对于公司及财务信息，其列出了各类详细的信息，如 Amadeus、Bloomberg、Compustat、Center for Research in Security Prices 等。

（二）重要的网络资源（Key online Resources）

帝国理工学院图书馆商科的学科导航服务还根据资源和数据库的重要程度进行列表并加以介绍，从而方便用户查找。我们将这些数据库列出，以方便国内同行了解这类数据库，具体如下：

（1）The Economist；
（2）Financial Times Online（FT.com）；
（3）Ebscohost Business Source Ultimate；
（4）Harvard Business Review；
（5）Thomson One（use internet explorer only）；
（6）Factiva；
（7）Passport（euromonitor）；
（8）Datastream；
（9）Bloomberg；
（10）Fame（financial data on UK and irish companies）；
（11）Databases and Resources。

（三）参考文献管理（References Management）

商科的学科导航服务还对参考文献管理（见图 13-4）做了介绍。这个部分的服务介绍了参考文献的基础知识、各类参考文献格式介绍、参考文献管理软件使用介绍，以及讲座介绍。对于参考文献管理软件，其介绍了 EncNote、RefWorks 以及 BibTex for LaTex。

图13-4 参考文献管理服务介绍①

此外，商科的学科导航服务还十分注重学生的学术道德规范，专门设置了面向本科生、硕士生、博士生和研究人员等员工的学术道德规范教育。比如在面向本科生的学术道德规范教育中，其专门列出了关于整个考试规范与道德规范的相关细则，帮助学生树立良好的学术道德规范。

二、医药及生物医学导航

医药及生物医学学科导航与商科学科导航有很多相似的地方。

第一，其设置了学科馆员。图书馆为医药及生物医学学科一共设置了五名学科馆员，并规定这些学科馆员要提供以下六类服务。可以看出，这六类服务均是相通的。

（1）帮助用户评估各类他们个人查找到各类资料；

（2）电子期刊、数据库或电子书籍查找服务；

（3）参考文献管理软件服务；

（4）图书馆使用咨询；

（5）开放存取资料服务。

第二，资源介绍。其列出了医药及生物医学所需要的重要学科资源，并将这些资源分成不同的类型，包括数据库、生物医学学科数据库、循证健康保健、医学图像、文献查找以及其他各类支持服务。以下对部分内容做详细介绍。

---

① Reference Management［EB/OL］.（2017-11-20）［2019-04-23］. http://www.imperial.ac.uk/admin-services/library/learning-support/reference-management.

（一）常用数据库资源

医药及生物医学学科导航列出了医科学生需要的重要医学数据库。其将数据库分为直接与医药及生物医学健康相关数据库，以及其他类数据库。我们将这些数据列出，并做简短介绍，从而方便国内做医药及生物医学学科导航的馆员在设计学科导航服务时参考。

（1）PubMed——收录生命科学、生物医学相关的数据库、参考文献及文摘。

（2）Medline——涵盖医学、护理、牙科、兽医和临床前科学领域的学术资料。

（3）Embase——涵盖各种生物医学主题，以及与药物和化学品的药理作用有关的文献。此外，其还收录了来自欧洲和亚洲的期刊。

（4）Global Health——涵盖国际和社区层面公共卫生、生物医学和生命科学领域的资料。

（5）PsycINFO——收录心理学和行为与社会科学相关的摘要。

（6）Maternity and Infant Care——主要收录涉及怀孕、分娩、产后护理和新生儿护理的 550 多种国际英语期刊和书籍等资料。

（7）Health Management Information Consortium——收录健康与社会管理的各类资料、涉及卫生服务规定、医疗设备和用品、医疗机构管理等。

（8）Cinah——收录护理和相关健康学科相关信息数据库，包括医学实验室技术、口腔卫生、运动训练和语言病理学，包括来自近 3000 种期刊、医疗保健书籍和会议记录的文章。

（二）生物医学学科数据库

（1）JOVE——该数据库制作和发布实验视频，以提高生物、医学、化学和物理科学的可重复性和透明度。

（2）Henry Stewart Talks——由世界领先的专家讲授生物医学和生命科学的课件。

（3）Enclyclopaedia of Life Sciences——收录由医学领域的专家学科文章及报道。其目前收录 5000 多篇生命科学相关的文章，并且每年更新约 400 篇文章。

（4）Sense about Science——一个慈善机构，专门研究大众生活中与生命科学有关的证据。

（三）循证健康保健数据库（Evidence-based healthcare）

（1）UpToDate——收录由医生撰写的基于证据的临床决策支持资源。其作者包括医生、编辑和同行评审员。他们将最新的医学信息综合形成证据并给出医疗建议建议。

（2）BMJ Best Practice——一个护理工具，旨在帮助卫生专业人员制定治疗和诊断决策。它采用以证据为基础，以患者为中心的方法，收录了 BMJ 最佳实践经验。

第十四章　加州理工学院图书馆

第一节　学校简介

加州理工学院（California Institute of Technology），位于美国加利福尼亚州帕萨迪纳市，是一所著名的私立研究型大学，在泰晤士高等教育世界大学排名中一直名列前茅，是世界公认的精英教育的典范。加州理工学院创建于1891年，起初取名苏普大学，1920年改为现名。虽为世界名校，但加州理工的机构设置却极为精简，全校仅有六个院系，分别是生物与生物工程学院，化学与化学工程学院，工程与应用科学学院，地质与行星科学学院，人文社会科学学院，物理、数学和天文学学院。该校也是全美师生比例最高的大学之一，共300余名教授为大约1000名本科生和1250名研究生提供严格的课程安排、各种学习机会和实践研究。加州理工学院虽然规模不大，但其教职员工和校友的贡献赢得了国家和国际的认可，迄今为止，有38人获得诺贝尔奖，58人获得美国国家科学奖，13人获得美国国家技术与创新奖章，128名美国国家科学学院会员。

加州理工学院作为世界著名的科学和工程研究机构，除了优秀人才汇集，还拥有众多世界领先的科研设施。著名的喷气推进实验室（JPL）就是由加州理工学院于20世纪30年代创立，1958年开始由美国宇航局管理，参与的项目包括"洞察""火星科学实验室""朱诺""贾森3"和"努斯塔"，已共同开展100多项研究和任务。此外，加州理工学院的地震实验室和国际天文台网络也是国际公认的在地球物理研究和天文数据观测方面的权威机构。

第二节　图书馆概况

加州理工学院图书馆一直以来都是以用户为中心，以促进加州理工学院学术研究卓越发展为宗旨,其从管理机制、资源建设到服务体系都紧紧围绕这一宗旨,不断推进创新,努力为用户提供各种具有前瞻性的资源和信息服务,为加州理工学院的教学和科研提供重要支撑。

加州理工学院图书馆很好地践行了帮助用户实现教学和科研成功的发展战略,从人事、资源、服务等方面全力配合和支持用户。

一、组织结构方面

为了有效支持其"服务用户"的发展目标,加州理工学院图书馆对其职能部门进行了优化重组,精简了行政管理部门,增设和强化了服务类部门,以提高组织的运行效率。全馆共设置五个部门,行政管理部门主要负责图书馆的整体行政管理和人力资源管理等事务;访问和服务事务部主要从事流通、资源访问与共享、文献传递、课程储备等传统服务类活动;档案部主要负责本校师生的专著、手稿、电子期刊等资源的数字化与保存,以及学校教学、课程等相关资源的保存工作;数字图书馆发展部门则专门负责数字化或数字资源相关工作;研究发展部是为师生教学、学习、科研提供直接支持的部门,包括研究数据管理、研究指标分析、信息素养教育、参考咨询、论文指导等教学科研支撑服务。

二、资源建设方面

加州理工学院图书馆一直都围绕着"以用户为中心"的原则,努力提供各种具有前瞻性和实用性的纸质与数字资源,尤其是在特藏资源建设方面,形成了完备的特藏体系和服务机制,除了满足本校师生的研究需求外,还基于学术开放的理念面向各类科研机构和社会公众开放特藏资源,用户可以通过图书馆的官网或是网络搜索引擎直接进行资源的访问及获取,由此促进了这些学术成果的全球传播与利用,提高了加州理工学院的全球学术影响力。

三、服务方面

为了应对外部环境的变革和用户需求的变化,加州理工学院图书馆在以读者为中心、以需求为导向的基础上,积极开展多样化的拓展式延伸服务:一是开展与科研相关的全方位知识服务,加深服务的深度;二是以读者需求为核心扩展服务空间,拓展服务的宽度。

加州理工学院图书馆总共有39名工作人员。工作人员数量最多的是密立根图书馆，共有 16 人；其次是谢尔曼图书馆有 14 名工作人员；其他几个分馆的工作人员人数都相对较少，档案馆有 5 人，地质行星科学图书馆有 2 人，而天体物理图书馆和达布尼图书馆则分别只有一名工作人员值守。加州理工学院图书馆的组织结构如图 14-1 所示。

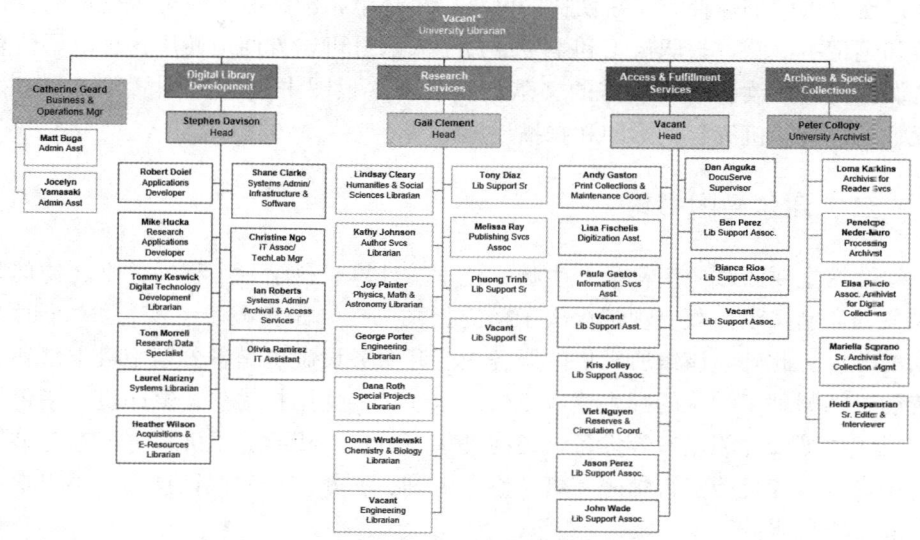

图 14-1　加州理工学院图书馆组织结构图①

第三节　图书馆分馆

加州理工学院图书馆由五个分馆和一个档案馆组成，五个分馆分别是密立根图书馆（Millikan Library）、谢尔曼图书馆（Sherman Fairchild Library）、天体物理图书馆（Cahill Library）、达布尼图书馆（Dabney Library）和地质行星科学图书馆（Geology Library）。各分馆在开馆时间、馆藏资源和服务内容等方面都有所不同，下面将分别介绍。

一、密立根图书馆

此馆以著名实验物理学家、诺贝尔物理学奖获得者 Robert A. Millikan

---

① Organization Chart［EB/OL］.（2018-11-14）［2018-12-06］. https://www.library.caltech.edu/sites/default/files/OrganizationChart-11-14-18.pdf.

(1868—1953)命名。它是加州理工学院图书馆管理机构的所在地,也是规模最大的一个分馆,其九层楼的馆舍也是校内最高的建筑。密立根图书馆的文献资源主要包括天文学、地质学、人文社会科学等学科的图书及期刊,以及美国和加州的政府文献、校园社团组织的资料、休闲阅读读物和大量珍贵的中文文献。密立根图书馆拥有丰富便捷的网络计算环境,配备有大量配置先进的台式机和笔记本电脑,教职员工和学生通过个人账号可以方便地使用各种电子信息资源。为方便读者影印所需的文献资料,密立根图书馆提供了复印机、扫描仪、彩色打印机等自助影印和扫描设施。

二、谢尔曼图书馆

此馆主要收藏应用科学、生物、化学、计算机科学、工程、数学、物理等学科的印刷文献,藏书规模仅次于密立根图书馆,是全校唯一实行24小时开馆的分馆。此外,该馆所提供的服务内容和服务设施也是各分馆中最丰富和完善的,加州理工学院的师生读者不仅可以在馆内使用扫描仪、复印机、彩色打印机、微缩胶片阅读器等设备,还能外借Kindle、iPad、相机、笔记本电脑等电子设备,并且能获得馆际互借、参考咨询、文献装订、课程预约、小组学习空间等特色服务。

三、天体物理图书馆

此馆位于罗宾逊大楼,即加州理工学院天文学系所在地。该馆主要为天文学家、天文仪器设计者,以及相关专业人员和学生进行光学、微波、X射线、伽马射线、宇宙光、红外线、理论天文学等方面的研究提供文献支撑,此外还为更专业的天文台图书室提供文献支持。[①] 天体物理图书馆同样为读者提供电脑及各种影印设备。

四、达布尼图书馆

此馆主要收藏人文社会科学方面的文献资料,提供阅览室、地下室学习区域、参考咨询服务,以及笔记本电脑、打印机、复印机、扫描仪等设施。

---

① 图书馆情况及教职工学生情况[EB/OL]. (2009-11-25)[2018-09-25]. http://www.cdgdc.edu.cn/xwyyjsjyxx/zxns/mxcx/mg/jzlgxy/jzlgxygk/262396.shtml.

五、地质行星科学图书馆

此馆主要收藏地球与行星地质学、地球物理、地球化学、地震学、古生物学领域的资料，尤其在加州、美国西部以及北美洲相关地质资料的收藏方面更是独具优势。该馆不仅藏有大量的美国国家地质勘探调查报告和加州矿藏地质分布报告，同时还收藏与国家地质调查相关的出版物以及经过筛选的国外调查报告。该馆的特殊馆藏：西北美洲的地质实地考察旅行指南（重点是位于太平洋和落基山脉之间的区域），美国地质勘探局关于美国西部地形图、加州地形地貌图的公开报告，加州理工学院地质学及行星学系的学位论文。[1] 该馆除了提供笔记本电脑、扫描仪、打印机、复印机等常规设备，还根据地质学、行星学等学科的特殊专业需要，配备了大幅面绘图仪和打印机，以及超大平板的扫描仪。

六、档案馆

档案馆正式成立于 1968 年，作为加州理工学院的集体记忆收集地，主要收集和保存加州理工学院发展历程的档案资料、本校师生或校友的研究成果以及珍贵的特藏资源，包括机构记录、个人文件、口述资料、手稿、珍本图书、文物、图像、艺术品以及音频、视频等数字影像资料。档案馆的独特珍藏资源就是从哥白尼时代至今的有关科学技术史的珍贵史料[2]。这些资料既可供本校师生用于教学和研究，也可通过预约的方式提供给校外用户使用。

第四节　图书馆使用及管理规定

一个大学图书馆的管理规定和措施体现了其管理制度和运行机制，是图书馆能够正常有效运行的制度保证。加州理工学院图书馆对图书馆的资源使用、业务发展和读者行为都做出了极为严格细致的规定和要求，对这些管理规定与规范进行分析和研究，可以给我国大学图书馆的管理与运行提供一些启发。加州理工大学图书馆的管理规定主要涉及以下几个方面。

---

[1] 图书馆情况及教职工学生情况［EB/OL］.（2009-11-25）［2018-09-25］. http://www.cdgdc.edu.cn/xwyyjsjyxx/zxns/mxcx/mg/jzlgxy/jzlgxygk/262396.shtml.

[2] Archives［EB/OL］.（2017-03-16）［2018-09-25］. https://www.library.caltech.edu/about/archives.

一、资源使用规定

（一）电子信息资源使用规定

加州理工学院图书馆根据学校《加州理工学院关于可接受的电子信息资源使用规定》的相关规定，为本校的在校教职员工及学生提供了丰富便捷的网络计算环境，师生读者通过个人的校园账户就可以登录和访问图书馆的信息资源。图书馆还为本校师生员工提供台式及笔记本电脑，这些电脑都配备有常用软件以及一些专业性强的特殊软件，比如附加设计软件、3D 打印软件等，并且在各分馆都设置了 Windows 工作站。[①] 除此之外，谢尔曼图书馆还提供笔记本电脑外借使用服务，本校师生通过本人的校园 ID 卡登记即可借出使用，注册了借阅特权的加州理工学院附属机构相关人员也可享受笔记本电脑外借服务，但只允许在馆内使用，不得外带出馆。对于校外人员，允许其使用图书馆的无线网络满足一般性的互联网访问需求，但不能访问图书馆的数据库、电子书以及在线期刊等资源。

（二）打印设备使用规定

加州理工学院图书馆各分馆都配备有先进的打印设备，但只对在校教职员工及学生开放，校外访客尚未允许使用相关设施。对于加州理工学院的师生而言，这些打印设备也不能无限制的免费使用，每个人每学期有 25 美元的免费打印津贴（黑白打印 10 美分/页，彩打 20 美分/页），单次打印任务的最大限额是 200 页或 100MB，而超过免费打印津贴限额产生的费用，将在每季度末的财务结算中从个人的财务账户或家长教师协会账户中收取[②]。为防止恶意使用或盗刷打印津贴的行为，图书馆要求每位用户必须认真监督和管理各自的印刷津贴，尽量只打印自己需要的文件，不得代他人打印，一旦发现用户存在过度的打印行为，图书馆将会对其打印津贴账户进行审查，并下调津贴的信用额度。

---

① Computers and Software[EB/OL]. (2018-06-02)[2018-09-30]. https://www.library.caltech.edu/services/computers-and-software.

② Printing Policy[EB/OL]. (2017-09-23)[2018-09-30]. https://www.library.caltech.edu/policies/printing-policy.

（三）图书馆访问规定

加州理工学院图书馆的访问规定因每周具体时间段、分馆和用户的不同而有所区别。但各分馆的访问规定都有着一个相同的核心原则，即为本校师生员工提供一个安全有序的学术研究空间，任何违反这一原则的行为都将立即受到校园安全部门的质询和监管。

加州理工学院图书馆的用户主要分为四类：本校师生员工、附属机构工作人员、访客读者和校外人员。只有加州理工学院本校师生员工和附属机构相关人员拥有图书馆资源的借阅特权。加州理工学院图书馆对各类用户的访问规定具体如下。

1. 本校师生员工

（1）实体图书馆。

加州理工学院的在校教师、学生和工作人员可以在每周一至周五的上午8：00到下午5：00使用加州理工学院图书馆各分馆（只有档案馆要求在访问前先进行预约）。在工作日下午5：00之后和周末时间，除了谢尔曼图书馆可以通过有效的加州理工学院校园ID卡进入外，其他分馆都有不同程度的访问限制，例如达布尼图书馆在非工作时段只对教职工用户开放，天体物理图书馆规定在该馆拥有固定办公场所的人才能在非工作时间进入该馆，而地质行星科学图书馆则只允许在GPS部门工作的师生员工全天候地访问该馆。①

（2）数字图书馆。

加州理工学院在校师生员工除了可以在校园网络环境下免费使用图书馆的数据库资源外，还可以通过个人的校园账号远程登录使用数字图书馆的各种数据库资源。

2. 附属机构、访客读者②

办理了图书馆借阅卡的加州理工学院附属机构和拥有访客读者证的个人可以使用Sherman Fairchild图书馆，但不允许将其他访客带入图书馆内，否则会被注销读者证件。加州理工学院附属机构员工可以通过其借阅卡在Sherman Fairchild图书馆借阅图书，并且允许使用馆内的笔记本电脑，而访客读者则

---

① Locations & Hours[EB/OL].（2018-01-20）[2018-10-05]. https://www.library.caltech.edu/about/hours.

② 访客读者的范畴包括其他高校教职工、富勒神学院的研究生、亨廷顿医院的专业人员、希望之城国家医疗中心的专业人员，除此之外，有合法理由需要使用加州理工学院专业馆藏的用户也可以申请访客读者证，但必须具备研究生学历和得到至少两名加州理工学院教职员工的推荐。

只有 Sherman Fairchild 图书馆资源的阅览权限。

3. 校外人员

加州理工学院作为一所研究型的私立大学，其图书馆主要是为本校师生服务的，资源专业性强、师生利用率高，并不适合一般性信息的获取，所以加州理工学院图书馆并不鼓励校外人员使用图书馆的资源，只有 Sherman Fairchild 图书馆在周一至周五的上午 8：00 到下午 5：00 之间对外来研究者限额开放，而访问其他分馆则需要提前预约并需图书馆员审核批准。

4. 服务类动物①

特别值得一提的是，加州理工学院图书馆还允许服务类动物进入图书馆，并做出了详尽细致的规定，以求在不损害在馆读者利益的前提下尽量满足残疾人用户的合法需求。关于服务类动物进入公共场所一事在我国一直备受争议，公众对于服务类动物的认识还尚浅，国家也缺乏相关的法律支持，因而了解加州理工学院图书馆对于服务类动物的入馆规定可以弥补我国高校图书馆在此领域的一些认知空白。加州理工学院图书馆有关服务类动物入馆规定见表14-1。

表 14-1 加州理工学院图书馆服务类动物入馆指南②

• 服务类动物必须是符合《美国残疾人法案》相关要求的动物类型，受过专业技能培训、能执行特定任务和指令，其他类型的动物，如宠物犬和治疗犬是禁止入馆的
• 服务类动物在任何时候都应用皮带或挽具拴住，跟随在其看管人的身旁。除非皮带或挽具干扰到动物服务任务的表现，否则在馆期间必须时刻用牵引绳且处在看管人可控制的范围之内
• 服务类动物在任何时候都不能处于无人看管的状况
• 服务类动物不能表现出任何破坏性的行为，比如吠叫或者咆哮等
• 服务类动物的喂养或清理工作必须由看管人自行负责
• 图书馆力求为读者提供一个安全、高效的学习环境，如果服务类动物的行为或动作对他人的健康或安全构成间接或直接的威胁，或不符合上述几条行为准则，则不得允许进入图书馆设施内
• 如果因为违背了上述规定，服务类动物被禁止进入图书馆的话，图书馆依然欢迎这些动物的看管人能留在馆内继续使用图书馆，图书馆的工作人员将为其提供合理的帮助

（四）空间资源使用规定

基于有限的资源应该首先满足本校师生使用需求的原则，加州理工学院图

---

① 国际上一般将服务类动物分为三类：引导盲人的导盲动物，为听障人士发出引导信号的导聋动物，以及为视障或听障以外的残疾人工作的动物。

② Service Animals［EB/OL］.（2018-06-11）［2018-10-25］. https：//www. library. caltech. edu/policies/ruless-access.

书馆的空间资源，如会议室、研讨室和小组学习室也只供本校师生员工使用，并且只能用于学习指导、项目协作和学术研究，禁止用于其他非研究的用途。除了这些总体指导原则外，图书馆还制定了一系列具体规定来保证和监管空间资源正常有效的使用，如表14-2所示。

表14-2 加州理工学院图书馆空间资源使用规定[①]

- 小组学习室和其他图书馆空间不可作为全日制教学班级的聚会场所
- 不允许将未成年学生带入馆内的任何房间和空间
- 食物和饮料允许带入房间内，但必须在使食用后自行清扫干净，每个房间都备有纸巾和垃圾桶。房间外的大厅里禁止食用食物和饮料。禁止携带酒类饮品进入图书馆的任何区域
- 所有可用的空间可以提前三个月在图书馆的主页上进行预约，每人每天可以使用3小时，如有特殊情况可联系管理人员，予以适当延长。为了确保每一个房间都能合理使用，必须在工作日的下午4：00之前完成预约，否则无法保证当天晚上有房间可用。同样，周五下午4：00之后的预约也不能保证周末能使用房间。如果超出预约时间15分钟未到，预约的房间将被取消
- 小组学习室可以不经预约随时进入使用，但必须先与图书馆管理员取得联系以确定该房间是否被人预约。如果有人预约了该房间，则会优先满足预约人的需求
- 所有空间对团体优先开放，如果空间被个人使用者占用，图书馆员有权让其让位于团体使用者
- 空间使用者不能将个人物品遗留在房间内，如果被图书馆工作人员发现，所有物品将被清理走。如果在图书馆闭馆前无人前来领取，这些物品将被移交到校园安全办公室

（五）借阅规定

拥有加州理工学院图书馆借阅权限的有两类用户：一类是本校师生员工，包括加州理工学院的教师、博士后、研究生、本科生、工作人员、理事和名誉教授；一类是加州理工学院附属机构的相关人员，包括喷气推进实验室正式及退休职工、中级及高级暑期项目学生、学校志愿者、学校在职师生员工的直系亲属（须年满14周岁）、学校教职工的委托借阅人（须持有员工校园ID卡及教职工签名）、校友会成员、TMT国际天文台的工作人员、卡内基天文台的工作人员、亨廷顿图书馆读者、艺术中心设计学院的师生等。针对这两类不同的用户，加州理工图书馆制定了不同的借阅规定，以规范用户的借阅行为，保障图书馆资源的合理使用，具体规定见表14-3、14-4。

---

① Room Reservation Policy[EB/OL].（2017-12-01）[2018-10-05]. https://www.library.caltech.edu/policies/room-reservation-policy.

表 14-3　本校师生员工借阅规定①

基本期望： • 在图书馆借阅资料时，必须出示有效的加州理工学院证件 • 爱护图书馆财产，妥善保管借出的资料 • 按时归还到期的资料，尤其是应立即归还被预约的资料 • 收货地址如有更新，应及时告知图书馆② • 借阅证不得转借他人 • 严格遵循图书馆各项借书规定，滥用借阅权限的学生将被上报给教授及学校管委会 借阅期限： • 对于教师、博士后和研究生来说，大多数资料的借阅期限是到当前学期结束，而本科生和工作人员的借阅期限则为 4 周 • 如果所借资料被校内其他读者预约，读者应在一周内还回。如果被预约的资料为课程资料，则有可能被要求立即还回 • 一些课程资料和期刊的借阅期限会短于其他资源，同时一些期刊、参考资料和某些高使用率的资料只允许馆内阅览 电子设备： • 本校师生都可以使用并外借馆内的各种电子设备（如 Kindle、Ipad、笔记本电脑、投影仪、相机等） • 电子设备一旦借出，读者必须承担保管这些设备的全部责任，不能篡改设备的软硬件，不能逾期不还，不能损坏或丢失所借设备，否则图书馆将按规定收取罚款或索要赔偿，而且会冻结该读者账户对电子设备的使用权限 预约： • 读者可通过图书馆主页对可外借的馆藏资源提出预约请求，取书地点可选择任一分馆 • 如果读者想借的资料已被其他读者借走，图书馆可以缩短该资料的借阅期限，当前的借阅人最多只能再借阅一周。而如果该资料属于课程资料的话，则借阅人会被要求立即归还 • 提出预约请求的读者将会在一周之内拿到预约的资料，如果同一资源有多位读者预约的话，将按照提出请求的时间顺序予以满足 • 对于本校的教师、职员以及在校内有办公地址的博士后和研究生，可以享受图书馆的校内资源传递服务，所预约的资料将由图书馆送达到指定地点 归还和续借： • 读者应在所借资料到期前归还或续借，大多数的资料都可续借三次，三次续借之后必须归还图书馆。被预约的资料不能进行续借 超期： • 逾期未还的图书馆资源将会收取超期服务费 • 如果电子设备未按期归还，将会对设备和安装在设备上的各类配件征收超期费 遗失和污损赔偿： • 读者应该爱护图书馆的各种资源，如果所借资料出现遗失或损坏的情况，借阅人必须购买图书馆认可的原版图书资料进行赔偿，并且支付图书馆 20 美元的加工手续费

---

　　① Lending Code. For the Caltech Community[EB/OL]. (2018-02-10)[2018-10-06]. https://www.library.caltech.edu/policies/lending-code.

　　② 加州理工学院图书馆为本校教职工和在校园内有办公地点的研究生和博士后提供纸质资源的校园送达服务，故需要这类用户提供准确的校园内地址。

续表14-3

- 对于赔偿费用，本校师生可以通过汇款支付，而其他人员则需要在周一至周五的上午8：00到下午5：00在谢尔曼图书馆的流通处现场支付。在所有罚款未结清之前，读者的图书馆账号将被暂时冻结

教师授权代理卡：
- 虽然图书馆的借阅权限是不可转让的，但为了方便本校教师通过工作助理或业务代表借阅资料，图书馆允许教师再办理一张和主卡相联结的代理借阅卡，允许指定的委托代理人来图书馆办理借阅事宜
- 代理借阅卡必须由代理人带着教师本人的授权资料到图书馆申请办理，并以教师本人的姓名注册该卡，教师全权承担此借阅卡上所有图书馆借阅资料的保管责任，如果教师没有及时回复所借资料的催还和逾期缴费通知，则可能导致暂停该代理借阅卡借阅权限服务
- 代理借阅卡的有效期限通常为一学年（当年十月到次年九月），在此期间教师和代理人必须保持良好的借阅信誉，如果要终止该代理卡的权限，教师应立即通知图书馆

家庭成员卡：
- 加州理工学院教师、博士后、研究生和工作人员的直系亲属（至少年满15周岁）可以到谢尔曼图书馆的流通处办理借阅证，这些家庭成员卡将和本校师生员工的借阅卡相联结，家属卡的任何费用及要求也会一并告知师生员工，师生员工必须确保家庭成员遵守图书馆的各项规章制度

表14-4 加州理工学院附属机构借阅规定①

基本期望：
- 遵守图书馆的各项规章制度
- 爱护图书馆财产，妥善保管借出的资料
- 按时归还到期的资料，尤其是应立即归还被预约的资料
- 及时向图书馆报告更新的地址
- 借阅证不得转借他人
- 滥用借阅权限的借阅人将被剥夺借阅权

借阅期限：
- 大多数资料的借阅期限为4周
- 如果所借资料被校内其他读者预约，读者应在一周内将其还回。如果被预约的资料为课程资料，则应有可能被要求立即还回
- 一些课程资料和期刊的借阅期限会短于其他资源
- 大多数期刊、参考资料和使用率高的资料只允许馆内阅览

使用限制：
- 在校师生员工对图书馆所有资源有优先使用权，如果非本校读者所借资料被其他读者预约，必须立即归还，否则将暂停借阅权限
- 除了谢尔曼图书馆和密立根图书馆允许在馆内借用笔记本电脑外，限制使用其他电子设备
- 逾期未还将会收取超期服务费。如果所借资料遗失或损坏，借阅人必须照原物赔偿，并支付图书馆20美元的加工手续费

---

① Lending Code. For Other Borrowers(Caltech Affiliates)[EB/OL]. (2017-09-08)[2018-10-06]. https：//www.library.caltech.edu/policies/lending-code.

二、捐赠规定

加州理工学院图书馆目前主要接受本校教职工、校友以及附属机构研究人员捐赠的文献资源,并明确表示拒绝任何形式的物资捐赠,这点与国内高校图书馆面向全社会募集文献捐赠有很大的不同。加州理工学院图书馆接受的捐赠资源主要分为两类:一类是图书、论文和科技报告;另一类是记录了加州理工学院发展历史的未经发表的独特资料以及珍稀书籍,这类捐赠除了会来源于在职及退休的教职员工外,也会来源于其他校外捐赠者。这些捐赠的资源将用于图书馆的流通、数字图书馆资源存档以及档案馆收藏。所有教职员工捐赠的图书都将根据学校和图书馆的相关资源甄选规定在教师办公室进行资料审查,而大宗的资源捐赠需要提供财物清单,以方便办公室对捐赠物进行评估。关于捐赠资料的选择标准如下:[①]

(1) 捐赠物不得为非法转移财产;

(2) 捐赠物必须具有良好的物理状态,对放置条件、处理方式、环境等没有特殊限制和要求;

(3) 捐赠物优先考虑当前具有重要影响力的学术书籍以及很难从出版商那里获取的会议记录或科技报告;

(4) 优先考虑加州理工学院附属机构研究人员撰写的书籍、论文和科技报告;

(5) 不接受期刊或其他连续出版物、未装订的资料、废弃资料(如工作簿)等,以及过时的参考工具书。

三、饮食规定

加州理工学院图书馆对于饮食的规定并没有像国内高校图书馆那样严苛,而是在为读者提供学习空间满足其智力追求的同时,从人性化的角度尽量满足读者的饮食需求,其对于饮食的具体规定如下:[②]

(1) 图书馆允许读者偶尔享用零食或饮料,但禁止食用饭菜以及气味过于浓烈的食物,因为食物的气味和声音会分散其他读者的注意力;

---

① Caltech Library Donation Policy[EB/OL]. (2017-12-09)[2018-10-20]. https://www.library.caltech.edu/policies/donation-policy.

② Food and Drink Policy[EB/OL]. (2018-05-31)[2018-10-20]. https://www.library.caltech.edu/policies/food-and-drink-policy.

(2) 读者在图书馆内食用完食物或饮料后，应主动将垃圾清理干净；

(3) 任何时候图书馆内都禁止饮酒。

四、纸质文献优化规定

加州理工学院作为一所以科学工程学科闻名全球的研究型大学，其图书馆的主要任务是积极收集能对当前学校的科学研究有支撑作用的各种资源。当教学人员发生变动，或教员的研究焦点发生改变之时，图书馆应该对这些变化做出及时的响应，通过改变馆藏资源来支持新的研究领域。正如加州理工学院并非一所综合性大学一样，其图书馆亦不是一个综合性资源的集合体，也不是只保存历代资料的档案馆，而是一个不断剔除不合时宜的文献资源、优化馆藏结构的动态资源体系。为了使现有的馆藏空间能得到充分有效的利用，保证馆藏资源主要符合当前学术研究和课程教学的需要，加州理工学院图书馆会根据下列标准对馆藏资源进行定期评估：①

(1) 用法：该文献是否显示最近或经常使用的证据。

(2) 物理条件：该破损文献是否应修复、是否应更换。

(3) 格式：该文献内容是否能以数字格式在网页上有效地展示。

(4) 重复：该文献的多个复本是否存在供大于求的现象。

(5) 版本：该文献究竟是一个可用的新版本还是已被图书馆保有的旧版本。

(6) 内在价值：该文献是否为该学科领域具有开创性影响力的著作。

(7) 研究价值：老旧材料对于这一领域是否还有研究价值。

(8) 完整性：该文献是不完整系列的一部分，还是完整连续系列的一部分。

(9) 收集级别：该文献对当前加州理工学院的研究和教学有多重要。

(10) 唯一性：该文献是否只被加州理工学院所保有。

在根据上述标准对现有馆藏资源进行评估和审核后，图书馆将按照以下流程队资源进行剔旧和优化：②

(1) 剔旧决策将在学科专家的监督下进行，还会征询图书馆员和有关教员

---

① Print Collection Deselection Policy. Criteria for consideration[EB/OL]. (2018-03-05)[2018-10-20]. https://www.library.caltech.edu/policies/print-collection-deselection-policy.

② Print Collection Deselection Policy. Process[EB/OL]. (2018-03-05)[2018-10-20]. https://www.library.caltech.edu/policies/print-collection-deselection-policy.

的意见；

（2）图书馆员将使用标准的图书馆统计学方法（例如流通率、物理条件评估、重复性、唯一性等指标）确定被剔除文献的候选目标；

（3）在图书馆目录库中的文献如果丢失时间超过一年，将对其进行复查，予以替换或者剔除。

第五节 特色资源

加州理工学院图书馆的资源建设一直以来都秉承着"以用户为中心"的理念，立足学校的科学研究和教学发展，努力为用户提供各种丰富的文献资源和具有前瞻性的信息资源，促进学术研究的卓越进步和良性发展。加州理工学院图书馆除了提供本校所开设学科相关的纸质及电子资源外，还提供具有鲜明的加州理工学院特色的特藏资源，即加州理工学院数字开放档案特藏（The Caltech Collection of Open Digital Archives，CODA）。

CODA 主要收藏加州理工学院教职员工的研究出版物以及支持学院发展使命的其他相关资料，包括书目资料、电子期刊、网络免费学术资源、学位论文、科研报告等，其主要任务就是收集、保存、管理这些资源，并提供对这些研究成果和校园单位出版物的不受时间空间限制的全球访问。正是基于这样的学术开放理念，加之这些资源符合开放存取初始元数据收集协议（OAI-PMH），校内外用户可以非常便捷地获悉 CODA 所收录的丰富资源。用户除了可以直接从加州理工学院网站访问这些资源外，还可以通过通用的网络搜索引擎（例如 Scopus 和 MSN 搜索等）进行检索。当然，CODA 中也有部分资源是被限制访问的，其中大部分是自 1977 年以来撰写的毕业论文，因为图书馆尚未能与各作者一一取得联系，以获得作者对全球发行这些毕业论文的许可。为此，加州理工学院图书馆正努力与作者本人或作者的后代取得联系，以获得他们对论文公开的许可，满足公众对这部分资源的访问请求。

创建 CODA 的议案是由加州理工学院董事会提出并于 2009 年 3 月 16 日一致通过的，并授权图书馆全权负责这一特藏资源的建设与维护。[①] 加州理工学院学术产出和分配特设委员会认为，创建专门收藏具有加州理工学院特有烙印和记忆的学术论文和研究报告的特藏资源，是每一位加州理工师生员工肩负

---

① Faculty Board charge to the Library[EB/OL]．(2009-03-16)[2018-10-22]．https://libguides.caltech.edu/CODA．

的责任与职责,而且本校特藏资源的设立也具有重要的学术价值与社会意义,因为可公开查阅论文数量与质量的服务将促进更广阔范围的对人类活动的认知和理解的提升;可以促进对作者和机构的认可度,简化对加州理工学院科学和工程研究成果的访问进程;鼓励无障碍的跨学科共享和使用。因此,CODA的主要目标就是获取学院相关研究产出的最新和最准确的信息,并加强对这一资源系统的管理与维护,使这些数据能够如数据提供者所期望的那样以尽可能多的方式被输出、获取和使用,因而 CODA 是目前为止加州理工学院所有研究成果最完整的单一来源。CODA 主要包括主体资源库、档案资源库、杂志资源库和会议资源库。

一、主体资源库

(一) 作者资源库

作者资源库是保存加州理工学院教职员工及其他在校研究人员的学术研究成果的宝库,主要包括文章、书籍、图书章节、会议论文等。目前为止,作者资源库已收藏了各时期加州理工学院教职员工撰写的超过 7 万篇的研究论文,而随着学校各部门和图书馆的工作人员不断添加可用的和最近出版的文档,该资源库的内容也在持续不断地进行着更新。[①] 所以,作者资源库一直都是 CODA 中最大也是最活跃的一个资源库。

为方便用户的浏览与检索,图书馆将多个单独的资源库合并到了作者资源库中,从而将加州理工学院研究人员的所有出版物都整合到了一个数据库中,用户通过浏览作者资源库中的资源就能检索到以下多个资源库的内容:CaltechACMTR(应用和计算数学技术报告)、CaltechASCI(加速战略计算倡议)、CaltechBOOK(加州理工学院创作的书籍)、CaltechCACR(加州理工学院高级计算研究技术报告中心)、CaltechCDSTR(加州理工控制和动力系统技术报告)、CaltechCSTR(计算机科学技术报告)、CaltechEERL(加州理工地震工程研究实验室技术报告)、CaltechEQL(加州理工学院环境质量实验室技术报告)、CaltechGALCITFM[加州理工学院航空实验室(流体力学)技术报告]、CaltechGALCITSM[航空研究生实验室(固体力学)技术报告]、CaltechKHR(W. M. Keck 实验室水力与水资源技术报告)、CaltechLIB(加

---

① CaltechAUTHORS[EB/OL].(2018-03-15)[2018-10-22]. https://authors. library. caltech. edu/.

州理工学院图书馆论文和出版物)、CaltechMALN（芒格基利坎贝尔图书馆笔记）、CaltechPARADISE（加州理工学院并行和分布式系统组技术报告）、CaltechSOLIDS（加州理工学院固体力学技术报告研究）。

由此，所有的单库资源都实现了与主体资源库的无缝对接与整合。为了让作者库不断提升现有的规模和保持稳定地更新，图书馆也鼓励本校的教职员工和学生主动地将自己的研究成果上传，并为师生的上传操作提供导航、培训和直接的指导帮助。在师生员工完成上传工作后，图书馆工作人员会对所提交的内容进行严格的审查，以确保补充记录的质量和准确性，并保证其能符合加州理工学院和出版商的开放存取规定。

（二）论文资源库

论文资源库（Caltech Theses）主要收录了自2002年以来所有加州理工学院学生的毕业论文以及课程论文，以及更早时期论文的数字化副本。论文资源库的论文采集采取学生自主提交的方式，学生必须熟悉相关的规章制度，遵循正确的论文格式，配合导师与论文委员会的考试安排，在图书馆规定的截止日期前及时提交论文的最终版本。同时，图书馆对论文的质量和水准也提出了自己的要求与期待，希望所收录的论文能代表加州理工学院的学术研究水平，具有学术的广度与研究的深度，具备独立和有效的调查与解决问题的价值。

（三）校园出版物资源库

校园出版物资源库（Caltech Campus Pubs）主要收录由加州理工学院教职员工及学生自主编写及出版的校园出版物，这些出版物以校园为依托，展现整个校园社区的文化与风貌，为在校师生提供各种有价值的讯息。其主要包括定期出版的加州理工学院课程目录，学生报纸《加利福尼亚科技》和加州理工学院年鉴 *The Big T*。

二、档案资源库

（一）图像资源库

图像资源库是一个汇集了超过一万张照片与图片的在线数据库，这些图像与加州理工学院密切相关，也涉及一般科学史，比如具有代表性和历史价值的人物、地点、艺术作品、稀有书籍插图和科学仪器等。

(二)保罗·麦克格雷迪藏品资源库

保罗·麦克格雷迪（1925—2007 年）是美国著名的航空工程师，是航空环境公司（AeroVironment）的创始人，因设计出人力动力飞机而成为获得克莱默奖的第一人。麦克格雷迪是一位具有远见卓识和创新意识的发明家和企业家，他通过他的 AeroVironment 公司开创了替代能源解决方案。麦克格雷迪 1948 年在加州理工学院获得物理学硕士学位，1952 年获得航空工程博士学位。因其在航空航天领域的杰出贡献，加州理工学院于 1978 年授予他杰出校友奖。[①]

保罗·麦克格雷迪藏品资源库收藏了麦克格雷迪一生超过 70 年（1930—2002 年）的珍贵资料，包括文档、媒体资料、手稿、印刷品和实体物品，记录了其学生时代和职业生涯各时期的风采，展现了麦克格雷迪传奇人生的方方面面。这些资料又主要集中在 1977—1985 年，是麦克格雷迪在进行他的人力动力飞机——薄纱信天翁和游丝信天翁人力飞机的研发工作中的珍贵记录。

(三)口述史档案资源库

加州理工学院口述史档案项目始于 1978 年，目的是记录学院杰出的科学家、教师和行政人员的个人回忆录。截至 2018 年，该项目已完成了约 170 次人物访谈，并将大多数的内容以文字记录的形式向读者开放。而在线的口述史资源项目于 2002 年秋季，图书馆从生物学和环境科学领域选择了部分杰出科学家进行访谈，将访谈记录以数字形式通过该资源库向公众开放。

(四)实验笔记资源库

实验笔记资源库以数字传真形式提供了加州理工学院档案资源中的历史科学数据。该资源库最早的在线出版物是著名物理学家、诺贝尔物理学奖获得者 Robert A. Millikan 在 1911 年 10 月到 1912 年 4 月进行测定电子电荷的油滴实验过程中的实验笔记，而其他实验室或研究领域的笔记或记录也在陆续的增添中。

---

① Paul MacCready[EB/OL].（2017-12-04）[2018-10-25]. https://en.wikipedia.org/wiki/Paul_MacCready.

三、杂志资源库

杂质资源库包含了《加州理工学院杂志》（*Caltech Magazine*）以及《工程与科学》（*Engineering & Science*）的完整目录和文章，并可追溯到《工程与科学》创刊的 1937 年初。《工程与科学》杂志作为加州理工学院的旗舰刊物，是由加州理工学院公共关系办公室制作并出版的学术季刊，在世界范围内都极具影响力。它旨在向有科学素养的受众展示加州理工学院知识生活和研究活动的生动画面，以此激发公众对科学和科学问题的兴趣。后《加州理工学院杂志》取代《工程与科学》成为加州理工学院新的旗舰刊，记录了加州理工学院变革性的研究。

四、会议资源库

会议资源库主要收录由加州理工学院主办的重要会议的会议纪要和学术会议论文。同时，图书馆将多个独立的加州理工学院会议资源整合进了该资源库中，包括第十一届神经计算联合研讨会和第四届国际空化会议（CAV2001）。

第六节 特色服务

一、工具与技术支持

加州理工学院图书馆为给本校的教学与科研提供强有力的支持，除了丰富的文献资源外，还向本校师生员工提供与时俱进的各种研究工具与新技术，包括合作空间、VR 工作站、计算机工作站及相应设备的流通、科技实验室的 3D 打印和数字组件等，以此支持本校教学和科研工作的创新、实验与发现。

（一）合作空间

合作空间就是图书馆专门为师生的教学与学习进行合作和研讨而设计的专用空间，主要分为三类：小组学习室、教学资源室和多媒体会议室。所有的合作空间必须经过预约才能使用，同时在使用过程中必须严格遵守图书馆的相关规定，否则将取消读者的预约资格。

1. 小组学习室

小组学习室的使用时长为每天 3 小时,如果因特殊情况需要延长时间,则需与图书馆取得联系,不能擅自超过规定时间。小组学习室主要用于师生集体性质的研讨学习,不能作为定期上课的教室使用。同时,图书馆严禁将酒类饮品带入小组学习室,且严禁携带 12 岁以下的儿童进入学习室。

2. 教学资源室

教学资源室设置在密立根图书馆的九楼,设立的初衷主要是为助教提供一个与学生见面或者向学生提供课程资料的场所,因而教学资源室被严禁作为普通教室使用。教学资源室共设有十个座位,配备了显示屏和教学白板(如图 14-2 所示)。关于教学资源室的具体使用规定如下[①]:

(1) 在工作日,每天上午 8:00 到下午 4:00,该房间是作为小组学习室使用的,只有每天下午 4:00 到当天晚上 12:00 才作为教学资源室使用;

(2) 在周末,只有上午 9:00 到中午 12:00 可以使用该房间,并且必须提前进行预约;

(3) 只有担任了课程教学任务的教师、博士后和研究生才有资格对该房间进行预约;

(4) 预约者每天最多可以使用 3 小时;

(5) 所有房间均未上锁,所以不能将个人物品遗留在房间内,否则,图书馆在联系不到本人的情况下,将会将这些物品移交学校安全办公室;

(6) 为确保房间有空余,应提前进行预约。

图 14-2 教学资源室

---

① Teaching and Learning Rooms[EB/OL]. (2017-12-05)[2018-10-26]. https://libcal.caltech.edu/booking/taroom.

3. 多媒体会议室

多媒体会议室设置在 Sherman Fairchild 图书馆的三楼 328 房间，主要通过采用 IP 技术及音频和视频会议技术，支持多种类型的协作研究及课程学习（如图 14-3 所示）。该房间提供的设备包括 20 个座位、高清显示屏、数字投影仪（带触摸、注释、捕获功能），以及能发送信号到显示器或投影仪的技术支撑，包括 HDMI、VGA、AirMedia（无线视频和音频）、装有计算机工作台和网络摄像机的讲台、白板以及扬声器。

图 14-3 多媒体会议室

（二）设备外借服务

加州理工学院图书馆为在校的师生读者提供了各种先进的电子设备和硬件，包括笔记本电脑、iPad、蓝光播放机、数码摄像机和镜头、Kindle 阅读器等。读者除了可以在馆内使用外，大多数设备都可预约并在 Sherman Fairchild 图书馆流通台办理外借手续。有关这些设备的使用规定具体如下[①]：

（1）在办理外借手续时，读者需要阅读并签署"笔记本电脑/电子设备规定和授权"表格。

（2）不同的设备有不同的外借期限，例如，笔记本电脑是三天，Kindle

---

① Circulating Library Technology[EB/OL].（2017-06-13）[2018-10-26]. https://www.library.caltech.edu/services/circulating-library-technology.

阅读器是一周，数码摄像机和镜头则只能借 24 小时。所以读者应在离开图书馆之前认真核实设备的到期日期，如果逾期未还，将面临罚款以及冻结借阅证。

（3）一旦借出，读者对所借设备负有保管的责任。

（三）科技实验室

加州理工学院图书科技实验室（TechLab）旨在为本校师生员工提供不受限制的创新科技的动手操作实践，从 3D 打印和扫描到电路板操作等。为此，科技实验室配备了一系列与原型和建模相关的高端设备，包括各种 3D 打印机，以及 Arduino 电路板和树莓派微型电脑。同时，图书馆也提供了许多免费的 3D 建模软件供读者在线使用，包括 Solidworks、Simplify3D、Cura 和 Meshmixer 等。科技实验室的工作人员会为读者提供这些设备和软件使用的培训课程和现场指导，以便读者能更娴熟地运用这些创新设备。

科技实验室位于谢尔曼图书馆一楼的 131 房间，只要有校园 ID 卡的用户都可使用实验室，开放时间为周一到周五的上午 8 点到下午 5 点，其他时段使用实验室则需要从图书馆流通台的工作人员处借取钥匙。科学实验室起初是在 2016 年由 Moore Hufstedler 基金资助设立的，后得到了图书馆的资金支持和管理，因此加州理工学院的师生使用实验室的设备和软件是完全免费的。为更好地管理并规范读者对科技实验室的使用，图书馆制定了如下的用户使用准则[1]：

（1）不能打印有关武器的资料；

（2）不在前一个用户的打印工作尚未结束的情况下强行开始自己的打印；

（3）除非有特殊情况，否则不能一次占用多台打印机；

（4）不能使用不必要的、过多的资料和时间的切片设置（例如在 20 微米的设置下打印较大的物体，打印大的物体时使用 100％的填充等）；

（5）每次应仔细检查自己的切片模型，并注意打印作业开始后的第一层问题；

（6）在每次打印之前，应先检查构建板是否为空；

（7）在处理发热或尖锐物体时注意安全操作；

（8）每次打印作业完成后，自行清理现场；

---

[1] TechLab Policies［EB/OL］.（2018-05-03）［2018-10-26］. https：//www.library.caltech.edu/techlab/techlab-policies.

(9) 虽然允许用户对这项技术进行自由探索，但在机器满负荷运转的前提下，应优先考虑经实验室管理者批准通过的与学术研究和课程内容相关的项目；

(10) 当出现问题时，应及时联系图书馆工作人员。

二、文献传递服务

加州理工学院图书馆为读者提供的文献传递服务，是根据读者提供的文献线索帮助读者获取在馆藏资源中无法获取的文献资源，包含纸质文献及电子文献，其主要提供以下几个方面的服务内容。

（一）馆际互借

馆际互借服务根据读者提交的文献申请材料（加州理工学院图书馆馆藏范围外的文献），向其他文献收藏机构或供应商请求文献资料的复制与传递。提供的文献类型包括书籍、期刊论文、书籍章节、学位论文、会议论文、标准、专利、技术报告等，其中文章、书籍、书籍章节之类的文献是免费提供给读者的，但对于加州理工图书馆没有借阅权限的专利、标准、学位论文等文献，读者需要支付一定的费用才能获取。相较于上述文献类型，有一些文献相对较难从其他机构获取，例如 参考资料，教科书，全套丛书，合订刊，视听资料，稀有、易碎的档案资料，多卷集，新近出版物等。

加州理工学院图书馆同其他图书馆、文献收藏机构、出版商构建了良好的资源共享伙伴关系，可以在这些机构中对加州理工学院图书馆未订阅或未收藏的文献资料进行访问。只要在校师生通过图书馆主页提交了文献传递的服务请求，图书馆都会第一时间予以响应，在协议伙伴机构中去寻求读者所需的资源，并尽量提供资料的原版和复制品，或以电子文档的形式满足读者的文献请求。根据加州理工学院图书馆对文献传递服务结果进行的评估显示，30%的文献请求能够在不到12小时内完成，大约66%的请求能在24小时内完成，而80%的请求能在48小时内得到满足，详情如图14-4所示。

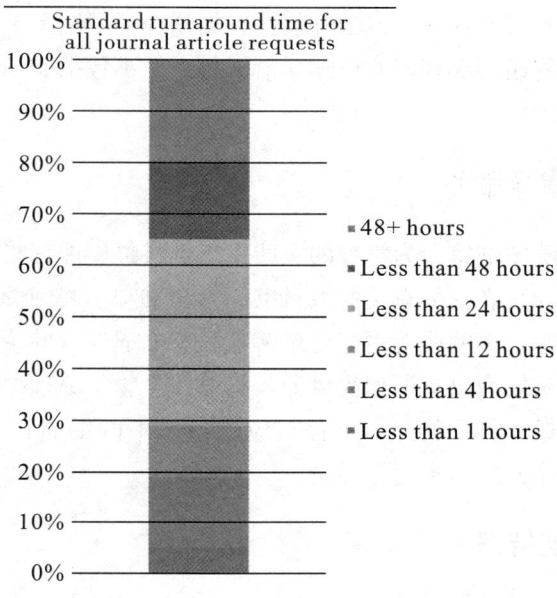

图 14-4 文献传递请求的周转时间示意图

（二）快速传递服务

快速传递服务类似于馆际互借，只是借助第三方平台在数分钟内获得对期刊文章的访问权限。当读者在工作日的非工作时段和周末提出文献传递请求时，图书馆员未必能做出及时有效的响应，这时即时性的快速访问服务就显得非常重要了。加州理工学院的每一位师生员工每学年都能获得十次免费的快速传递请求，当超出 10 次请求时，将会被收取每次 15 美元的服务费。

（三）数字加工服务

根据读者的需求，图书馆可将通过文献传递获取的纸质文献资源或微缩、胶片等资源进行数字化加工，以电子资源的形式传递给读者，但此项服务不是免费的，图书馆会根据文献类型收取不同的服务加工费。

三、纸质资源校园送达服务

加州理工学院图书馆为使读者更加方便快捷地获取所需的文献资源，特别提供了纸质资源的校园送达服务，服务对象主要是本校教职工以及在校园内有办公地点的研究生和博士后，读者向图书馆提出送达请求后，一般只需要一个工作日就能收到所需的资料。该服务包括在加州理工学院图书馆借阅的馆藏资料以及通过文献传递请求获取的馆际互借资料，但不包括非流通资源、缩微资源以及电子设备。

四、课程指导服务

加州理工学院图书馆会为学校的一些重点学科提供课程指导服务，按照课程的要求和进程为读者提供有关的教科书、参考书和拓展阅读资料，推荐经典论著及数据库资源，帮助读者更好地理解课程和完成课程的论文写作。目前加州理工学院图书馆能为以下课程提供课程指导：生物学原理、射线晶体学的结构测定、化学合成、科技创业、工程与应用科学中的书面技术交流、科学写作、关于多语种作家的学术写作导论。

五、出版支持服务

加州理工学院图书馆为鼓励和规范在校师生员工的出版行为，以加州理工学院的作者资源库和论文资源库等知识机构库为依托，为读者提供ISBN、版权支持、排版系统、期刊分析等学术出版咨询及数字仓储服务，支持用户学术成果的自主出版和传播。

（一）提供ISBN

加州理工学院图书馆可以为自主出版的作者提供新的ISBN，但在向图书馆提出申请之前，作者必须先收集以下信息①：

(1) 作者及贡献者的姓名；

(2) 主标题与副标题；

(3) 标题主题词（最多两个）；

(4) 编辑信息；

(5) 卷信息（卷的数量，每个标题的卷号）；

(6) 分页信息；

(7) 书中是否有插画；

(8) 确定书的出版格式——平装本、精装本、电子书，因为每种格式有不

---

① Information Needed for Assigning ISBNs［EB/OL］.（2016-09-16）［2018-10-27］. https://libguides.caltech.edu/ISBN.

同的 ISBN；

（9）装订形式；

（10）出版商信息出版日期；

（11）价格信息；

（12）目标受众；

（13）封面图像（最佳选择为 JPG 格式）。

（二）版权支持

加州理工学院图书馆在学校总法律顾问办公室（Office of the General Counsel）① 的督导下，遵照加州理工学院的版权管理规定，为本校的师生员工提供与版权相关的培训课程、现场咨询和在线指导，以及高质量的版权信息资源的共享，协助师生员工妥善地处理版权领域的相关问题。图书馆提供的版权支持方面的服务主要包括以下内容。②

1. 培训课程

（1）作者的出版权利。

（2）CODA：如果要出版，需要访问加州理工学院的作者资源库。

（3）版权要点：管理自己的权利和尊重他人的权利。

（4）应得的荣誉：避免出版纠纷和剽窃。

（5）合理使用：未经许可或付款使用受版权保护的作品。

（6）用 ORCID 来管理你的学术身份和声誉。

（7）开放存取出版：可能性、特性和陷阱。

（8）用 LaTeX 和 Overleaf 来进行科学创作。

2. 咨询与指导

（1）合理使用：解释合理使用著作权豁免的依据和法律对著作权人的权利的重要限制，并根据个人情况分析提供关于是否合理使用的建议。

（2）版权要素：提供法律关于版权所有者的权利、用户的权利，以及什么是版权、版权有效期等基本知识。

（3）著作权人的权利：在作品中拥有版权的是谁，著作权人的权利，以及

---

① 总法律顾问办公室（简称 OGC）是加州理工学院的法律顾问，负责为包括喷气推进实验室在内的所有机构提供法律服务。在所有法律诉讼中，OGC 作为加州理工学院的法律代表，最终负责评估法律、法规和其他法律控制的遵守情况。

② Copyright Support and Issues：Author Services［EB/OL］.（2017-06-18）［2018-10-28］. https://libguides. caltech. edu/c. php?g=512659&p=3502868.

如何认定、保护、管理这些权利以实现自己的目标。

（4）版权登记：向用户说明如何在美国版权管理机构在线登记自己作品的版权。

（5）版权许可：向用户说明如何向版权所有者提出措辞严谨的请求许可，以及请求许可使用的地址或联系方式；向作者就著作权转让协议提供相关建议，以及这些协议将如何影响学术档案的存取。

（6）作者的权利：图书馆工作人员将为作者提供关于版权转让协议的建议，以及这些协议如何影响对学术档案的访问。

（7）研究成果的版权状况：包括出版作品、灰色文献、软件、数据等。

3. 在线版权工具

（1）108法令：帮助用户确定某些特定的复制是否属于《美国版权法》第108条法令中的豁免情况，从而允许图书馆和档案馆在某些情况下可以不经版权所有人的许可而复制受版权保护的资料。

（2）教师例外：引导用户通过美国著作权法中的教育例外，帮助解释和阐明在传统的、远程的和混合的教育模式中表现和显示出的版权内容的权利和责任；

（3）合理使用评价者：帮助用户了解如何确定受保护作品的使用是否属于"合理使用"。它帮助用户收集、整理和记录他们可能需要的信息来支持合理使用请求，并为用户记录提供一个按时间标记的PDF文档。

（三）排版系统

加州理工学院图书馆为所有的在校师生员工免费提供专业的排版系统Overleaf Pro的账号，注册用户可以拥有10GB的使用权限，可以免费使用LaTex在线编辑器对自己的作品进行排版。Overleaf是专为更快更简洁地编写、编辑和制作研究论文和项目报告而设计的排版系统，它还可以链接到诸如Xiv, Git和Plot.ly等其他系统以求符合用户的工作流程，实现浏览器中的实时协作。授权用户可在线共享和编辑受保护的项目。此外，Overleaf已经拥有十几个出版合作伙伴构成的一体化提交系统，用户可以直接将作品发送到拟投稿的期刊杂志上。

（四）期刊分析

为了帮助读者在选择评价、出版或编辑期刊时做出客观明智的选择，加州理工学院图书馆还为读者提供专业的在线期刊分析工具：一是期刊成本效益数据库，帮助作者寻找国际出版期刊，并按每一篇文章或引文的价格对其进行排名；二是特征因子，用于评价学术期刊的影响，并对学术研究的结构进行测绘。

  虽然加州理工学院图书馆努力为用户提供版权教育与版权信息，但同时也强调个人用户应对自己选择的信息和行为负责（包括侵权），因为作为加州理工学院的版权教育工作者，图书馆提供版权支持服务的基本原则是使学院因版权纠纷的概率最小化的同时，促进本校师生员工在法律依据允许的范围内最大限度地利用各类资料。

第十五章　加州大学伯克利分校图书馆

第一节　学校简介

加州大学伯克利分校（University of California, Berkeley）创建于1868年，是加州大学系统中历史最悠久的大学，在历年的全美公立大学排名中均居于首位，学术声望享誉全球。

加州大学伯克利分校作为世界公认的高水平、综合性研究型大学，2017年拥有130多个学术部门和80多个跨学科研究单位，其学科众多，设有文理学院、商学院、化学学院、工学院、环境设计学院、信息管理和系统学院、法学院、自然资源学院、眼科学院、公共保健学院、公共政策学院、社会福利学院等学院。此外，还设有劳伦斯伯克利实验研究中心、劳伦斯弗莫尔实验室和阿拉莫斯科学实验室、教育研究院、新闻研究院、研究生部、国际和地域研究中心等研究和教学机构。前3个是美国能源开发署的重要而世界闻名的大型研究中心，尤其是劳伦斯伯克利实验研究中心，更是享誉世界的物理学研究中心。[1]

截至2018年8月，加州大学伯克利分校共有学生42519人，其中本科生30853人，研究生11666人[2]，除来自美国各州的学生外，还有来自世界各地上百个国家的留学生。加州大学伯克利分校主张并贯彻以学生为中心、服务学生的理念，充分考虑学生个性化、多样化的需求，为学生提供了超过350门的学位课程，学生可以根据自身需求自由选择课程，尽情探索自己在加州大学伯克利分校的智力之路。截至2017年，加州大学伯克利分校已有31位校友荣获

---

[1] 宋焕斌. 加州大学伯克利分校[J]. 昆明理工大学学报（社会科学版），2007（4）：18.
[2] Alumni nobel prizes[EB/OL]. (2018-09-08)[2018-10-30]. https://www.berkeley.edu/about/bythenumbers.

诺贝尔奖。从 19 世纪末的埃及探险到今天的干细胞研究和人工智能，加州大学伯克利分校在其发展历程中一直处于科学研究的最前沿，在这里，学生们可以与诺贝尔奖得主、菲尔兹奖得主、富布赖特学者和麦克阿瑟奖得主并肩工作，可以了解各学科最前沿的动态，参与研究项目积累实践经验，自由地探索各个科学领域和未来世界。

第二节　图书馆概况

加州大学伯克利分校图书馆被认为是美国最好的图书馆之一，2008 年被美国图书馆研究协会评为北美地区公共研究大学图书馆第一名[1]，拥有近 1300 万册珍贵馆藏，包括绘画、石版画、纸莎草纸、录音和录像，有重要历史价值的物件，如言论自由运动的传单、海伦·凯勒写给马克·吐温 70 岁生日的便条，以及加州大学伯克利分校吉祥物奥斯卡穿的复古服装等。据统计，截至 2017 年年底，加州大学伯克利分校图书馆的网页浏览量达到了 4795112 人次，电子书下载量为 4594637 章节，同年电子期刊文章下载量达到了 6636922 篇，共有 22597 人参加了图书馆组织的培训课程，通过图书馆经济实惠的课程约为学生用户节省近 200000 美元的同类开支。[2]

在加州大学伯克利分校的办学理念中，除了追求学术上的卓越外，还将为社会公众服务的理念引入了高等教育。与哈佛大学、加州理工大学等著名私立高校所走的精英之路相比，加州大学伯克利分校选择的是学术性与服务性的结合之路，它是在与社会互动的过程中完成一流大学建设的。[3] 所以，加州大学伯克利分校图书馆也积极响应和践行着为社会服务的理念，除了向本校师生提供服务外，还积极开展不同形式的社会化服务实践活动。校内大部分图书馆都对社会公开开放，所有人都可以自由进入图书馆并使用图书馆的设备和资源，加州居民和加州大学校友还享有馆藏资源的借阅权。

加州大学伯克利分校是美国高等教育瑰宝，而其图书馆则是支持其世界一流的教学和尖端前沿研究的基石和后盾。加州大学伯克利分校图书馆以"帮助

---

[1]　程三英. 加州大学伯克利分校：美国公立大学"擎天柱"[J]. 教育与职业，2011（2）：96—98.

[2]　The Library at-a-glance and more[EB/OL].（2018-03-12）[2018-10-30]. http://www.lib.berkeley.edu/sites/default/files/files/UCBLibraryFacts.pdf.

[3]　谷贤林. 一流大学之路：加州大学伯克利分校发展研究[J]. 清华大学教育研究，2005（4）：65—72.

当前和未来的用户找到、评估、使用和创造知识以改善世界"为使命,以"充当促进研究、教学和学习的创意和服务的领导者和合作伙伴"为发展愿景,从班克罗夫特记录西方历史的原始文献宝库,到莫菲特的合作和创新空间,再到纪念图书馆巨大而无与伦比的藏品,每一座图书馆都有着独一无二的珍藏和特质,这些图书馆一起帮助加州大学伯克利分校维持其领先的知识产出,并丰富着成千上万在这里学习的学生的智慧与经验。

加州大学伯克利分校图书馆目前共有 39 个分馆,包括纪念图书馆(Doe Library)、莫菲特本科生图书馆(Moffitt Undergraduate Library)、加德纳密集书库[Main(Gardner)Stacks]、班克罗夫特图书馆(Bancroft Library)、斯塔东亚图书馆(East Asian Library),以及 24 座学科主题图书馆和 10 座附属图书馆。

一、纪念图书馆

此馆是加州大学伯克利分校图书馆的总馆(图 15-1),可满足艺术和人文、社会科学、国际和地区研究等领域 50 多个学术部门和科研项目的研究和教学需求。纪念图书馆对所有的研究人员和访客开放,不需要任何身份证明、注册或预约就可以进行物理访问,但有些服务、馆藏、设备或房间只向加州大学伯克利分校的学生、教师和工作人员提供。

图 15-1 纪念图书馆①

二、莫菲特本科生图书馆

此馆是加州大学伯克利分校最繁忙的校园图书馆之一,拥有本科课程参考

---

① Doe Library[EB/OL].(2018-06-05)[2018-11-01]. http://www.lib.berkeley.edu/libraries/doe-library.

第十五章　加州大学伯克利分校图书馆

资料、计算机实验室、创客空间、媒体中心、复印中心、校园教室，以及可以便捷地访问加德纳密集书库研究馆藏的通道。莫菲特本科生图书馆的服务对象主要是本校的本科学生，提供的资源和服务涵盖学校的所有专业，是所有分馆中开馆时间最长的。在每年的春季和秋季学期，莫菲特图书馆的 4 楼和 5 楼实行 24 小时开放，并为读者提供零食和饮料。因为莫菲特图书馆主要向本科生开放，所以围绕学生群体开展了一些有针对性的活动和服务，详情如下。

（一）艺术作品展览

莫菲特图书馆为学生创建了一个艺术和设计的展示交流平台，每学年都会邀请本科生在图书馆内展览他们的艺术作品，借此向加州大学伯克利分校的学者充分展示学生的创造力和表现力。

（二）创客空间

创客空间是在加州大学伯克利分校的学生技术基金的资助下创建的，设立在莫菲特图书馆一楼，配备了 3D 打印机、3D 打印工具和模型、网页菜单和按钮设计工具，加载了三维设计软件 Fusion 360 和 AutoCAD 的实验室电脑以及电子元件等软硬件设备，旨在为本校学生提供一个可以进行创新实践、技术探索和设计革新的平台和空间，让学生从中学会由发现到实验到创造。为了帮助学生更好地进行创客活动，在图书馆的主导下，校内热爱创客活动的学生社团组织联结起来，成立了专门的创客学生组织空间——B. Makerspace，图书馆为这些组织提供设备支持和专业指导，例如提供项目的培训、指导和故障排查，帮助他们进行 3D 建模和打印，提供设计思路和模型，指导工程解决方案等。

（三）休息区

为了让学生在学习疲惫之时能获得片刻的休憩和调整，莫菲特图书馆特地设置了休息区，学生可以在这一专门区域进行休息。但要使用休息区，必须遵守以下规定：要充分尊重和体谅他人，不能独占休息空间；休息区设置的休息时限是 40 分钟，不得超过这个时间限制，以免影响他人休息；休息区是休息的场所，不能使用电脑和手机；保持休息区域的清洁卫生，不能留下废弃物；休息区实行一人一座制，不能占用他人的位置。

（四）学生顾问委员会

学生顾问委员会由加州大学伯克利分校的学生代表组成，他们定期与莫菲特图书馆工作人员会面，为图书馆提供规定、服务、馆藏和空间等方面的意见与建议。该委员会的成员要求必须是加州大学伯克利分校注册的在校大学生，并且具有良好的学术水准和学术道德，能为图书馆的征询工作带来不同的视角、学术经验。学生顾问委员会的主要职责：对涉及学生的图书馆规定和服务的设计和实施提供建议；提供学生对相关图书馆问题的看法；从其他学生那里收集信息，为莫菲特图书馆的空间设计和调整提供信息；代表伯克利图书馆参加校园活动和会议；在加州大学学生团体中担任图书馆的拥护者和倡导者。作为学生顾问委员会的成员，需要提供有关图书馆如何能最好地支持学生在伯克利的教育经历方面的独到见解，提供学生关于图书馆规定和服务的意见和建议，参与图书馆问卷调查和其他评估工具的开发。

学生顾问的服务期限通常是一学年，到期后根据双方意愿续约。学生顾问委员会与图书馆双方每学期会定期举行见面会，每次约两小时，各成员需要在会上充分发表各自的想法和意见，并认真考虑其他成员在会上提出的建议。除了现场见面会，学生顾问还有机会通过焦点小组、在线调查图书馆活动以及facebook等在线论坛对图书馆建言献策。对于学生而言，参加学生顾问委员会将有机会向图书馆管理部门分享来自学生群体的关切，向管理层提供优先考虑学生的规定建议，从而与将来的图书馆决策建立直接联系，帮助创造一个符合学生愿景的伯克利校园；除此之外，还有机会结识来自不同年级和学科背景的新朋友，并且在改善图书馆服务和塑造空间方面成为同龄人中具有影响力的群体。

三、加德纳密集书库

此书库是伯克利图书馆的藏书库，在这个大型的多层空间中，拥有230万卷、约450万册藏书，是纸质文献资源最丰富和最集中的一个分馆。作为加州大学伯克利分校师生员工研究学习的主要场所，加德纳密集书库的各楼层都设置有开放式的阅览桌、单人研习间和小组学习室。值得一提的是，书库除了向加州大学伯克利分校的在校师生开放外，也向斯坦福大学的师生开放。

四、班克罗夫特图书馆

此馆是以美国著名历史学家、人类学家休伯特·豪·班克罗夫特（Hubert

Howe Bancroft）命名的，它是加州大学伯克利分校主要收录特色馆藏资源的图书馆，也是全美范围内规模最大和使用率最高的手稿、珍藏本书籍和独特资料的图书馆之一。班克罗夫特图书馆在支持本校的重要研究和教学活动方面发挥重要作用，同时在高校研究型馆藏的发展中起着主导作用。班克罗夫特图书馆的特色馆藏主要有以下 9 个。

（一）西部美洲馆藏（Western Americana）

1905 年加州大学从 Bancroft 手中买下了有关西部美洲的 60000 卷藏书和珍贵手稿，这一系列资源成为班克罗夫特图书馆内目前为止最大和最多样化的研究资料。[1] 西部美洲系列主要记录了位于落基山脉以西，尤其是加利福尼亚区域的北美人类活动的历史，是探索美国西部社会、政治、经济、环境和文化发展状况的重要资料来源。

（二）拉丁美洲馆藏（Latin Americana）

它是目前世界上有关墨西哥和中美洲的历史和当代资料的重要宝库之一，涵盖了从巴拿马到阿拉斯加的广阔区域，特别是殖民地时期的墨西哥和北美领地的相关珍贵材料尤为集中。作为一个专门的区域性馆藏，拉丁美洲馆藏囊括了各种形式的主要和次要来源的宝贵资料，包括手稿、报纸、小册子等印刷材料、微缩胶卷书目和参考来源，以及关键版本的主要历史文本等。

（三）图片馆藏（Pictorial Collection）

班克罗夫特图书馆是美国第二大的图片收藏机构，仅次于美国国会图书馆。其藏品主要包括记录了美国发展历程的底片和版画，以及绘画、素描、海报、纪实图片集和广告纪念品等，由此填补了图书馆有关加利福尼亚州、美国西部、墨西哥和美国中部地区印刷资料和手稿收藏方面的空白。[2]

（四）珍本与文学手稿馆藏（Rare Books and Literary Manuscripts）

珍本与文学手稿馆藏成立于 1954 年，于 1970 年划归班克罗夫特图书馆统一管理，主要负责收集、保存和制作各种题材的年代久远、研究价值大且保存

---

[1] What Is The Bancroft Library? [EB/OL]. (2018-09-06) [2018-11-01]. http://www.lib.berkeley.edu/libraries/bancroft-library/about.

[2] Collection Overview. [EB/OL]. (2018-04-23) [2018-11-01]. http://www.lib.berkeley.edu/libraries/bancroft-library/pictorial-collection.

难度高的资料。一般来说，其藏书不会涉及法律、医学、音乐和东亚语言等学科领域，因为这些有其他分馆专门负责保管。珍本馆藏保存了大约 400 本印加古籍，罕见的欧洲、英国、美国和南美的原版图书，特别是现代英语和美国排版的涵盖所有时期和地方的精细印刷资料，一些主要的英国、美国和欧洲作家的文集，以及非裔美国作家的著作，还包括装订精美的中世纪手稿。

（五）科学技术史馆藏（History of Science and Technology）

加利福尼亚北部拥有丰富的自然资源、物质财富和培养科学发现和技术创新的文化氛围，在此地缘优势下，班克罗夫特图书馆拥有大量的相关资料，涵盖了一系列科学和技术领域，而这些资料主要是加利福尼亚和美国西部的科学技术史方面的，详细记载了该地区的自然历史和当地居民的科技成就。班克罗夫特图书馆的科技史馆藏主要涉及 20 世纪的美国科学技术以及 19 世纪前的自然科学成果，包括印刷作品、档案和手稿文件，如个人文件、公司记录、口述历史和图片图像等，存储格式既有手写和打印版，也有音频、视频记录和多媒体形式。

（六）大学档案馆藏（University Archives）

此馆记录了加州大学的历史发展进程，尤其是校长办公室和伯克利分校的历史，包括官方记录、报告、出版物、通信、数字文件、地图、照片、视听资料、口述历史、大事记和伯克利师生员工的论文等。档案馆藏最早的资料可追溯到加利福尼亚学院时期（1855—1868），包括 1868 年加州大学建立以及加州大学评议会的早期计划和活动等。档案馆藏肇始于 19 世纪 70 年代中期加利福尼亚大学印刷文件储藏库，1964 年被指定为具有历史延续性和重要性的大学行政档案官方资料库。这些档案资料主要涵盖了加州大学的校园生活、学术及行政活动、学院管理、研究及教学、学生活动、体育及社区关系，包括校园内的政治和学生活动资料，如传单和学生出版物等。

（七）特皮特尼斯·帕皮里中心（The Center for the Tebtunis Papyri）

此中心保存着用希腊文和通俗文字书写的 26000 多张纸莎草纸文献，以及一些小型手工艺品。这些藏品来源于菲比·阿珀森·赫斯特于 1899 年至 1900 年在埃及法厄姆发现的一个古希腊罗马小镇遗址的考古挖掘成果。

（八）马克·吐温论文项目（The Mark Twain Papers & Project）

此项目收藏了与马克·吐温相关的最多的原始文件：笔记本、书信、自传体和其他手稿，以及其有生之年各种作品的多种发行版本以及相关资料。

（九）口述历史中心（The Oral History Center）

此中心保留了对加利福尼亚、对美国西部以及世界的发展做出过重要贡献的人类记忆，这些口述历史包括政治、农业、水资源、酿酒、精细印刷、土地利用和加州大学历史进程等内容。

五、斯塔东亚图书馆

此馆收藏了目前美国最全的东亚语言资料，拥有中文、日文、韩文和其他东亚语言的馆藏资源超过100万册，是美国国内除了美国国会图书馆以外拥有此类资源最多的图书馆。斯塔东亚图书馆的使命是通过提供人文、美术、社会科学、行业发展以及自然科学和技术等方面的信息服务来支持伯克利校区的教学和研究，并通过现场参考咨询、馆际互借、文献传递协议和在线数据库访问等方式，服务于整个加州大学伯克利分校系统的师生、加州大学以外的机构和个人等。

第三节　图书馆使用及管理规定

图书馆管理规定具有导向功能、控制功能、协调功能以及象征功能，一个图书馆的管理规定反映了图书馆的管理目标和方向，其对图书馆发展的重要性不言而喻。加州大学伯克利分校图书馆的各项管理规章制度非常全面，既有对图书馆资源和服务使用的规定，也有对读者行为的约束和引导的规定。这些规定兼具了原则性和灵活性，了解这些管理规定的内涵及制定的初衷，对我国高校图书馆的管理具有重要的参考价值。具体而言，加州大学伯克利分校图书馆的管理规定主要包括图书馆使用规定、读者行为守则、隐私规定、摄像规定以及动物管理规定等。[①]

---

① 刘宏. 图书馆管理规定探析[J]. 兰台世界，2015（3）：121—122.

一、图书馆使用规定

加州大学伯克利分校图书馆的使用规定主要针对电子资源和设备资源,详尽地规定了使用上述资源的范围、用户权责、一般性原则和明令禁止的行为,以及触犯了相关规定之后的惩罚措施等。

(一) 电子资源使用规定

加州大学伯克利分校图书馆订购了数以千计的电子书、电子期刊和其他数据库资源供授权用户使用,虽然关于这些电子资源的相关条款和使用条件已包含在每个数据库发布者的电子资源许可协议中,但不同的数据库出版商的许可协议有所不同,为了确保个人用户在使用电子资源时不违反许可协议中的相关条款,加州大学伯克利分校图书馆专门制定了使用图书馆订购的电子资源的一般原则,具体规定如表 15-1 所示。[①]

表 15-1 伯克利分校图书馆电子资源使用规定[②]

允许的行为:
• 查看、下载、复制、打印和保存搜索结果的副本
• 浏览、下载、复制、打印及保存部分文章
• 电子资源只能用于学术、教育或科学研究,教学、私人研究和临床研究
• 将文章副本发送给另一个授权用户(即伯克利分校的教师、学生或员工)
• 在类网站上发布出版商版本的文章的 URL(发布者链接只允许授权用户访问)
禁止的行为:
• 使用机器人或智能代理进行系统、批量或自动下载
• 系统地下载或打印整本期刊或图书,或其他电子资源的大部分内容
• 使用电子资源获取商业利益(例如转售、重新分发或重新发布许可内容)
• 向未经授权的用户传送、传播或以其他方式提供在线内容(即发送邮件列表或电子公告板)
• 将发布者的版本或 PDF 文件发布到一个开放的类网站
参与了上述禁止行为中的任何一项活动,都可能被暂停使用整个加州大学伯克利分校的资源,违规的用户还将被禁止使用图书馆的所有在线资源

(二) 设备资源使用规定

加州大学伯克利分校图书馆的设备资源主要包括复印、打印、扫描仪等自

---

① 授权用户除了伯克利分校的师生员工外,大多数情况下还包括现场访客。
② Conditions of Use and Licensing Restrictions for Electronic Resources[EB/OL].(2017-06-12)[2018-11-03]. http://www.lib.berkeley.edu/about/conditions-of-use-for-electronic-resources.

助设备和计算机、阅读器等电子设备。本校师生员工享有这些设备资源的优先使用权,除了可以在图书馆内使用外,还可以将某些设备或部件借出馆外使用。

加州大学伯克利分校图书馆提供的复印、扫描、打印服务,不仅服务于整个伯克利校区,还服务于更广泛的公共社区,是深受伯克利社区欢迎的优质服务。复制、扫描、打印具有三种不同层次的服务用途:第一层次,自助扫描(免费);第二层次,自助打印(低成本);第三层次,提供全方位的扫描、打印服务。前两个服务层次被设计为高可用性、低成本服务,而第三层次服务被设计为满足本校区用户的高端和专业需求(例如大规模、大格式的扫描和打印)。虽然加州大学伯克利分校图书馆对馆内的复印、扫描、打印设备提供技术支持负有管理责任,但这些设备的使用者须同样承担相关的所有责任,用户必须确保所生成的副本资料仅用于非商业用途,并严格遵守《美国版权法》的相关规定,否则用户不仅将被剥夺使用馆内复印、扫描、打印设备的权利,还将承担相应的法律责任。

加州大学伯克利分校图书馆为读者提供电脑资源,以支持本校区的研究和教育需求,但电脑用户必须遵守图书馆的计算机使用规定,遵循图书馆行为准则中所定义的可接受行为标准,以及大学电脑使用规定和大学电子通信规定。虽然图书馆竭力为读者提供高质量的电脑服务,但其首要任务仍然是创造一个安全稳定的用户环境,因而图书馆工作人员会对馆内的公用电脑和经由图书馆网络端口访问互联网的读者自带的电脑进行定期审查,以确保电脑的使用符合学术和教学需求。对于读者而言,凡是在图书馆使用的电子设备(包括使用手机、笔记本电脑、平板电脑、照相机、可穿戴电子设备或其他媒介类型设备)或使用图书馆管理的电脑,必须遵守所有的相关法律以及加州大学伯克利分校的电脑使用规定。一旦读者被发现违反了相关规定,滥用校园电脑和网络资源,图书馆将取消该用户对电脑资源和图书馆的访问权。加州大学伯克利分校图书馆明确规定,读者必须确保计算机资源的使用符合法律规定和道德规范,不得以下列方式使用电脑资源①:

(1)以违反图书馆电子信息使用规定或合同的方式使用电脑资源和服务;

(2)查看、处理或获取被加州大学伯克利分校社区标准认定为不合适的资料或信息;

---

① Computer Use Policy,UC Berkeley Library[EB/OL].(2018-01-15)[2018-11-05]. http://www.lib.berkeley.edu/about/computer-use-policy.

（3）违反任何法律或伯克利分校规定的行为；

（4）会对图书馆其他读者造成了不良影响的行为；

（5）观看色情或其他露骨或侮辱性的资料。

加州大学伯克利分校的学生除了可以在图书馆内使用图书馆提供的各种电子设备外，还可以凭借有效的学生证件将笔记本电脑和平板电脑等电子设备外借出馆使用，但前提是读者必须具备良好的图书馆信用记录（无超期外借物品，无罚款记录，无其他限制条件）。读者外借电子设备必须遵守如下规定[①]：

（1）每人每次只可外借1台电子设备（不包括扩展计算机用途的外围设备）；

（2）设备可按外借地点的不同分别借4小时、1天或14天；

（3）外借设备不能提前预约，只接受现场办理；

（4）设备以先到先得的方式获取；

（5）在办理借出和返还手续时，图书馆工作人员必须与读者一起对该设备进行检查，以确保设备的所有部件都能正常运行；

（6）设备必须由当事人自己返还图书馆，最迟必须在闭馆前一小时归还；

（7）图书馆有权使用深度冻结来限制用户将设备内的数据保存到硬盘驱动器中；

（8）任何存储在设备内的数据或信息都将在归还后被清除。

二、读者行为守则

加州大学伯克利分校图书馆力图为读者提供一个安全的馆舍环境，以适合进行阅读、学习和其他与学术、教学及研究相关的活动，并努力维护良好的馆藏、信息资源、设备和相关研究服务。因此，对于希望访问和使用图书馆的各类型读者，伯克利分校图书馆提出了遵守图书馆的规章制度、恪守读者行为准则的期望，这些行为准则旨在确保为所有读者提供一个相互尊重的学习和研究环境。这些规定适用于所有图书馆用户，且所有图书馆工作人员都可强制执行。具体的读者行为准则如表15-2所示。

---

① Electronic Devices Lending Policy［EB/OL］.（2018-03-08）［2018-11-05］. http://www.lib.berkeley.edu/using-the-libraries/laptop-lending.

第十五章　加州大学伯克利分校图书馆

表 15-2　伯克利分校图书馆读者行为准则①

基本期望：
所有图书馆用户都应尊重其他用户和图书馆工作人员
个人应遵守如下规定：
- 遵守图书馆的所有既定规定
- 在图书馆和学校计算机使用规定的指导下使用计算机和在线资源
- 遵守有关使用加州大学身份认证的规定
- 当工作人员提出要求时，应主动出示相关身份证明
- 在图书馆将要闭馆时应起身离馆，并做到只在图书馆的授权区域使用资源
- 根据图书馆工作人员的指示，对安全门警报器、紧急警报和其他突发情况做出积极的响应

个人禁止从事下列活动：
- 表现出任何威胁或恐吓的行为，例如辱骂、紧盯、暴力威胁或其他任何形式的骚扰等
- 从事可能不安全或对自己或他人有害的行为
- 制造任何干扰，例如噪音干扰、使用发出声音的电子设备
- 从事任何性活动，包括但不限于不必要或不适当的接触、骚扰等
- 将加州大学的身份认证或 CalNet 的网络认证借与他人使用
- 违反版权法，包括非法系统、批量地下载、打印或传播加州大学来自数据库商授权的电子资源的内容
- 损坏或损毁图书馆的物资，包括但不限于在书刊上标注下划线、高亮、书写、撕毁页面，或破坏馆内安全设备
- 滥用、侵占、损坏或毁坏图书馆的设施、建筑物或设备，包括电脑系统
- 在图书馆区域进行长时间的睡眠或作为生活区使用
- 妨碍他人正常使用图书馆设备或设施，或通过盗窃或故意乱放的方式阻碍他人有效使用图书馆的各种资源
- 在图书馆中进行兜售、招揽、传播或请愿等活动；邮寄或分发未经图书馆许可的资料
- 将无人监管的孩子留在图书馆内
- 在禁止饮食的区域携带食物或饮料
- 在图书馆内使用酒精、烟草或相关的尼古丁产品或管制物质
- 在图书馆里不穿衣服，或不穿鞋子
- 将火器、武器、烟火或其他危险物品带入图书馆
- 将动物（不包括经过认证的服务类动物）带到图书馆
- 在图书馆的建筑物里或在人行道上，使用轻便摩托车、自行车、滑板、滑板车、直排溜冰鞋、旱冰鞋或者气垫板等，并由此造成危险、财产损失或人身伤害。这些车辆也不得存放在图书馆的任何公共场所，如走廊、通道、办公室、阳台或楼梯间，或依附在栏杆上。以上条款不针对残疾人使用的婴儿车和交通工具
- 未经许可对图书馆的读者或工作人员进行拍照
- 将个人物品遗留在图书馆内无人值守

违反读者行为准则的后果：
使用图书馆是读者被赋予的一种特权，如果个人或团体不遵守图书馆的规定，其他读者都可向图书馆直接反映。读者也可将意见或建议、发现的问题或任何违规行为通过图书馆服务台向图书馆工作人员报告。而对于违反读者行为准则的个人或组织，将面临：

---

① UC Berkeley Library Code of Conduct[EB/OL]. (2017-11-03)[2018-11-06]. http://www.lib.berkeley.edu/about/code-of-conduct.

续表15-2

- 被要求向图书馆工作人员出示身份证件
- 接受对背包或书包的搜查
- 被要求立即离开图书馆
- 将在一段时期内被暂停访问所有图书馆的资源
- 向加州大学警察局报案，并根据适用的联邦、州、市和校园法律和规定采取纪律或法律行动
- 根据读者违规情况的严重程度和行为方式，会对其实行长达一周、一年或永久的限制或禁止入馆的举措，该禁令覆盖伯克利分校所有的图书馆

三、隐私规定

加州大学伯克利分校图书馆非常注重保护读者的隐私权，他们认为，隐私权和言论自由是维护和支撑学术自由的关键因素，其隐私规定遵循加州大学伯克利分校的相关规定，图书馆所有用户的隐私都受到联邦法律、州法律以及专业标准的保护和尊重，除非因民事、刑事或行政调查需要，例如当图书馆收到搜查令或传票要求，有确凿的理由认为用户违反法律或学校及图书馆的相关规定，如不采取行动可能导致重大人身伤害或重大财产损失等时。

一方面，图书馆严格保护用户的个人身份信息，如社会保障号码、驾驶执照号码、加利福尼亚身份证号码、金融账户或信用卡号码与任何允许进入个人财务账户的安全密码、医学信息、健康保险信息等。[①] 另一方面，图书馆的所有用户记录即有关个人使用图书馆及其资源的信息都被认为是保密的。这些记录包括但不限于图书馆资料的流通记录、地址和其他登记信息、参考或信息问题询问、馆际互借记录和计算机数据库检索。这些受保护的数据一般不会向任何机构和个人披露，除非是图书馆业务发展所必需的，并得到图书馆工作人员的书面授权，才能对相关数据信息进行收集[②]。

四、摄影规定

加州大学伯克利分校图书馆拥有众多各具特色的分馆，很多馆舍如莫里森图书馆、北部阅览室、海恩斯阅览室、加德纳密集书库等是许多国内外摄影爱

---

① UC Berkeley Library's Policy on Protected Personal Information[EB/OL]. (2018-04-05)[2018-11-07]. http://www.lib.berkeley.edu/about/protected-personal-information.

② Library Privacy Policy[EB/OL]. (2018-03-20)[2018-11-07]. http://www.lib.berkeley.edu/about/privacy-policy.

好者和电影摄制方的取景地。加州大学伯克利分校图书馆对于校区内各图书馆的外观拍摄是持支持和欢迎态度的，但前提是电影拍摄方不能堵塞图书馆入口或对读者进入图书馆造成阻拦或困扰，但如果要进入图书馆内部进行更进一步的拍摄，则必须获得加州大学伯克利分校媒体关系办公室和伯克利分校房地产办公室的批准。其具体规定如表15-3所示。

表15-3 伯克利分校图书馆的摄影规定[①]

机构或组织的摄影规定：
• 图书馆内的所有拍摄请求必须在拍摄日之前至少一周提出，并且只有在拍摄行为不会对用户使用图书馆造成妨害或不便的前提下，拍摄请求才会被批准
• 由于提出拍摄请求者众多，考虑到对校内师生员工的影响，图书馆室内的拍摄只会在图书馆闭馆期间才予以开放，并且需要得到图书馆管理部门的特殊批准
• 支持图书馆使命和发展的拍摄请求将被优先考虑
• 图书馆允许本校学生进行电影拍摄项目，但前提是图书馆确是该拍摄计划中不可或缺的一部分
• 由于拍摄活动必须与多个分馆机构进行协调，因此可能会因为各种原因，例如可维持秩序的工作人员数量、安全问题和设施的限制等，导致拍摄请求被拒绝
• 在对他人进行拍摄时应充分尊重个人隐私和知情权，特别是运用特写镜头时必须先获得被拍摄者的许可
• 图书馆对机构或组织的拍摄活动会收取一定的服务费用。对于非营利组织和加州大学的附属机构，通常的收费标准是每小时100美元；对商业组织的摄影收费标准为大约每小时1000美元
• 所有机构或组织在图书馆的拍摄或摄影的请求都必须事先报给图书馆管理机构，并且必须提供包括拍摄目的、拍摄地点、拍摄的日期和时间段、摄制组成员的数量以及其他相关细节等详细信息，并接受图书馆的严格审查
读者或游客的摄影规定：
图书馆允许个人读者或游客在没有事先提出摄影请求的情况下拍摄一些照片或制作简短的视频，但必须保证不打扰或妨碍其他读者或工作人员，同时禁止下列行为：
• 使用闪光灯、三脚架或其他可能引起他人分心或不适的设备
• 阻塞楼梯或出口，或妨碍交通
• 在图书馆的家具或设备上移动或攀爬
• 在没有经过他人同意的情况下拍摄个人的特写照片

五、动物管理规定

由于图书馆中动物的存在与图书馆作为一个安静的研究和学习场所这一基本环境是不相容的，所以加州大学伯克利分校图书馆在一般情况下是不允许用户带着动物进入图书馆的，只有残疾人用户携带的服务类动物可以例外。服务

---

① Filming and Photography in The Library[EB/OL]．(2018-03-18)[2018-11-08]．http://www.lib.berkeley.edu/about/filming．

类动物一般是指受过单独特殊训练的狗,它们可以为身体、感官、精神或智力等方面存在障碍的残障疾人用户士提供服务或执行任务。换言之,图书馆唯一承认的服务类动物是狗类,而且这些狗必须经过专业训练,是以执行特定任务为目的,除此之外还能提供情感支持、幸福、舒适或陪伴等精神抚慰。

虽然加州大学伯克利分校图书馆允许服务类犬只只进入图书馆,但之前必须接受图书馆工作人员的检查和审核,例如是否有相关培训证明,是否专为残疾人用户服务而非宠物犬,主要从事何种工作或执行何种任务等。而出现在图书馆内的服务类动物必须时刻处于被控制的状态中,这通常意味着服务类动物必须配有挽具、皮带或其他系绳,以防其做出伤害其他读者的行为。一旦发现服务犬的行为方式与图书馆的基本原则相违背,例如吠叫不止、在地板上小便或排便、在馆内奔跑或者离开主人的身边、撕咬或其他威胁行为如咆哮、龇牙咧嘴、扑向除了主人之外的其他人、破坏学校的公共财产等,图书馆就会立即要求服务犬离开图书馆。

第四节　特色资源与服务

一、学习空间

学习空间一直以来都是当代高校图书馆的重要服务载体和资源,加州大学伯克利分校图书馆为了充分支持本校师生的学术研讨与交流活动,在校区内各分馆都开设了学习空间,提供单人阅览室、小组学习室、预约研讨室等各类型的空间服务,以满足读者多元化和个性化的学习需求。学习空间根据各自不同的定位和特色,配备有不同的软硬件设施。加州大学伯克利分校图书馆各分馆的学习空间及设备配置情况如表 15-4 所示。

表 15-4　伯克利分校图书馆学习空间一览表[①]

分馆	空间名称	地点	规模	空间配置	用途及要求
Anthropology Library	开放空间			大学习桌、软沙发、公共电脑	安静学习

---

① Find a study space[EB/OL]. [2018-11-12]. http://www.lib.berkeley.edu/using-the-libraries/find-study-space.

续表15-4

分馆	空间名称	地点	规模	空间配置	用途及要求
Bioscience Library	开放空间			大学习桌、投影机、电源插座、公共电脑、立式工作台、白板	个人或团体学习,晚上照常开放,安静学习
Business Library	单人阅览室 小组学习室			电源插座、大学习桌、公共计算机、立式工作台	个人或团体学习,允许交谈,晚上照常开放,安静学习
Chemistry and Chemical Engineering Library	开放空间			大学习桌、电源插座	个人或团体学习,允许交谈,安静学习
Earth Sciences & Map Library	开放空间			大学习桌、电源插座、公共电脑	安静学习
Earth Sciences & Map Library Seminar Room	研讨室		10~20座位	大学习桌、电源插座、投影机、立式工作台、白板	需预约使用,闭馆前一小时关闭,仅供小组学习,允许交谈
East Asian Library	小组学习室	377室	4个座位	大学习桌、电源插座、立式工作台、白板	仅供小组学习,允许交谈
Environmental Design Library	开放空间			电源插座、大学习桌、投影机、公共电脑、立式工作台	供个人、小团体和大型团体学习,晚上照常开放,安静学习,允许带入食物
	研讨室		10个座位	会议桌、电源插座、投影机、大屏显示器、白板	需预约使用,仅供小组学习,晚上照常开放,允许交谈,允许带入食物
	录音室	210D室	5个座位	电源插座、白板、投影机、专业声学设备	供录制视频、音频、排练课堂展示、远程工作面试等,需预约使用,仅供小组学习,晚上照常开放,允许带入食物

续表15-4

分馆	空间名称	地点	规模	空间配置	用途及要求
Ethnic Studies Library	开放空间		36个座位	大学习桌、公共电脑、电源插座	允许交谈，安静学习
FongOptometry and Health Sciences Library	开放空间		58个座位	电源插座、大学习桌、公共电脑、白板	供个人和团体研究使用，团体学习室仅限于验光和视觉科学系预约使用；允许交谈，安静学习
Doe Library	研究生学习空间	208室	76个学习室	电源插座、公共电脑、大学习桌	专为研究生及教师学习研究使用，晚上照常开放，安静学习
	学位论文作者室	215室	24个储物柜	电源插座、公共电脑、大学习桌	主要服务于博士研究生
	Heyns阅览室	2楼	109个学习室	电源插座，大桌子，公共电脑	主要供个人学习使用，安静学习
Institute of Governmental Studies Library	Matsui中心学习室	117室	20个座位	电源插座、大学习桌、投影机、立式工作台、白板	需预约使用，仅供小组学习，周一到周五上午九点到下午五点开放，允许对话
Kresge Engineering Library	开放空间			电源插座、大学习桌、投影机、公共电脑、立式工作台、白板	供个人和团体学习使用，允许交谈，晚上照常开放，安静学习
	小组学习室		5间学习室，每间可容纳10~15人	电源插座、大学习桌、投影机、白板	需预约使用，仅供小组学习使用，晚上照常开放，允许交谈

第十五章 加州大学伯克利分校图书馆

续表15-4

分馆	空间名称	地点	规模	空间配置	用途及要求
Main（Gardner）Stacks	A层开放空间		8个座位	电源插座、公共电脑	个人和团体学习使用
	B层开放空间		138个座位	电源插座、大学习桌、长椅	个人和团体学习使用，允许交谈，晚上照常开放，安静学习
	B层小组学习室		4间学习室，每间20个座位	白板、学习桌	需预约使用，仅供小组学习使用，闭馆前一小时关闭，允许交谈，晚上照常开放，安静学习
	C层开放空间		181个座位	开放式桌椅、电源插座、公共电脑	个人和团体提学习使用，允许谈话，晚上照常开放，安静学习
	C层小组学习室		6间学习室，40个座位	电源插座、白板	需预约使用，仅供小组学习使用，闭馆前一小时关闭，允许交谈，晚上照常开放，安静学习
Main（Gardner）Stacks	D层开放空间		214个座位	开放式桌椅、电源插座、公共电脑	
	D层小组学习室		8间学习室，每间50个座位	电源插座、白板	需预约使用，仅供小组学习使用，闭馆前一小时关闭，允许交谈，晚上照常开放，安静学习
Mathematics Statistics Library	开放空间			公共电脑、立式工作台	主要供个人学习使用，安静学习

续表15-4

分馆	空间名称	地点	规模	空间配置	用途及要求
Moffitt Library	会议室	417室	8~10个座位	电源插座、会议桌、投影机、公共电脑、无线键盘/跟踪垫、Polycom会议电话、电缆	用于个人或团体的网络会议使用，需预约使用，允许交谈，晚上照常开放，允许带入食物
	Van Houten 演示工作室	415室	8~10个座位	演示设备、USB驱动器、麦克风、麦克风架、Polycom会议电话、电缆、电源插座、会议桌、投影机	需预约使用，用于记录个人或团体演示使用，允许交谈，晚上照常开放，允许带入食物
	Egret 研讨室	409室	4~6个座位	电源插座、白板、投影机、笔记本电脑	需预约使用，且只有使用当天才能预约，仅供小组学习使用，晚上照常开放，允许带入食物
	Goldeneye 研讨室	411室	4~6个座位	电源插座、白板、投影机、笔记本电脑	需预约使用，且只有使用当天才能预约，仅供小组学习使用，晚上照常开放，允许带入食物
	Quail 研讨室	431室	4~6个座位	电源插座、投影机、笔记本电脑	需预约使用，且只有使用当天才能预约，仅供小组学习使用，晚上照常开放，允许带入食物

续表15-4

分馆	空间名称	地点	规模	空间配置	用途及要求
Moffitt Library	Tern研讨室	433室	4~6个座位	电源插座、投影机、笔记本电脑	需预约使用,且只有使用当天才能预约,仅供小组学习使用,晚上照常开放,允许带入食物
	Warbler研讨室	435室	4~6个座位	电源插座、投影机、笔记本电脑	需预约使用,且只有使用当天才能预约,仅供小组学习使用,晚上照常开放,允许带入食物
	中央共享空间	5楼		配备有电源插座与USB充电端口的小桌、可移动椅子、可登录Calnet的公共电脑和笔记本电脑	晚上照常开放,允许带入食物,安静学习
	Hemlock研讨室	503室	4~6个座位	电源插座、白板、投影机、笔记本电脑	需预约使月,仅供小组学习使用,晚上照常开放,允许带入食物
	Ironwood研讨室	505室	4~6个座位	电源插座、白板、投影机、笔记本电脑	需预约使月,仅供小组学习使用,晚上照常开放,允许带入食物
	Juniper研讨室	509室	4~6个座位	电源插座、白板、投影机、笔记本电脑	需预约使月,仅供小组学习使用,晚上照常开放,允许带入食物
	Laurel研讨室	511室	4~6个座位	电源插座、白板、投影机、笔记本电脑	需预约使用,仅供小组学习使用,晚上照常开放,允许带入食物

续表15-4

分馆	空间名称	地点	规模	空间配置	用途及要求
Moffitt Library	Mesquite研讨室	513室	4~6个座位	电源插座、白板、投影机、笔记本电脑	需预约使用,仅供小组学习使用,晚上照常开放,允许带入食物
	Palm研讨室	517室	4~6个座位	电源插座、白板、投影机、笔记本电脑	需预约使用,仅供小组学习使用,晚上照常开放,允许带入食物
	Redwood研讨室	519室	4~6个座位	电源插座、白板、投影机、笔记本电脑	需预约使用,仅供小组学习使用,晚上照常开放,允许带入食物
	Tamarack研讨室	521室	4~6个座位	电源插座、白板、投影机、笔记本电脑	需预约使用,仅供小组学习使用,晚上照常开放,允许带入食物
	一楼学习空间	一楼	123个座位	开放式桌椅、电源插座、白板	供个人或团体学习使用,晚上照常开放,允许交谈,允许带入食物
	三楼学习空间	三楼	85个座位	电源插座、公共电脑、白板	供个人或团体学习使用,晚上照常开放,允许交谈,允许带入食物
Music Library	开放空间	三楼	8个单人阅览室,86个座位	电源插座、17张学习桌、5张躺椅	供个人或团体学习使用,安静学习

续表15－4

分馆	空间名称	地点	规模	空间配置	用途及要求
Newspapers & Microforms Library	学习空间	地下室		9个微型阅读－扫描器，包括扫描USB闪存驱动器或打印的软件；用于图书馆研究和互联网接入的联网计算机工作站、学习桌、公共电脑	供阅读和学习使用，安静学习
Doe Library	北区阅览室	二楼	480个座位	电源插座、大学习桌	主要供个人学习使用，安静学习
	Rosberg阅览室	二楼	24个座位	电源插座、大学习桌	主要供个人学习使用，安静学习
Northern Regional Library	开放空间		39个座位	8张阅览桌、4张软垫座椅、电源插座、公共电脑、微型阅读器	供个人或团体学习使用，安静学习
Physics-Astronomy Library	开放空间			电源插座、大学习桌、公共电脑	供个人或团体学习使用，安静学习
Public Health Library	开放空间		65个座位	电源插座、大学习桌、两张躺椅、公共电脑、立式工作台	供个人或团体学习使用
Social Research Library	开放空间		75个座位	电源插座、大学习桌、公共电脑	供个人或团体学习使用，安静学习
South/Southeast Asia Library	开放空间	120室	35个座位	单人阅览室、电源插座、大学习桌、公共电脑	供个人或团体学习使用，安静学习
East Asian Library	Yehan Numata学习室		10个座位	电源插座、大学习桌、白板	主要供小组学习研讨使用，允许交谈

二、教学指导服务

作为支撑本校教学和科研的信息资源中心和知识服务中心，加州大学伯克利分校图书馆鼓励本校教师和其他课堂教员根据他们的课程内容和作业要求向图书馆提出相关指导要求。加州大学伯克利分校图书馆为教学提供指导服务的方式主要有两种：一是图书馆直接参与课堂教学，教师可以直接向图书馆提出相关申请，图书馆会根据课程的研究任务量身打造在线课程指南；二是为本校每个专业和项目指定学科馆员，除了提供关于图书馆规定和程序的信息以及专业参考咨询外，还对如何最大限度地利用图书馆资源进行课程教学和科学研究提供指导。

除了直接参与到教学过程之中，加州大学伯克利分校图书馆还提供多层次、多形式的教学和学习资源服务，对图书馆的资源进行有效的分类、整合及设计，以最大限度地帮助各类学科的教学和学习任务。具体而言，就是提供资源与服务的指南和教程。加州大学伯克利分校图书馆的专家馆员将图书馆的现有资源和服务按照本校的专业设置、课程安排和主题等进行了分类和整合，并制作了研究指南和简短的视频教程，使师生可以迅速有效地找到适合自己的资源和服务，并加以充分利用。除了对图书馆的资源和服务提供指引外，加州大学伯克利分校图书馆还对加州政府、美国政府和各种国际组织的相关资源进行了整合并提供指南和导航。

三、社会化延伸服务

加州大学伯克利分校作为世界著名的公立研究型大学，其图书馆在服务于本校师生员工的同时，也向其他有需求的社会人士提供必要的资源与服务，积极开展不同形式的社会化服务实践活动。加州大学伯克利分校图书馆的社会化服务开展时间较早，有健全完善的社会开放制度，发展得较为成熟全面。

（一）社会化服务的依据和背景

加州大学伯克利分校图书馆根据加州特定的州法律和相关的大学规定，向不隶属于加州大学伯克利分校的加州公民提供必要的资源和服务。1960年加州出台的多纳霍法令规定：大学可以将本校的图书馆和研究机构合理地提供给本州其他公立高等教育机构的教师使用。而目前加州的大学规定：大学图书馆系统的使命是促进基于知识利用的学术、研究和发展，是教育过程中不可分割的一部分。它对大学的知识和文化生活的质量，特别是对整个国家的公民素质提升而言，是至关重要的。具体而言，大学图书馆系统的主要功能是为学校批准的教学和研究项目提供支持，并满足学生、教师和其他参与这些项目的大学工作人员的需要。大学图书馆系统的一个次要功能是为加州其他高等院校的学术项目提供机构间的支持，包括公共的和私人的。大学图书馆系统还为加州其他高等院校（包括公共的和私人的）的学术项目提供机构间的支持。所以，加州大学伯克利分校图书馆在加州的特定州法律和大学规定的指导下，充分发挥大学图书馆系统的社会功能，尽力为全州、全地区乃至全国的其他用户提供资源，但为保证其主要功能能够有效地发挥作用，可能对这类用户设定一些必要的限制。

（二）社会化服务的内容

目前，加州大学伯克利分校图书馆为社会公众提供的常规社会化服务主要包括参观服务、信息资源远程访问服务和有限的借阅服务等。

加州大学伯克利分校的大部分图书馆都对社会公众开放，图书馆官网提供了详细的参观路线和各分馆的开馆时间。公众除了可以在图书馆官网进行在线虚拟游览外，还可以向图书馆提出申请，在每年的春季和秋季的开学季参与图书馆组织的集体游览活动，参观游览建筑优美、历史悠久的纪念图书馆、莫菲特本科生图书馆和加德纳密集书库。访问图书馆的社会人士还可以获得图书馆员的咨询帮助，可以通过图书馆内的公共电脑访问数据库、图书馆馆藏目录和其他教育资源，可以使用馆内的打印、扫描等自助设备，可以接入免费的WiFi网络。此外，残障人士还能获得图书馆员的平等服务和研究帮助。

加州大学伯克利分校图书馆为社会读者提供的远程访问服务主要包括：通过伯克利分校图书馆主页查询图书馆馆藏资源目录；在线免费浏览加州图书馆、档案馆和博物馆的数字馆藏资源；免费访问加利福尼亚在线档案资源库，查看其收录的众多珍贵原始资料（如艺术品、手稿、论文、历史照片等）；查看由图书馆专家创建的图书馆指南，根据加州大学伯克利分校的专业、课程和主题找到相关的资源；通过全天的在线交谈、电子邮件和电话获得图书馆员的参考咨询帮助；通过读者所在的当地公共图书馆，从加州大学伯克利分校图书馆远程借阅资料，获取免费的在线研究资源。

除了参观和远程访问外，社会读者还可以通过两种方式来获取加州大学伯克利分校图书馆的馆藏资源。一般情况下，社会读者可以通过他们经常使用的加州各地的各类学术图书馆、公共图书馆、学校图书馆或专门图书馆等提出借阅申请，以此获得加州大学伯克利分校图书馆的资料。为了使加州地区各类型图书馆的资源共建共享，伯克利校区积极参与了该州图书馆组织协会的结盟行动，因而加州大学伯克利校区图书馆的每个分馆都与加州地区的其他图书馆建立了伙伴关系，并在全州范围内签订了共享馆藏和服务的合作协议。所以加州大学伯克利分校图书馆作为"被请求方"，一般都会积极接受加州各图书馆提出的借阅请求，提供其他各图书馆馆藏资源中未收录的各类资料。除了通过当地图书馆申请所需资料外，在大多数情况下，一般公众可以通过支付一定的费用办理加州大学伯克利分校图书馆读者证,以此获得在加州大学伯克利分校图书馆的外借特权。

四、未来发展规划

加州大学伯克利分校图书馆作为美国首屈一指的研究型公立大学图书馆,有着独特的图书馆文化和强烈的社会责任感。为了实现图书馆的发展目标与学校和社会的发展趋势相契合、相联结,加州大学伯克利分校图书馆提出了未来的发展使命、愿景和战略规划。发展使命就是帮助当前和未来的用户找到、评估、使用和创造知识,以此来改善世界。对未来的愿景是成为创建和推动研究、教学和学习的理念和服务的领导者和合作伙伴。为了实现这样的使命和愿景,加州大学伯克利分校图书馆提出了四个方面的发展目标。

(一)改善学者获取资源的方式

身处信息洪流的新时代,来自各方面的信息多于任何历史时期,并且以不同的格式分布在不同的领域。这些大量涌现的信息来源甚广,精确度又大相径庭,要从中发现有用的内容需要找到合适的路径以及进行批判性的评估,作为信息专业人士的图书馆员在这其中充当的角色和发挥的作用就比以往任何时候都更加重要。所以,加州大学伯克利分校图书馆提出将战略性地管理、收集、分享、保存和数字化所有学术内容,并努力开发以用户为中心、能实现将人们与资源随时随地连接起来的应用工具。为此,图书馆将为教师和学生提供发现工具、访问工具和专家咨询指导,并根据学科和课题研究方向的变化及时改变资源的购买和收藏策略,以帮助师生读者在图书馆馆藏内外都能找到、评估并有效使用适合自身学习和研究的学术资源。

(二)帮助发展新兴的学术领域

加州大学伯克利分校成为世界上顶尖的研究型大学之一,这在很大程度上是因为伯克利的学者们积极推动并跨越了学术研究的界限,开始了新的研究领域的探索征程。[1] 随着加州大学伯克利分校的先驱们在数据科学和数字人文等领域开辟新的领域,图书馆也必须紧跟学者们的前进步伐,积极促进合作,并提供相应的学术资源、工具和空间。因此,加州大学伯克利分校图书馆提出将

---

[1] Help develop emerging areas ofscholarship[EB/OL]. (2018-06-15)[2018-11-17]. http://stories.lib.berkeley.edu/direction2/.

支持新的研究生命周期,支持新形式的学术研究并改变加州大学伯克利分校学术交流的现状。具体而言,就是图书馆的服务和空间应该与师生读者当前的教学和学习方式高度一致,这就意味着图书馆的服务应该是活跃的,而空间应该是灵活的。此外,加州大学伯克利分校图书馆还积极建立专家资源库,希望将学者与信息资源充分联结起来,以便为国际同类学术问题的交流与探讨提供帮助。

(三)成长为一个适应性学习组织

作为搜集、收藏和保存人类文化遗产的重要机构,图书馆从有历史记载以来已为人类服务了大约4000余年,其根本宗旨和基本任务一直都是帮助用户发现、使用、评估和创造知识,从而使世界变得更美好。然而,随着信息记录、存储、复制和传输技术的改变,图书馆的服务方式已经悄然发生了变化。随着技术的彻底变革,学者的研究需求也从根本上发生了改变。因而,作为一个服务组织,加州大学伯克利分校图书馆积极应对所有的变化,努力构建和维持一种更加灵活、适应和开放的组织结构和组织文化,使有技能和有干劲的馆员队伍能在这种不断变化的环境中茁壮成长,并更加注重对馆员工作能力、效率的评估和持续改进,以此为学校的发展提供卓越的服务。

(四)建立和谐共进的社会人际关系

加州大学伯克利分校图书馆在全球范围内开展沟通和拓展工作,以改善服务传递,提高图书馆对学校使命的贡献率,并吸引资金支持来解决发展难题。

加州大学伯克利分校图书馆对愿意向图书馆捐赠资金或文献资料的社会人士持欢迎态度,他们认为"伟大的文化和知识机构只有在得到私人慈善机构的大力支持时才会成功,伟大的研究型大学只有在拥有一个伟大的研究型图书馆的时候才能成功。而伟大的大学(以及他们的图书馆)如果想继续成为可以推动社会流动和科学进步的引擎和中流砥柱的话,也需要从私人慈善事业中获得更多的财政支持"[①]。除了鼓励捐赠外,加州大学伯克利分校图书馆还努力构建和馆外人士的友好关系,因为随着图书馆服务内容的复杂化和多样化,图书馆必须通过改善管理、拓展宣传渠道来帮助人们了解图书馆正在做什么,并激励他们参与和投资,努力提高公众对于图书馆作为学生、教师和社区的合作伙伴和知识指导者的价值认知。

---

① Tell our story to build community and cultivate relationships[EB/OL].(2018-06-15)[2018-11-18]. http://stories.lib.berkeley.edu/direction4/.

第十六章　新加坡南洋理工大学图书馆

第一节　学校简介

新加坡南洋理工大学（Nanyang Technological University，以下简称南洋理工大学），作为一所享誉全球的科研密集型大学，是国际科技大学联盟（Global Alliance of Technological Universities，简称G7联盟）的创始成员，设有文、理、工、商四大学院，这四大学院由14所学院共同组成。与发达国家著名的高校相比，新加坡高校的历史较短，然而，其发展却非常迅速，在亚洲乃至世界都享有盛誉。南洋理工大学就是新加坡高等教育迅速发展的一个缩影，也是现代大学制度建设与大学治理的一个典范。南洋理工大学是1991年在原新加坡南洋理工大学校址"云南园"上建立的，它的前身是1981年成立的南洋理工学院。南洋理工大学的愿景与使命是"创新高科技，奠定全球性卓越大学；全方位教育，培养跨学科博雅人才"。[①] 新加坡政府在财政上给予大力支持，使学校走上了快速发展的道路，在短短十年内，南洋理工大学便跻身于亚洲十大理工大学，被誉为全世界最出色的工程学府之一，成为工科和商科并重的综合性大学。[②]

作为一所国际化的大学，其师生来自100多个不同国家，并与全球300多个机构开展学术合作，国际交换生在校园里更是随处可见。南洋理工大学坚信学生能在全球的学习和交流中获得更有效的成长，所以每年会为本校学生提供大量的出国学习机会，例如学生交流、暑期项目、实地考察、研究实习、工业

[①] 谭伟红. 新加坡的大学制度与大学治理研究——以新加坡南洋理工大学为例［J］. 江西科技师范大学学报，2016（2）：77-82.

[②] 曹绪中. 南洋理工大学基于创新与创业精神培育的人才策略［J］. 创新人才教育，2015（3）：82-84.

第十六章　新加坡南洋理工大学图书馆

实习、国际竞赛、学术会议等，每 10 名本科生中至少有 8 人在学习期间至少出国一次。南洋理工大学还积极与学术界和工业界开展紧密合作，其合作伙伴包括伦敦帝国理工学院（Imperial College London）、慕尼黑工业大学（Technical University of Munich）和加州大学伯克利分校（University of California, Berkeley）等世界知名学府，以及阿里巴巴（Alibaba）、劳斯莱斯（Rolls-Royce）等世界五百强的大型企业。

南洋理工大学图书馆是一所著名的研究型大学图书馆，截至 2014 年年底，拥有专业学科馆员 35 名，馆藏印本资源总量超过 80 万种且每年新增近 5.2 万本，高质量视听资源 3.9 万件，订阅了 221 个覆盖所有学科的数据库资源和 5.7 万种电子期刊、51.5 万种电子图书。[①] 为支持南洋理工大学用户的学习、教学和研究需求，图书馆以人为核心，以新技术为工具，开拓学术传播和新媒体服务的新途径，为用户提供无缝的信息、知识和图书馆服务，吸引学生、教师和研究人员到图书馆寻找合作者，发现并展示他们的工作成果。图书馆已成为南洋理工大学新思想、新概念、创新和技术的试验平台。

为了应对信息技术的快速发展，南洋理工大学图书馆在 2004 年年底进行了重大变革：从一个功能配置系统（即配置技术和公共服务）转型为一个学科馆员系统。在这样的新系统中，每个专业图书馆员都担任着多重角色，既要作为某一个或多个学科的学科馆员，也要负责采购、编目或资料流通，同时也可能是某个工作小组的组员（如新媒体工作组）。[②] 图书馆还先后建立了人文社科、商业、通信与信息等学科分馆，每个学科分馆都设有一位学科服务主管，同时还为每个大学科下的子学科都分设了一名专业学科馆员直接服务于用户，并推出了学科馆员知识技能测评框架（Subject Librarian Framework），在发展学科馆员的知识技能的同时，强化馆员与用户间的沟通互动，以便更好地为师生提供学科服务。

为促进用户学习、交流、协作和研究，南洋理工大学图书馆进行了多元空间服务设计和改造，在不增加馆舍面积和不改变原有整体结构基础上进行局部功能重构与布局调整，不同的空间对应特定的功能，设立了语言学习室、自助求职中心、自助录像室、迷你影院、试听角等特色化的专用共享空间，引进了多种多媒体高端电子设施来提升读者电子资源使用体验，促进互动式学习，为

---

① 洪跃. 基于新加坡南洋理工大学图书馆学科服务发展趋势研究[J]. 山东图书馆学刊，2015(2)：68-74.

② 夏琬钧，刘云. 谈新加坡南洋理工大学图书馆管理和服务实践及其启示[J]. 四川图书馆学报，2015（3）：98-100.

用户打造了一个集资源、服务、设备于一体的多元空间体系，以此为本校师生员工提供更专业和多样化的服务。

第二节　图书馆概况

南洋理工大学图书馆，是一所著名的研究型大学图书馆，下设7个分馆，分别是艺术、设计和媒体图书馆（Art，Design & Media Library）、商业图书馆（Business Library）、中文图书馆（Chinese Library）、通信与信息图书馆（Communication & Information Library）、人文与社会科学图书馆（Humanities & Social Sciences Library）、李伟南图书馆（Lee Wee Nam Library）和图书馆前哨（Library Outpost）。各分馆的设置基本和南洋理工大学的办学理念和学科设置相一致。

一、艺术、设计和媒体图书馆

此馆是一座开放的图书馆，拥有许多开放式的学习空间，以及独立电影院和个人影音观赏站，馆藏资源也主要以视觉艺术、建筑、绘画、设计、插图、绘画、摄影和大量的音像摄影资料为主，是艺术人士寻找灵感和创造源泉的理想场所。

二、商业图书馆

此馆是一个以商学院相关学科发展为主要馆藏内容和建馆宗旨的分馆，除了满足会计和商业专业学生、研究人员和教师的学习、研究和教学需求，还为选修商业相关课程的学生及用户的商业信息需求提供帮助。所以，商业图书馆的主要使用者是南洋理工大学商学院（NBS）的工作人员和学生，其他用户还包括在商学院和计算机工程学院进行联合双学位课程学习的学生，以及选择了商业和经济相关课程或选修课程的学生，其藏书也主要涉及会计、银行、商业法、创业、金融、酒店管理、国际商务、管理、营销和战略等相关内容。商业图书馆拥有大量的空间资源，包括协作空间、安静的学习空间、影院、商务休息室以及会议室，并配备有语言学习设施和研究材料模拟现代商业环境，让用户身临其境地认知并熟悉现代商业社会，鼓励用户通过馆内各种资源和技术学习来适应商业规则，从而培养用户在现代商业社会中必须具备的综合职业素养。

三、中文图书馆

此馆是南洋理工大学图书馆用户访问量很高的一个分馆,面积虽然不大,仅有 1000 平方米,但深受校园内各类型用户的欢迎。[①] 南洋理工大学的中文藏书原本都收藏于人文与社会科学图书馆之内,但随着馆藏量的逐日增加,人文与社会科学图书馆逐渐不胜负荷。为了扩大馆藏空间,并为师生创造一个更舒适的读书环境,南洋理工大学图书馆及时做出战略调整,将当时的人文与社会科学图书馆改建成中文图书馆,并在隔壁大楼的第二层另设人文与社会科学图书馆。改建后的中文图书馆于 2008 年 4 月开放,提供阅读座位 132 个,藏书约 7 万册,中文期刊约 120 种。其馆藏主要用于满足中文系和中华语言文化中心的教学和科研需要,内容涵盖中国政治、经济、社会、管理学等多方面,但以文学、历史、哲学和语言学为主,主要科目包括中国文学、中国历史、中国哲学和思想、中国社会、当代中国(社会、政治、经济)、汉语语言和文字(包括翻译学)、中国文化与艺术宗教,以及东南亚华文文学等;海外华人研究、中华医药、工商行政管理(中文)、大众传媒(中文)等;日文和韩文书籍。其中,中文特藏室珍藏有一批珍贵的线装书,如武英殿版《康熙字典》、民初版《四部丛刊》《四库全书珍本初辑》等,还包括一些中国现代作家的初版或绝版书。除了纸质文献外,中文图书馆还订阅有丰富的中文电子资源,其中超星和中华数字书苑有约 10 万册中文电子图书,而中国知网、万方、慧科搜索等 3 大中文数据库则涵盖了约 4600 种中文电子期刊(有重复)和约 740 种报纸新闻。电子资源与印本书刊互为补充,最大限度地满足读者的需要。[②]

三、通信与信息图书馆

此馆的前身是亚洲通信资源中心(Asian Communication Resource Centre),为实现更大的协同效应,亚洲通信资源中心于 2005 年成为南洋理工大学图书馆的一个学科分馆,2013 年更名为通信与信息图书馆。[③] 通信与信息图书馆的馆藏资源以广告、广播、传播研究、信息研究、新闻、图书馆学、媒

---

① Chinese Library[EB/OL].(2018-08-27)[2018-11-29]. www.ntu.edu.sg/Library/Pages/about/subject-libraries.aspx.

② Chinese Library[EB/OL].(2016-09-20)[2018-11-29]. https://blogs.ntu.edu.sg/lib-chn/about.

③ A Very Brief History[EB/OL].(2017-06-18)[2018-11-29]. https://blogs.ntu.edu.sg/lib-cml/.

体法和伦理学、公共关系等学科为主，拥有超过1.6万册的印刷资源，以支持相关领域的研究和教学，并创建了一个有趣的档案库，收录了通信专业学生在校最后一年的所有创意项目和作品。通信与信息图书馆对校内所有工作人员和学生开放，会定期举办学生作品展览，组织图书讲座、图书馆资源研讨会和外展活动。

四、人文与社会科学图书馆

此馆的服务理念和宗旨就是努力为读者提供一个有利于阅读和思考的环境，鼓励读者积极探索馆藏资源，从而发现新的研究资源。人文与社会科学图书馆收录了许多著名的领导人和学者在经济学、文学、心理学、社会学、历史学、语言学、文学、哲学和公共管理等方面的论著，并随时为读者提供最新畅销书的新闻和评论，以及各学科研究指南和其他有用的研究工具，以激发读者的研究兴趣和动力。除此之外，人文与社会科学图书馆还为读者提供超过40个的数据库资源和超过27000种的电子期刊，为帮助读者了解和使用这些资源，图书馆还提供专门的数据库资源研讨会，例如"让你的学期论文突飞猛进""超越谷歌""数据库：超级搜索""提高你的报告技巧"等，指导读者学习创建一个思维导图来有效地捕捉和组织想法，学会利用技巧创造出有视觉效果的PowerPoint幻灯片和图片，学会使用EndNote来管理参考资料等。

五、李伟南图书馆

此馆以新加坡著名企业家李伟南（1881—1964）命名。李伟南毕生致力于慈善事业和教育事业，其继承人也延续了这一慈善精神，于2001年向南洋理工大学捐赠了1000万美元的生命科学研究基金。为表彰李伟南及其后人的善举，南洋理工大学将其中一个图书馆命名为李伟南图书馆，并将其作为南洋理工大学的旗帜图书馆。[①] 李伟南图书馆的馆藏资源主要以工程类和理科类书籍为主，该馆的特色主要是拥有覆盖全馆的开放空间资源，如协作学习空间、展览空间、数字工作室、5级静音区、录音室和电子书走廊等，希望实现如下目标：通过这些专属空间的打造，在图书馆营造一个舒适、协作的研究环境，将研究者与各种支持服务紧密联系起来；充分利用其他机构和部门可能并不具备

---

① Lee Wee Nam[EB/OL].（2007-04-24）[2018-12-02]. http：//eresources. nlb. gov. sg/infopedia/articles/SIP_1161_2007-04-24. html.

的尖端技术和工具促进研究和项目的创建与实施；支持以各种方式和渠道交流和传播研究成果；鼓励合作、探索和实验；在研究者和学生之间建立一种强烈的团队意识，培养协作精神；学生可以在空间区域内自由地进行思想、项目或成果的交流、讨论和合作。

六、图书馆前哨

不同于其他的学科分馆，此馆主要是为了促进师生读者一般性的阅读和学习而建立，并不能提供完整的学科服务，无法支持深入的学科研究，是一个提供多学科图书借阅、视听资料欣赏及外借等图书馆服务的特定外延场所。[①] 其馆藏资源也是以普遍性学习资料和课程资料以外的资料为主，以及人文与社会科学分馆和商业分馆的视听资料和课程储备（图书馆有一个 24 小时/7 天的自动储备机器，ARM）。图书馆前哨的特色资源还包括教授经常阅读的书籍集合、学生毕业前应看的 100 部电影、19 分钟每日发现以及其他创意性和科普性的资源集合。

第三节　图书馆使用及管理规定

南洋理工大学图书馆作为亚洲研究型高校图书馆的代表，其管理规定对于大多数亚洲高校图书馆而言，不仅具有代表性，也极具借鉴价值。南洋理工大学图书馆的管理规定主要涉及两个方面：一是图书馆的设施设备，二是图书馆的信息资源。

一、设备使用规定

南洋理工大学图书馆的服务宗旨是为本校的教学和科研服务，所以图书馆的设施设备主要限于本校师生员工使用，校外人员如果想获得馆内设施的使用权，必须到相应的分馆服务台进行咨询，图书馆保留授予其使用特权的权利。

（一）用户行为规范

南洋理工大学图书馆为了适应不同用户的学习需求，对图书馆内的开放空

---

① 董光芹. 大学图书馆多元空间服务设计研究——以新加坡南洋理工大学图书馆为例 [J]. 图书馆建设，2018（6）：74-80.

间进行了区域划分，不同的区域允许出现不同程度的噪音，也要求所有用户在任何情况下都应秉持相互尊重、相互理解的原则，不能做出任何影响其他用户正常使用图书馆的行为，共同维护一个有利于阅读和学习的环境。南洋理工大学图书馆用户行为规范如表16－1所示。

表16－1　南洋理工大学图书馆用户行为规范[①]

不同区域噪音容忍度：
• 学习共享空间：允许讨论或协作学习活动产生的中等噪音
• 安静区：专门为安静学习和阅读而指定的区域或楼层，严禁交谈
• 一般开放区域：单人阅读室和学习桌的集群区域，可以进行简短而安静的对话，但前提是不对其他用户造成干扰或影响
其他行为规范：
• 移动电话应设置为静音或振动模式，尽可能在指定区域或图书馆外接听电话
• 所有用户都应以尊重和礼貌的方式与图书馆工作人员和其他用户进行交流，应该在图书馆内以公民的方式行事（例如不要把脚放在座位或桌子上，或乱扔垃圾）
• 一般来说，图书馆所有用户都有权要求其他用户在图书馆中遵守相关准则，做出适当的行为
图书馆有权要求做出破坏性行为的用户离开图书馆，暂停其图书馆的使用特权，并保留采取进一步惩戒措施的权利

（二）饮食规定

相较欧美高校图书馆对在图书馆内饮食的相对宽松的规定而言，南洋理工大学图书馆对于饮食的规定则较为严格。出于保护馆内资源和其他读者观感的考虑，南洋理工大学图书馆明令禁止携带任何类型的食物进入图书馆，只允许带入有盖瓶装饮料，但是使用者应防止饮料泄漏，避免对馆内书籍和设施造成污损。一般而言，图书馆有权在图书馆内任何区域要求用户将携带的食物或饮料清理出馆。

（三）座位使用规定

南洋理工大学图书馆为用户提供各种类型的座位和学习桌，以供用户学习、查阅和使用图书馆的藏书和资源，但用户应尽量避免在座位上睡觉以及妨碍他人对座位的正常使用。同时，图书馆严禁占座行为，馆内所有座位都不能提前预订或保留，且在用馆高峰期，图书馆有权将任何占用座位超过半小时的用户的个人物品移走，以便其他用户使用该座位。

---

① Appropriate behavior[EB/OL].（2018-02-16）[2018-12-05]. http://www.ntu.edu.sg/Library/Pages/access/use-of-library.aspx.

(四)计算机设备使用规定

南洋理工大学图书馆规定,各分馆计算机设备的使用仅限于图书馆的正式注册用户,用户必须遵守信息技术服务中心(CITS)有关计算机账户持有人的相关规定,同时在计算机使用过程中,严禁出现下列行为[①]:

(1) 同时使用多个工作站;
(2) 允许他人使用自己的 NTU 网络账户,反之亦然;
(3) 复制、存储、传输或使用任何未经授权的版权软件或资料;
(4) 访问、存储或下载新加坡法律禁止的淫秽、猥亵、粗俗、有色情暗示的数据或图片;
(5) 使用淫秽、反感、贬损、粗俗、有性暗示或歧视性语言;
(6) 未经授权访问任何系统。

对违反上述规定,滥用计算机设备的用户,图书馆有权直接让其离开图书馆,并暂停其图书馆的使用特权。若用户行为涉及犯罪,图书馆还将向大学行政部门提出进一步的纪律处分。

(五)安全保障规定

图书馆作为拥有大量珍贵文献资源和重要设备设施,且人员往来密集的公共场所,其安全保障工作一直都是各项工作的重中之重,并贯穿于图书馆工作的各方面和各个环节。为确保馆内文献资源、设备设施、用户和工作人员的财产与人身安全,为用户提供安全有保障的阅览环境,南洋理工大学图书馆做出了如下的安全保障规定。[②]

(1) 图书馆用户应当谨慎保管自己的个人物品,不可让个人物品处于无人看管的状态。对于用户携带的任何物品的安全、丢失或损坏,图书馆概不承担任何责任。

(2) 对于图书馆用户在使用设施设备时发生任何意外事故,图书馆概不承担任何费用、索赔或其他性质的要求。

(3) 图书馆用户企图盗窃图书馆财务或者在图书馆做出任何不端行为或涉及犯罪的,应当立即交由校园安全部门和警察局进行调查。

---

① Computers & Equipment[EB/OL].(2018-06-17)[2018-12-05]. http://www.ntu.edu.sg/Library/Pages/access/use-of-library.aspx.

② Safety and security[EB/OL].(2018-01-15)[2018-12-06]. http://www.ntu.edu.sg/Library/Pages/access/use-of-library.aspx.

（4）图书馆在所有办公场所的选定区域安装有闭路电视监控系统，以确保图书馆用户和工作人员的人身安全，以及保证馆内财物的安全。图书馆对所有监视区域都做了明确的标志指示，只有图书馆工作人员和校园安防人员才有权在安全调查期间查看监控录像。

（5）图书馆对用户在图书馆内遭受的任何人身伤害概不负责，但一旦出现任何紧急情况，用户都应该立即向图书馆服务台或图书馆工作人员求助。

（6）在进入图书馆后，未成年人应时刻处于一个负责任的成年人的有效监督之下。

（7）所有图书馆用户都应该熟悉每个图书馆指定的紧急出口。当发生火灾或其他紧急安全事故时，每位用户应在图书馆的通知、警报或图书馆工作人员的引领下，通过最近的出口离开大楼。

（8）用户必须遵守校园安全部门（CSD）规定的校园安全规定。

二、信息资源使用规定

随着计算机网络技术的不断发展，信息资源已成为图书馆的重要组成部分，信息资源的质量和体系建设的优劣直接影响图书馆信息服务的水平和效率。[①] 为满足本校学科建设和教学科研的需要，南洋理工大学图书馆每年花费大量经费进行信息资源的建设和维护，学校尤其注重用户对信息资源的合理、合规使用。为此，南洋理工大学图书馆对用户使用馆内文献资源、音像资料和电子资源等信息资源做出了细致详尽的规定。

（一）对图书馆资料的复制

南洋理工大学图书馆明确规定，图书馆提供的所有资料都是受版权保护的，除非新加坡版权法允许，否则用户不得以任何形式或方式，对图书馆内的馆藏资源进行影印、扫描、分发、出版、传送、广播、解码、修改、下载或复制等操作。对图书馆资源的上述行为不构成侵权的例外情况，南洋理工大学图书馆也做出了详细的界定，具体如下。[②]

1. 符合"合理使用"原则

所谓"合理使用"原则，是指如果资料是用于学习或研究、批评或评论，

[①] 赵樱丽. 图书馆的信息资源建设［J］. 环球市场信息导报，2013（8）：86.
[②] Reproduction of library materials［EB/OL］.（2018-04-23）［2018-12-09］. http://www.ntu.edu.sg/Library/Pages/access/use-of-library.aspx.

以及新闻报道等目的,那么允许用户在一定数量范围内复制,这不会被视为侵犯版权。而确定是否符合"合理使用"原则时,必须考虑以下几点:

(1) 使用资料的目的和性质是否具有商业性质;

(2) 作品或音像资料的性质;

(3) 与作品或音像资料相关的复制作品的数量和性质;

(4) 使用行为对作品或音像制品的潜在市场或价值的影响;

(5) 在合理的时间内,以普通的商业价格获得作品或音像作品的可能性。

除此之外,版权法也允许出于学习或研究的目的而复制作品的"合理部分",这也属于"合理使用"原则。对于文学、戏剧或音乐类的纸质文献资料,"合理部分"指的是:不超过已发表作品的总页数(10页以上)的10%,或不超过已出版的作品总章节的一章,在一本期刊中不超过一篇文章。而对于文学、戏剧或音乐类作品的电子格式,"合理部分"是指:以电子方式存储的不分页的未发表作品的字节总数不超过10%,或不超过总字数的10%或内容的10%,不超过已出版的作品总章节的一章。除了"合理使用"外,图书馆还允许用户在进行司法程序或专业咨询的特殊情况下对图书馆资料进行临时复制或缓存操作。

2. 出于教育目的的复制行为

南洋理工大学图书馆规定,如果对作品的复制或传送是以学校提供的教育课程为前提和最终目的,并且复制或传送的部分对作品并不会产生实质性影响,那么允许用户在上一次的复制或传送14天之内对该作品进行反复多次的复制或传送。这里的"对作品不造成实质性影响"是指:如果整部作品少于500页(含500页),则复制或传送部分不得超过5页;如果整部作品超过500页,则复制或传送部分不得超过5%。

根据教育机构的法定许可规定,准许大学出于教育目的对作品进行"合理部分"的复制("合理部分"参照"合理使用"原则中规定的复制比例)。学校应对所有复印件的书面记录进行合法保存,并和教员一起对这些记录进行定期核查。

3. 超出版权限制的复制行为

如果用户的复制行为超出了版权法的规定,则用户必须获得受法律保护的版权材料的使用许可,才能进行作品的复制行为。用户需要与以下个人或机构取得联系:一是版权所有者,需要获得其允许使用该资料的许可证;二是对版权所有者的权利实施管理的共有组织,需要获取这些机构对其管辖范围内的作品的使用权。在新加坡,很多国际和本地的学术图书出版商和作者都是新加坡版权有限公司和版权管理协会的会员，而新加坡作曲家和作者协会则负责处理音乐版权和音乐作品的相关使用问题。如果用户的复制行为超出版权法允许的限度，南洋理工大学图书馆不承担侵权行为的法律责任。

（二）对图书馆音像资料的使用

南洋理工大学图书馆对馆内的音像资料实行严格的分级管理和版权保护规定，用户在借阅和使用音像资料时必须严格遵守相关的规定，否则将失去对音像资料的使用特权，具体规定如下[①]：

（1）用户可以在图书馆提供的工作站中查看图书馆内免受限制的音像资料，未被标记为"非流通"的音像制品可以在短期内被借出使用。

（2）查看未分级、分类的音像资料（即被 IMDA 评级为 NC16 和 M18 的作品）和受限制的（R21）音像资料必须遵循新加坡媒体发展管理局制定的相关最新准则。即：标注有 NC16-c 和 M18-c 的音像资料，用户只能在图书馆内进行观看；用户必须年满 16 岁和 18 岁，才能分别观看 NC16-c 和 M18-c 的音像制品；对于未分级和不限制的音像资料，包括 R21，图书馆一般不予推荐或禁止使用，只有选修了与该作品相关课程的学生，或者是以此作品内容为研究主题的学术研究人员，才拥有对这些作品的观看权。

（3）用户从图书馆借走的音像资料只能在家观看，严禁面向团体或公众播放。

（4）音像制品的借出者及观众必须严格遵守版权法的相关规定，并确保以其名义借出的音像资料不会以任何方式被拷贝或转载。

（5）在图书馆内进行的团体性质的电影放映活动只能是为了教学和学习，图书馆支持学生放映因参加特定课程需要并通过合法渠道获得的与课程相关的影片。而对于与课程无关的其他休闲类影片，只有获得公共演出权利的才会允许放映。

（6）由于图书馆收藏的大多数影片都禁止公共放映，因此图书馆一般情况下不会支持这些电影的公开放映。

（三）对图书馆电子资源的使用

为了更好地服务于学校的教学科研，南洋理工大学图书馆每年花费大量经

---

① Viewing of AV materials[EB/OL].（2018-06-05）[2018-12-09]. http://www.ntu.edu.sg/Library/Pages/access/use-of-library.aspx.

费向数据库商和出版商购买或租用各类电子学术资源,以满足学校教学、科研和学科建设对信息资源的需求。南洋理工大学图书馆的电子资源仅限于图书馆注册用户使用,南洋理工大学的师生员工可以在图书馆内使用这些电子资源,也可以通过各自的NTU计算机账号或身份认证对电子资源进行远程访问,而其他校外的图书馆注册用户则可以在图书馆内的指定工作站使用计算机访问大部分的电子资源。

南洋理工大学图书馆所订购的电子资源的访问权和使用权均来自出版商、数据库供应商和内容提供者的授权,所以南洋理工大学要求本校师生员工和其他授权用户在使用图书馆提供的电子资源时,务必遵守新加坡的版权法和图书馆与电子资源提供商之间的许可协议,充分尊重并维护原作者和出版者的知识产权利益,严格遵循合法、合理、合规使用的原则,并保证电子资源的使用是以非商业性、教育、学术和研究为目的的。南洋理工大学图书馆关于电子资源的具体使用规定如表16-2所示。

表16-2 南洋理工大学图书馆电子资源使用规定[1]

图书馆严禁下列行为: • 大规模或系统地下载一份或多份摘要、目录或全文文件的印刷扫描件或电子副本,或永久保存在任何硬盘、服务器或其他形式的存储器上 • 利用如网络蜘蛛、网络爬虫和机器人等软件程序或程序设计持续和自动地搜索和索引资源 • 对授权的电子资源进行更改、修正、修饰、删节、翻译或改变等,包括删除授权资料中的版权信息等行为 • 对授权的电子资源进行出于任何商业目的销售和开发 • 将授权的电子资源发布、分发、安装在任何电子网络上,或保留电子资源的部分内容或将其与其他资料结合使用 • 对授权的电子资源进行过度下载。当用户使用机器人、网络爬虫、自动下载程序或其他手动方法快速地下载文件时,就会被数据库商判定为过度下载;或者复制电子期刊、电子书或数据库的全部或重要部分,用于保存、转发或其他违反资源使用条款的目的 对违规、违法用户的处罚: • 若图书馆检测到用户存在连续、集中、大批量地下载图书馆电子资源的行为,将暂停用户的使用权限。图书馆会对用户下载行为展开调查,并根据最终调查结果决定是否恢复用户的访问权限 • 过度下载的用户将被数据库商进行IP追踪,并导致数据库商停止整个大学社区在相当长的一段时间内对数据库资源的访问权限,严重影响学校的教学和科研进程。对于这些违规用户,图书馆将冻结其所有图书馆电子资源的访问权限至少一周的时间,并在完成图书馆和数据库商提出的相关要求后才解除账号限制,包括删除所有违规下载的电子资源和书面承诺不得再犯类似错误

---

[1] Use of electronic resources[EB/OL].(2018-03-19)[2018-12-10]. http://www.ntu.edu.sg/Library/Pages/access/use-of-library.aspx.

续表16-2

- 所有违规用户的名字将被记录在图书馆"违反图书馆规则"的档案中，如果再次出现违规行为，图书馆将强制取消其所有的图书馆使用权限，并向各学院负责人和其他监管人员发出正式通知，报请学校予以纪律处分
- 凡因用户个人的违法行为引发的知识产权纠纷，由此而引起的法律上的一切后果由违规者自负。而因违规行为给学校造成经济或名誉损失的，图书馆将向违规者追究相应的法律责任

第四节 特色资源与服务

一、空间资源

南洋理工大学图书馆一直以来都非常重视空间资源的建设和优化，近年来也在不断地对各分馆的建筑和空间进行扩大、改造和创造，以满足和适应用户的各种新需求。南洋理工大学图书馆对空间的设计原则主要基于这样一种理念，即图书馆的用户在不同的时间点和学习活动的不同阶段有不同的需求，例如用户可能在早上需要一个安静的地方进行学习，在下午可能需要有一个场所与他人进行讨论和分享，在其他时候可能需要通过有目的的搜索或偶然的寻找来发现资源，需要作为一个有共同兴趣的团队的一部分参与信息的寻求，作为学习者和研究人员需要一个集中的学术型环境。[1] 因而，南洋理工大学图书馆努力为用户提供有效的空间和有益的物理环境，通过学习空间、互动空间、协作空间和社区空间四种空间的相互作用，使用户在图书馆可以通过探索、发现、反思和理解所积累的知识和见闻来支持他们对学习活动的追求。

南洋理工大学图书馆为各空间都配备了一系列的先进设施和IT设备，用户可以根据需要选择相应的空间进行自我学习、研究、模拟演示或完成课程作业等。南洋理工大学图书馆各分馆的空间资源分布情况如表16-3所示。

---

[1] About[EB/OL].（2017-04-10）[2018-12-11]. https://blogs.ntu.edu.sg/lib-buildings/about-us/.

第十六章 新加坡南洋理工大学图书馆

表 16-3 南洋理工大学图书馆空间资源分布情况

分馆	面积（m²）	座位（个）	电脑（台）	音像设备（台）	小组视听研习室（个）	学习/讨论/会议/录音室（个）
艺术、设计和媒体图书馆	1295	123	17	10	2	0
商业图书馆	2735	415	100	28	1	26
中文图书馆	1040	140	15	0	0	0
通信与信息图书馆	354	58	13	8	1	0
人文与社会科学图书馆	953	88	12	0	0	1
李伟南图书馆	7604	1036	44	0	1	7
图书馆前哨	375	47	3	3	3	0

南洋理工大学图书馆为用户提供的空间资源主要有以下几种。

（一）研讨学习室

其主要分布在李伟南图书馆和商业图书馆，用户可以在封闭环境中进行小组讨论或模拟演示，如图 16-1 所示。每间研讨学习室都配备了电脑、交互式白板、高清液晶显示屏、智慧型黑板、投影仪等设备，方便小组讨论使用。

图 16-1 研讨学习室

（二）个人学习室

商业图书馆共开设了 14 间独立的学习空间，方便个人自学，用户每天可以在图书馆主页进行预约，预约成功后拥有 4 小时的空间使用权，如图 16-2 所示。

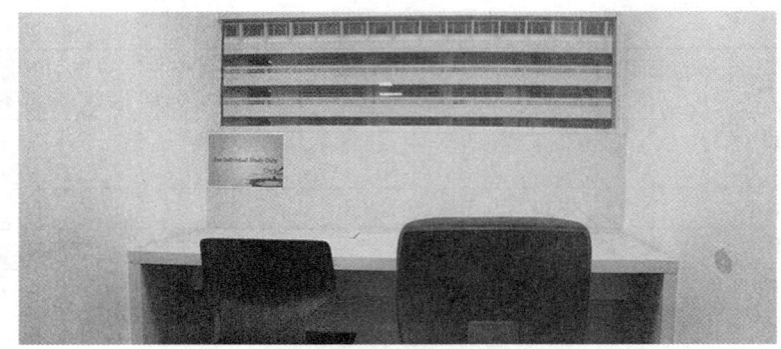

图 16-2　个人学习室

（三）语言学习室

5 间语言学习室均在商业图书馆，如图 16-3 所示。每个房间都配有电脑、耳机和麦克风等设备，用户可以借助图书馆提供的在线英语学习平台、英语学习书籍和视听资料来练习口语。对于来自非英语母语国家的留学生而言，这样的语言学习室对提高英语水平有重要的作用。

图 16-3　语言学习室

（四）影音室

其主要分布在艺术、设计和媒体图书馆和商业图书馆，有观影角（最多可容纳 5 人）、隔音影院（最多可容纳 20 人）和迷你电影院（需在图书馆服务台提前预约）三种类型。所有的影音室都配备有电脑、3D 蓝光播放器和投影仪，用户可以在此播放从图书馆借来的音像资料进行学习，如图 16-4 所示。

图 16—4　影音室

（五）录音室

录音室位于李伟南图书馆内，配备有专业的视听记录设备、绿色屏幕和可以在微机上实现虚拟演播室的线性色键软件，如图 16—5 所示。用户可以使用这些专业的软件和先进的设备进行简单的视频制作和语音录音。

图 16—5　录音室

（六）安静学习区

其分布在李伟南图书馆、商业图书馆和中文图书馆内，专为想安静的阅读和学习的用户所设，该区域严禁交谈，严禁制造噪音，不能做出任何打扰他人安静学习的行为。

二、机构知识库

机构知识库是研究机构实施知识管理的工具，是机构有效管理其知识资产的工具，也是机构知识能力建设的重要机制。① 为实现对南洋理工大学知识资产的长期保存、有效管理和合理地传播利用，南洋理工大学图书馆构建了基于全球范围的知识共享和学术交流的南洋理工大学机构知识库（DR-NTU Institutional Repository，以下简称 NTU 机构知识库）。NTU 机构知识库主要收录了本校员工和学生的研究数据及论文成果，包括已公开发表的和未公开出版的，而不同类型的知识内容拥有不同的访问限制。

（一）开放获取的知识库

公众可以免费公开获取的机构知识库资源主要是南洋理工大学学者撰写并公开发表的论文，如期刊文章、会议论文、书籍章节等。② 这些开放资源最早可追溯至 1971 年，文章主题包括工程学、社会科学、自然科学、国家与地区研究、人文科学、商业、图书馆与信息科学、东亚和亚太地区研究等。用户可以根据各自的研究需求免费查阅和获取这些资源，本校的研究人员也可以将自己的知识成果积极提交并存储在机构知识库中，从而实现学术资源的开放存取，这不仅促进了全球知识研究领域的良性互动和交流，也有利于提升南洋理工大学的全球学术影响力。

（二）限制访问的知识库

机构知识库还收录了南洋理工大学学者和学生撰写的未发表的科研成果，包括课程论文、毕业论文、学期项目报告、研究报告等最早可追溯到 1983 年。③ 这些研究成果目前不对校外人士开放，只有南洋理工大学的员工和学生才有权查看。

（三）数据知识库

数据知识库是南洋理工大学的机构开放存取研究数据存储库，南洋理工大学鼓励本校的研究人员在数据知识库中记录、保存和共享他们的最终研究数据，使这些宝贵的研究数据可以被更多的相关研究者发现、访问并重新有效利用。数据知识库主要收录了南洋理工大学科研人员最近几年的研究成果，研究

---

① DR-NTU Institutional Repository[EB/OL].（2018-05-13）[2018-12-12]. http://www.ntu.edu.sg/Library/Pages/repository.aspx.
② DR-NTU(Open Access)[EB/OL].（2018-05-13）[2018-12-12]. https://dr.ntu.edu.sg/.
③ DR-NTU(Restricted Access)[EB/OL].（2018-05-13）[2018-12-12]. https://repository.ntu.edu.sg/.

主题主要包括医学、健康和生命科学、艺术和人文学科、社会科学、计算机和信息科学、工程学等，这些研究数据以文本、开放教育资源、MATLAB 文件、调查问卷等形式存储在数据库中。目前这些成果只面向南洋理工大学的教师、研究人员和学生开放。[①]

三、数字化项目

南洋理工大学数字化项目（NTU Digital Projects）向社会公众展示了南洋理工大学员工和研究人员的创新及数字研究成果，促进全球用户对这些有价值的成果的研究和使用。南洋理工大学数字化项目主要分为两大类：数字学术资源和学生研究作品。

（一）数字学术资源

1. 琼·玛丽·凯利的艺术作品库

琼·玛丽·凯利（Joan Marie Kelly）是一位知名的当代艺术家，2005 年来到南洋理工大学的艺术、设计和媒体学院任教，任职基础绘画、具象绘画、信息工程和媒体等课程，擅长通过视觉冲击性强的作品表达引起社会的交流及思考。[②] 琼·玛丽·凯利的艺术作品库是琼·玛丽·凯利的艺术作品的数字图像集合，是南洋理工大学图书馆与琼之间的合作项目，主要展示她在 2008 年到 2014 年创作的一系列极具艺术价值和社会影响力的艺术作品，包括三个展览和一个艺术家常驻作品展。

2. 王赓武图书馆早期课本特藏目录

王赓武图书馆隶属于华裔馆，原为华裔馆资料室，藏书大多来自各界的捐赠，其中 1 万多册图书由著名学者王赓武教授捐赠。2003 年 9 月，该资料室以王赓武教授命名，以表彰他在海外华人研究方面的卓越成就，以及他对图书馆藏书的巨大贡献。2007 年 4 月起，该馆归并于南洋理工大学图书馆统一管理，并于 2007 年底向本校师生全面开放。目前，该馆藏书约 38800 余册，中英文兼具，以中文图书为主，还有少量过刊、丛书、新闻剪报、多媒体光碟等。内容涵盖华人历史与海外华人研究资料，文、史、哲等方面的出版物，南

---

① DR-NTU(Data)[EB/OL].（2018-05-13）[2018-12-12]. https://researchdata.ntu.edu.sg/.
② Works by Joan Marie Kelly[EB/OL].（2018-03-16）[2018-12-15]. https://eps.ntu.edu.sg/client/en_US/joanmariekelly/.

洋理工大学历史研究资料等。①

王赓武图书馆早期课本特藏目录（Bibliography of Early Textbook Collection in Wang Gungwu Library）由王赓武图书馆于 2010 年初创办，旨在收集、管理和保存在东南亚使用的早期汉语教科书，并通过建立参考书目录、组织和分享早期教科书的出版细节来促进相关领域的研究。这些教科书主要来源于印尼华人教授埃迪·赫马万（Eddy Hermawan）、南洋女子中学和新加坡华人高中等捐赠者，目前藏品包括 2000 种教科书和相关的研究和教学资料，这些资料都曾在 20 世纪早期在中国和东南亚国家的中文学校中使用。目前收藏的最早的教科书可以追溯到 20 世纪初，而时间最近的一本书是 1987 年出版的，因为那一年新加坡开始正式地将华文、马来文、印度文及英文四种教学语言合并为单一语种的教学体系。这些藏品中的大部分都是 20 世纪 30 年代到 70 年代在新加坡和马来西亚使用的教科书，其余的则是在泰国、印度尼西亚、菲律宾、柬埔寨和其他东南亚国家使用的教科书，教材的主题包括汉语、历史、地理、数学、物理、化学、公民教育、佛教研究、汉语作文等。

3. 南洋大学历史参考资料目录

新加坡南洋大学（以下简称南洋大学）创建于 1955 年，是历史上第一所海外华人大学。1980 年，南洋大学与当时的新加坡大学合并，组成了新加坡国立大学（the National University of Singapore）。南洋理工大学的校园就设立在南洋大学的旧址。在短短 25 年的时间里，南洋大学培养了超过 12000 名毕业生，它对新加坡和马来西亚华人社区产生了深远的影响，在东南亚华文教育史上具有重要的地位。②

南洋大学历史参考资料目录（Bibliography on the History of Nanyang University）的创建，旨在通过收集、整理和指引读者阅读南洋大学相关主题的书面记录，促进对南洋大学的历史研究。目录涵盖了南洋大学最早时期到现在的所有历史资料，最早甚至可以追溯到大学尚未建成的 20 世纪 50 年代早期。本目录的主要来源如下：

（1）新加坡国立大学图书馆在线目录；

（2）南洋理工大学图书馆在线目录；

（3）新加坡国家档案馆在线档案；

---

① Wang Gungwu Library[EB/OL].（2017-11-03）[2018-12-15]. https://blogs.ntu.edu.sg/lib-chn/about.

② Bibliography on the History of Nanyang University[EB/OL].（2018-04-16）[2018-12-15]. https://eps.ntu.edu.sg/client/zh_CN/NanyangUniversityBib/?.

（4）相关参考文献，如南洋大学出版物书目、教学人员和学生的著作（1975 年出版）及南洋大学历史论文集（2004 年出版）；

（5）《南洋商报》和《星洲日报》在 1950—1978 年的微缩胶片；

（6）报纸数据库，如 NewspaperSG、Newslink、Factiva 等；

（7）在线网站，如南洋大学校友网（Nandazhan）、南洋大学毕业生协会（The Association of Nanyang University Graduates）等；

（8）相关专著、文章或论文中有关南洋大学的参考或注释说明等。

南洋大学历史参考资料目录主要包括与南洋大学历史相关的出版物和其他信息资料的记录，形式有专著、书籍章节、期刊文章、会议论文、学位论文、报纸文章、官方文件、视听资料、互联网资源等。其主要内容包括：

（1）1955 年到 1980 年南洋大学行政部门、学院、教职员工、学术协会、学生组织、个别学生和毕业生的出版物和其他信息资料；

（2）从 20 世纪 80 年代到现在，由校友会或校友组织出版的出版物和其他资料；

（3）自 20 世纪 50 年代南洋大学建校以来的各类政府文件，如官方报告、口述历史采访、演讲、海报、新闻稿等；

（4）新加坡主要中文报纸《南洋商报》和《星洲日报》在 1983 年合并前的报刊文章，以及合并成《联合早报》后的相关报道，还有 20 世纪 50 年代以来的英文报纸《海峡时报》的相关内容；

（5）非南洋大学研究人员发表的有关南洋大学历史研究的文章。

4. 儿童健康资料库

儿童健康资料库（Children's Health Collection）主要收藏了有关当代儿童医疗保健的儿童读物，旨在为儿童和儿童教育者提供一条了解健康和医学的有趣途径，所有书籍均来自南洋理工大学家庭医学和初级保健教授海伦·史密斯（Helen Smith）的捐赠。

5. Bagyi Aung Soe 插画在线数据库

Bagyi Aung Soe（1923—1990）是缅甸现代艺术的开拓者，也是 20 世纪最富创造力和最多产的插图画家之一，他的画作以现代主义、半抽象艺术闻名。[1] Bagyi Aung Soe 插画在线数据库（Online Database of Illustrations by Bagyi Aung Soe）是一个开放存取的在线数据库，收录了 Bagyi Aung

---

[1] Bagyi Aung Soe[EB/OL].（2017-11-09）[2018-12-16]. https://en.wikipedia.org/wiki/Aung_Soe.

Soe1948—1990年在各类期刊和书籍上的封面及插图作品，旨在对这一艺术、文化和知识遗产的珍贵记忆进行保存，提高公众对其价值和意义的认识，并促进关于这一主题的学术研究。

6. 新加坡英语文学在线注释参考书目

新加坡英语文学注释参考书目（Singapore Literature in English：An Annotated Bibliography）是由南洋理工大学人文、艺术和社会科学学院的高泰安（Koh Tai Ann）教授编纂和编辑的，是第一部关于整个新加坡英语文学的注释性质的最全面的参考书目。其印刷版于2008年出版，最初是在国家图书馆网站上作为"资源指南"在线发布的，南洋理工大学图书馆网站上也提供了相关链接。然而，在这种静态形式中参考书目无法进行更新和扩展，为此，在2013年，新加坡英语文学注释书目成了南洋理工大学图书馆第一个数字化项目，目的是将南洋理工大学教职员工的研究成果能够方便地提供给大学社区和全球的读者。它也是新加坡第一个以官方语言出版的全部国家文学的数字书目，这在整个东南亚是史无前例的，其力图成为新加坡文学的完整档案。同时，作为当前文献的参考书目，它需要不断地更新和扩展，而在线注释参考书目正好提供了这样一个动态的、交互式的并具有多种搜索可能性的平台，在这种数字形式中，它可以被随时更新和扩展，修改错误和遗漏。

7. 可持续城市生活的非饱和土力学知识库

可持续城市生活的非饱和土力学知识库（Unsaturated Soil Mechanics for Sustainable Urban Living）是一个有关非饱和土力学的在线知识库，其中包含非饱和土力学在边坡稳定性（特别是降雨引起的边坡破坏）和树的稳定性方面的核心原理、方法、建模和应用方面的图片、插图和图像。众所周知，新加坡地处热带地区，雨量充沛，气温高，这些都为快速和彻底地岩石化学和机械风化提供了条件。在热带地区，残土通常处于负孔隙水压力的不饱和状态，负孔隙水压力为非饱和土提供了额外的抗剪强度。许多研究表明，在新加坡的暴雨期间以及之后的一段时间，许多斜坡经常会垮塌。在这种条件下，树木也会倒伏。评估斜坡和树木的稳定性需要考虑到非饱和土的力学和性质，以及与施加的气候有关的通量边界条件。随着新加坡向更宜居和更可持续发展的城市迈进，必须进行周密规划和缜密的研究，以优化土地和资源利用。在过去的两年中，南洋理工大学的土木和环境工程学院已着手开展若干合作研究项目，力图提供最先进的解决方案，以克服环境的变化和资源的限制所带来的诸多问题。可持续城市生活的非饱和土力学在线资源库介绍了南洋理工大学在非饱和土力学研究中的各项前沿成果，为其他环境工程研究人员分析环境与近地表土壤之间的动态相互作用提供了思路,也为同样面临全球气候变化带来的挑战和城市可持续发展问题的其他国家和城市提供了重要参考。

(二) 学生研究作品

1. ADM 作品集

ADM 作品集(ADM Portfolio)是由南洋理工大学艺术、设计和媒体学院和南洋理工大学图书馆合作开发的,主要展示了该学院学生的优秀作品,旨在促进该学院学生工作的管理、共享与访问。该作品集是学生艺术综合实力的展现,是学生对社会对生活独特见解的表现与表达,是学生创新意识和创意灵感的展示。

2. MAE-EID 创意画廊

MAE-EID 创意画廊(MAE-EID Innovation Gallery)是由南洋理工大学图书馆和南洋理工大学机械与航天工程学院(MAE)共同开发的,旨在培养学生的创新与设计能力,帮助学生体验一些实践性的学习,为将来工程或技术领域的职业生涯做准备。MAE-EID 创意画廊展示的作品都是机械与航天工程学院的学生在工程创新与设计课程(EID)中完成的作业。工程创新与设计课程是机械与航天工程学生第二学年的必修课程,它鼓励学生在导师的指导下,提出团队项目,规划和发展团队的想法,以此培养那些有志成为优秀工程师、创新者和技术人员的学生的想象力、领导力和团队协作能力。

四、教学支撑服务

南洋理工大学为本校所有课程提供教学支持服务,这主要通过提升学生信息素养和研究技能、提供课程教学资源支持和提供学习空间三个方面来实现。

(1) 图书馆将与课程相关的提示或指南等嵌入特定的课程教学过程,图书馆员也会现身课堂指导学生在学术道德规范内合理合法地寻求、评估和使用学术资源,以及教授学生如何使用主题数据库资源和学术交流方法等。

(2) 订购并推送与课程教学相关的印刷资源和视听资料,在学校主页、图书馆主页和其他门户网站上可直接使用和链接到图书馆的电子资源。另外,图书馆也会为教师的特定课程提供最佳的电子资源和服务。

(3) 将学生的课程作业成果以限制或开放存取的形式放到图书馆的主页上,允许师生利用图书馆的空间进行展览和教学研讨活动。此外图书馆也会协助教师将课程讨论内容和作业加入图书馆及学校的官方博客中。

五、研究数据管理服务

研究数据管理涉及对研究数据的创建、存储、交付、维护、归档和保存的各个方面,它是研究工作的重要领域之一。良好的研究数据管理可以给研究人员及其机构带来诸多益处:确保研究的完整性和重现性、提高研究效率、确保研究数据和记录的准确、完整、真实和可靠。从长远来看,可以节省时间和资源,增强数据安全性并减少数据丢失的风险,通过他人对数据的使用防止重复工作,通过对不同时间点的数据比较促进对变化的分析等。

一个研究项目的成功依赖于整个研究生命周期中数据的良好管理,而科研数据管理是一项贯穿数据整个生命周期的持续性工作,它需要图书馆等科研支撑机构的支持和帮助。世界上许多大学图书馆都参与到了研究数据管理服务中,并在各自机构的设计服务实施中发挥着主导作用。南洋理工大学图书馆为了让本校研究人员更多地了解研究数据管理和共享的各个方面的知识,除提供机构数据库共享平台外,还定期举办多场数据管理规划研讨会,南洋理工大学的研究人员都可以报名参加。通过研讨会的集中培训,研究人员将学会在科研项目开始前如何进行数据管理的合理规划,在研究项目开展期间和之后如何处理研究数据,以及如何管理和保存这些数据,并确保研究数据的准确、完整、可靠和安全。此外,图书馆还会指导研究人员撰写数据管理规划,并对规划草案提供专业性的意见和建议,因为制定一个合理的数据管理规划是研究过程中至关重要的一步,而许多科研项目资助机构已明确要求研究人员在提出资助申请时必须首先提交数据管理规划。

六、针对残疾人用户的服务

新加坡是一个非常重视残疾人教育与社会服务的亚洲国家。在为残疾人用户提供优质服务方面,南洋理工大学图书馆的很多措施和经验都值得我们学习和借鉴。

(一)完善的无障碍设施、设备

除各分馆馆舍设施的无障碍设计外,馆内设备的设置也处处体现对残疾用户的人文关怀,如可调节高度的桌椅、盲文设备、可放大的高倍影像电视机、有声读物播放机等。

（二）多样化的服务内容、人性化的服务细节

为了尽量降低图书馆物理布局给轮椅使用者或行动困难者带来的不便，南洋理工大学图书馆鼓励残疾人用户提前联系将要访问的分馆工作人员，告知其借书证号、访问日期、访问时间和需要的服务或设施等信息，工作人员会提前做好准备，让用户在访问图书馆时方便快捷地得到所需的资源和服务。对于不方便到馆的残疾人用户，可以请求图书馆工作人员帮忙查找所需资料并代为借出，在归还所借图书馆资料时直接放置在校园周围的图书存放箱内即可。除图书借还服务外，残疾人用户还可以请求图书馆员协助复印打印服务，以及预约学科馆员提供某一特定领域的研究指导等。

七、参考咨询服务的新方式——WhatsApp

为了跟上网络智能时代快速发展的步伐，适应用户对智慧图书馆的使用需求，南洋理工大学图书馆于 2016 年开发并推出了一款名为 WhatsApp 的手机应用软件，可以为用户提供不受时间空间限制的快速便捷的参考咨询服务。[①] 南洋理工大学图书馆一直致力于为用户提供优质服务以满足用户的学术和信息需求，WhatsApp 就是快速为用户提供资源和服务的一种新方式，深受学校师生用户的欢迎。

---

① WhatsApp a Librarian[EB/OL]. (2018-09-02)[2018-12-20]. http://www.ntu.edu.sg/Library/Pages/access/whatsapp.aspx.